학교는 하루도 다니지 않았지만 ○────────

일러두기

1. 이 책은 임하영, 『학교는 하루도 다니지 않았지만』(천년의상상, 2017) 개정판이다.
미네르바 대학 입학 이후 이야기들을 추가하고 예전 글들을 재배치하고 다듬었다.
2. 정혜윤×임하영 인터뷰는 SIDE(sideproject.co.kr)에 2020년 10월 7일 게재되었던
글이다.

학교는 하루도 다니지 않았지만

임하영 지음

천년의상상

홍세화
장발장은행장, '소박한 자유인' 대표

정규학교를 단 하루도 경험하지 않고 오로지 홈스쿨링으로 이십 대에 이른 필자가 자신의 경험과 그 과정에서 형성한 사유 세계의 일면을 담아 쓴 책이다. 읽는 내내 '아이를 키우는 데에는 마을이 필요하다'라는 격언을 되돌아보게 했는데, 홈스쿨링의 '홈'이 단순히 '홈'에 머물지 않고 자연을 품은 마을 너머로 확장시키려 애쓴 필자 부모의 철학과 정성을 티 없는 즐거움으로 느낄 수 있었다.

　몸을 펼칠 때 마음도 펼칠 수 있듯이, 학교와 학원의 닫힌 공간에서 지식은 획득할 수 있을지언정 지혜를 얻기는 어렵다. 삶의 의미를 스스로 규정하고 그에 따라 살아갈 능력을 갖추는 게 교육의 궁극적 목표라고 할 때, 시야뿐만 아니라 몸이 직접 세계와 만나고 부딪혀야 그 지평이 열린다는 점을 이 책을 통해 많은 학생과 학부모가 인식하기 바란다.

손미나

작가, 前 인생학교 서울 교장, 허프포스트코리아 편집인

나이와 상관없이 놀라움을 안겨주는 사람들이 있다. 여기 우리
를 놀라게 할 소년이 있다. 정말이지 이 친구는 내가 본 이들 중
가장 독특하게 살아온, 그리고 가장 기특한 청춘이다. 단 한 번
도 학교를 다녀본 적이 없는데 웬만한 어른들은 손도 안 대봤을
인문학 서적을 중학생 나이에 섭렵했고, 영어, 프랑스어에 능통
하며, 바이올린 실력도 수준급이고, 바로 그 바이올린 길거리 연
주로 돈을 벌어 유럽을 여행했고, 보기 드물게 정의롭고 합리적
인 사고를 하는 데다 가난을 부끄러워하지 않고 독립적이며 삶
을 대하는 태도마저 바르다. 도대체 그가 누구인지 궁금하다.

흔히 십 년이면 강산도 변한다고 한다. 한 해가 열 번 지날 세월이면 대부분의 사물이 변모한다는 뜻이다. 그러나 20대의 젊은이는 산기슭에 갓 움튼 나무와도 같아서 해마다 한껏 모습을 달리한다. 잎을 무성히 내었다 앙상히 헐벗기도 하고, 고사할 위기를 넘기며 단단해지기도 한다.

첫 책이 나오고 4년간 나에게도 많은 일들이 있었다. 월드비전과 함께 케냐에 다녀왔고, 열여덟에 유럽에서 썼던 글들을 다듬어 여행기를 냈다. 부모님 댁을 떠나 독립을 했고, 스타트업에서 개발자로 일을 해보기도 했다. 가장 생소한 경험은 입시였다. 짙은 고민과 불안으로 하루하루를 근근이 버텨내던 시기였다. 몇 달간 인내, 좌절, 희열을 동시다발적으로 맛본 끝에 마침내 태어나서 처음으로 학교에 다니게 되었다. 미네르바라는 대학에 입학한 것이다.

짧다면 짧은 시간이었지만 중요한 선택의 갈림길을 참 여러 번 마주쳤다. 스스로에게 숱한 질문을 던졌고, 나름의 방식으로 진하게 고민했다. 그렇게 답을 찾아가는 과정을 새롭게 책 앞머리에 덧붙였다. 독자들에게도 그럴듯한 본보기보다는 다양한 삶의 행로들 가운데 자그마한 하나의 예시로 다가갔으면 하는 바람이다.

더 이상 무학력이 아님에도 불구하고 제목을 바꾸지 않은 이유는 초판의 글들이 대부분 그대로 실려 있기 때문이다. 관점이 달라진 부분도 적지 않고, 다시 보면 설익은 듯 느껴지는 단락도 있지만, 그 생각들이 쌓여 지금의 내가 되었기에 애써 고치지 않았다.

돌이켜보면 십 대 시절의 나는 세상을 꽤나 선명하게 바라보았던 것 같다. 흑과 백이 뚜렷한 사람이었고, 옳고 그름이 존재한다고 믿었다. 그러나 다양한 사람들과 스칠수록 점점 그들의 세계와 나의 세계가 포개져갔다. 빨간색, 파란색, 초록색, 그밖에도 수많은 색들이 칠해지고 지워지고 또 덧칠해졌다. 그래서 지금 이십 대의 내 눈에 펼쳐진 세계는 조금 뿌옇고 흐릿하다.

앞으로 몇 년간은 나의 견해를 잠시 미뤄둔 채 복잡다단한 세상을 깊이 탐구해보고 싶다. 알록달록한 때로는 얼룩덜룩한 색들을 가감 없이 칠해보고 싶다. 그렇게 칠하고 또 칠하다 보면, 언젠가 하나의 두드러진 색이 모습을 드러내지 않을까. 그때까지 양서류처럼 아가미의 세계와 허파의 세계를 넘나들며 온전한 시각을 갖추고 싶다.

2021년 샌프란시스코에서
임하영

여는 글

학교는 하루도 다니지 않았지만, 삶을 풍요롭게 만드는 법을 배웠습니다. 음악을 통해 내면의 소리에 귀를 기울였고, 자연과 벗하며 생명의 고귀함을 깨달았습니다. 돈에 관심이 생길 무렵부터는 세계의 화폐를 수집하며 그 나라의 역사와 문화를 공부했습니다. 열세 살 때 사업에 도전했다 실패했지만 심기일전 끝에 주식 투자에 뛰어들기도 했습니다. 돌이켜보면 참으로 다채로운 인생을 살아온 것 같습니다.

  학교는 하루도 다니지 않았지만, 더불어 살아가는 법을 배웠습니다. 다른 이들의 목소리에 귀 기울이는 법, 그들이 기뻐할 때 함께 즐거워하고 슬퍼할 때 함께 눈물 흘리는 법을 배웠습니다. 옳지 못한 일에 '아니오'라고 말하는 법, 머리로 아는 것을 행

동으로 옮기는 법, 그리하여 사람들과 함께, 사람답게 사는 법을
배웠습니다.

학교는 하루도 다니지 않았지만, 더한층 깊은 지혜를 얻었습
니다. 책을 통해 수많은 인물을 만났고, 그들의 생각을 어떻게
현실에 접목할 수 있을지 치열하게 고민했습니다. 그러다 막다
른 골목에 이를 때면 스승들을 찾아 나섰습니다. 그분들께 인생
을 대하는 자세와 사회를 바라보는 따뜻한 시선을 배웠습니다.

학교는 하루도 다니지 않았지만, 더 넓은 세상을 만났습니다.
갓 십 대가 되었을 무렵 가족들과 함께 중국으로 역사 기행을
떠났고, 얼마 뒤에는 여수 엑스포에 참여해 전 세계인들과 어울
리기도 했습니다. 열여덟이 되던 해에는 88일간 유럽 여행을 떠
났습니다. 그곳에서 철학을 논하는 고등학생들을 만났고, 역사
를 잊지 않으려는 대학생들을 만났습니다. 더 나은 사회를 만들
기 위해 노력하는 젊은이들을 보았고, 약자를 보듬을 줄 아는
따뜻한 어른들을 보았습니다. 답을 찾으러 갔지만, 결국 더 많은
물음을 안고 돌아왔습니다.

공부란 무엇일까요? 배움이란 무엇일까요? 이러한 물음이 생
길 때마다 길을 나섰습니다. 때로는 책을 읽고, 때로는 여행을
떠나고, 때로는 사람을 만나기도 했습니다. 그러면서 발견했습니
다. 학교 밖에서도, 혼자서도, 조금 다른 방식으로도, 얼마든지
배우며 공부할 수 있다는 사실을요.

제 삶이 정답이라고 이야기하려는 것은 아닙니다. 결코 그렇게 생각하지도 않고요. 그저 누군가 제 이야기를 통해 사회를 다르게 살아갈 조금의 실마리를 얻는다면, 그것만으로도 더할 나위 없이 기쁠 것 같습니다.

　그럼 이야기를 시작해보도록 하겠습니다.

차례

4. 일등이 아닌 부끄러움을 아는 공부 ○───────

1.
난생처음 간 학교, 미네르바 대학 ○———

나만의 물음을 발견하고,
그 답을 스스로 찾아가요

정혜윤 × 임하영 – SIDE 인터뷰

2017년에 만났던 사람 중 가장 놀라움을 안겨줬던 사람이 있다. 임하영. 그가 스무 살 때, 내가 서른 살 때 우리는 만났다. 그는 존재만으로 우리가 가진 다양한 편견을 깨버리는 사람이었다.

하영은 하루도 학교를 다닌 적이 없다. 2020년 전까지는. 정해진 시스템 안에서 받은 교육은 유치원 때까지가 전부였다. 유치원도 잠깐 다니고 말았다. 여섯 살 때부터 그는 집에서 여동생과 함께 홈스쿨링을 했다. 아니, 더 정확히 말하자면 '언스쿨링Un-schooling'을 했다. 홈스쿨링은 기존 교과 과정과 유사하게 어느

정혜윤 10년간 에이전시와 스타트업에서 마케터로 일하면서 다양한 회사와 세계 곳곳을 유랑하다 2020년 여름, 회사로부터 독립했다. 좋아하는 것에 빠져 있는 사람들, 편견을 부수는 사람들과의 대화를 즐긴다. 현재는 프리랜스 마케터이자 작가로 일하며 다능인을 위한 뉴스레터 '사이드 프로젝트(sideproject.co.kr)'를 운영하고 있다.

정도 정해진 스케줄 내에서 집에서 교육받는 것이라면, 언스쿨링은 아이가 배우고 싶어 하는 일, 하고 싶어 하는 일에 중점을 둔다. 모든 사람은 자기만의 잠재력을 가지고 태어나는데, 그걸 가장 잘 아는 게 본인이란 생각에서 출발한 교육 방법이다. 아이 스스로 배움의 주체가 되어 원하는 공부를 찾아가고, 부모는 지시하기보단 옆에서 아이의 관심사와 호기심에 귀를 기울여주며 아이가 원하는 방향에 따라 돕는 역할을 한다.

그리고 2020년. 처음으로 그가 '미네르바 대학'이란 학교에 입학했다. 그런데 이 학교조차도 범상치 않다. 최근 샌프란시스코로 건너가 이제 막 새로운 시작점에 있는 그의 이야기를 더 많은 사람과 나누고 싶었다.

캠퍼스 없는
미네르바 대학에 입학하다

정혜윤(이하 융): 이제 막 학기 시작했겠네요. 국적이 얼마나 다양해요?

임하영(이하 하영): 이번 학년은 총 45개국에서 왔어요.

융: 와. 진짜 재밌을 것 같아요. 저도 베를린에 본사를 둔 스타트업에 다닐 때 전 직원이 온 나라를 합치면 48개국이었거든요. 그래서 너무 재밌었어요. 1년에 두 번 정도 워크숍 겸 베를린에서 모였는데 언어도 다르고 문화도 다르고. 일 뿐만 아니라 더 많은 걸 배운 것 같아요.

하영: 심지어 '트리니다드 토바고'라는 나라에서 온 친구도 있어요.

융: '트리니다드 토바고'? 그게 나라 이름이에요? 신기하다. 제가 하영을 사이드 프로젝트 START 첫 인터뷰이로 섭외하고 싶었던 건, 저는 종종 그런 소리 듣거든요. 제가 지금까지 해온 일에 관해서 "마케팅 전공했으니까 할 수 있었겠네. 뉴욕에 있었으니까 글로벌 스타트업에 들어갈 수 있었겠네." 그런 말을 들으면 제가 시행착오를 겪으며 노력해온 과정은 배제하고 단정 지어지는 기분이 들더라고요. 그래서 그런 편견을 깰 수 있는 사람을 섭외하고 싶었어요. 꼭 졸업장이 없어도 시작할 수 있는 일은 생각보다 많은 것 같거든요. 제가 생각하기에 여러 편견을 깨는 데는 하영만 한 사람이 없기 때문에! 인터뷰에 응해줘서 고마워요.(웃음) 요즘에는 스스로를 어떻게 소개해요?

하영: 현재로서는 학생이라고 소개하는 게 가장 정확할 것 같아

요. 한 달 전부터 태어나서 처음으로 제도권 교육 시스템에 들어왔는데 그마저도 굉장히 특이한 '미네르바 대학'이란 곳에 들어왔어요.(웃음)

융: 미네르바 대학은 어떤 곳이에요?

하영: 정말 독특한 학교인데 만들어진 지 6년밖에 안 됐어요. 작년에 첫 학부 졸업생이 나왔고요. 기존 학교와 가장 다른 점은 캠퍼스가 없다는 거예요. 학생들은 4년간 일곱 개 도시를 옮겨가며 생활해요. 1학년 때는 샌프란시스코, 2학년 때는 서울과 인도의 하이데라바드, 3학년 때는 베를린과 부에노스 아이레스, 4학년 때는 런던과 타이베이. 수업은 모두 온라인으로 이루어지고요. 기업이나 정부, NGO와 다양한 프로젝트를 진행하는데 이건 오프라인에서 이뤄져요. 코로나 시대 전부터 100% 온라인 수업으로 디자인되었고요. 교수들도 세계 각지에 흩어져 있어요.

융: '와 ~' 그야말로 세계의 메가시티들이잖아요. 같은 학년 친구들끼리 그 도시들에서 살면서 경험할 수 있다니! 엄청나요. 얼마나 다양한 시각을 갖게 될까 부럽기도 하고요. 수업을 온라인으로 해서 불편한 건 없어요?

미네르바 대학 수업 플랫폼(출처: minervaproject.com)

하영: 저는 원래 온라인을 별로 안 좋아했어요. 그런데 미네르바의 수업은 비대면이긴 한데 대면보다 더 대면 같아요. '포럼'이라고 미네르바 대학이 자체 개발한 수업 플랫폼이 있어요. 수업이 주로 토론으로 이루어지는데요, 학생 참여도에 따라 빨강, 노랑, 초록 색깔이 떠요. 교수가 학생에게 일방적으로 가르치는 방식이 아니라 오히려 학생에게 발언권을 주며 안내하기 위한 퍼실리테이터facilitator 느낌이에요. 포럼 플랫폼 안에서 구글 독스과 프로그래밍도 가능하고요.

나만의 서사가
있다는 것

용: 처음 다니는 학교인데, 그마저도 진짜 신기하고 실험적이네요. 지금까지 학교를 다니지 않아서 불안했던 때는 없었어요?

하영: 많았죠. 나 자신을 한마디로 정의할 수 없다는 게 불안하고 성가실 때가 많았어요. 학교를 다니면, "어디 재학 중인 누구"라고 하면 한 줄로 끝나잖아요. 그런데 저는 주절주절 설명해야 했어요. 나의 과거는 어떻고, 부모님은 이렇고. 저를 의구심 어린 눈초리로 보는 사람도 많았어요. 10대 후반부터는 나 자신을 증명해야 한다는 생각이 들어서 조금 더 열심히 산 것 같기도 해요. 물론 지금 다니는 학교도 주절주절 설명해야 하는 건 마찬가지긴 해요.(웃음) 그런데 요즘 드는 생각은 제 인생을 간단히 설명할 수 없다는 게 커다란 장점이더라고요. 나만의 이야기, 서사가 있다는 거니까요.

용: 결국엔 다들 '내가 가보지 않은 길'을 궁금해하잖아요. 그런 맥락에서 하영이 걸어온 길은 각본 밖에 있어서 더 궁금하고 흥미롭더라고요. 하영의 이야기를 듣고 있으면, 아직 나이가 많지 않음에도 원하는 게 뚜렷하다는 생각이 들어요. '방법은 찾으면

있다'라는 생각이 들고, 그래서 스스로의 삶을 설계해나가는 느낌이고요. 그럴 수 있는 원동력이 뭔가요?

하영: 반대로 저는 제가 원하는 게 뚜렷한지 잘 모르겠어요. 제 인생을 사람들은 멀리서 보고, 저는 가까이 봐서 그런지 몰라도 항상 좌충우돌하고 있는 것 같아요. 삶의 진폭도 다른 사람보다 더 큰 것 같고요.

한 가지 행운으로 생각하는 건, 뭔가 고민이 있거나 중요한 결정을 앞두고 있을 때 인생의 이정표로 삼을만한 선생님들이 옆에서 피가 되고 살이 되는 조언을 해주셨어요. 인생의 전체적인 방향성을 생각할 때, 그 조언이 큰 도움이 됐어요. 홍세화 선생님, 작년에 미국으로 데려가 준 최병천 보좌관님. 이런 선생님들을 찾으면 최대한 가까이 붙어 있으려고 노력을 많이 했죠. 결정적일 때에 결정적인 사람들이 옆에 있었던 것 같아요. 눈앞의 결정을 할 때는 한두 발짝 앞서간 선배들의 조언이 더 현실적인 경우도 많았어요. 좋은 선생님들과 좋은 선배들이 시행착오를 줄이는 데 많은 도움이 됐어요.

최근에는 인생이 예측 불가능해서 계획하는 게 불가능하단 생각이 들어요. 막연한 큰 그림은 그려놓되, 작은 선택은 유연하게 하자. 하루하루는 성실히 살면서 순간순간 찾아오는 기회를 붙잡고 인생 전체는 흘러가는 대로 살아보자. 이게 요즘 저의 멘탈리티예요. 나 자신도 변하고. 세상도 변하니까요.

나만의 색깔을
다시 뚜렷하게

용: 하영 말대로 저는 멀리서 봐서 그런 걸 수도 있지만, 그래도 하영은 원하는 방향을 스스로 설정해서 앞으로 나아가는 힘을 가지고 있잖아요. 생각만으로 그칠 수도 있는데 하영은 미국으로 가야겠다고 결심하고, 어떻게든 또 방법을 찾아낸 거니까요. 그 '시작' 자체가 어려울 때가 있는 것 같아요.

하영: 제가 시작해보는 걸 좋아하긴 해요. 그런데 이것도 20대 초반에 바뀐 거예요. 10대 후반까지는 생각을 너무 오래 했어요. 누굴 만날 때도 어떤 대화를 할지 시뮬레이션을 돌려볼 정도였으니까요. 20대가 되면서 '일단 해보고, 아님 말고'란 생각이 생겼어요. 아이디어가 생기면 빠르게 시도해보고, 틀어지면 고치면서 성장을 하면 되는 거 아닐까요? 작년에 프랑스에서 미국으로 오는 것으로 바꿀 때도, 어떻게 보면 인생을 좌우하는 결정인데 생각보다 빠르게 결정했어요. 실리콘밸리에 다녀와서 일주일 동안 생각하고, 엄마에게 전화를 걸었어요. "엄마, 난, 미국에 가

야겠어요." 5년 동안 프랑스에 가겠다고 하다가 갑자기 미국 간다고 한 건데 엄마가 그냥 이러더라고요. "그래 열심히 해봐." 미네르바 대학에 지원해서 안 되면, 군대에 가서 좀 더 공부하자는 생각이었어요. 빨리 시도하는 걸 좋아하는 편이에요.

융: "일단 해보고, 아님 말고"란 말이 너무 공감 가요. 그런 태도가 빨리 시도하는 걸 돕는 것 같거든요. 시작도 안 해보고 후회하는 것보다는 해보고 후회하는 게 낫다는 말도 떠오르고요. 새로운 시작점에 서 있는 지금 마음은 어때요? 4년 후 졸업할 때, 자신이 잊지 않았으면 하는 마음이 있나요?

하영: 일단은 설렘과 두려움이 공존하고 있어요. 태어나서 한 번도 학점을 받아본 적이 없어서 이걸 잘 받을 수 있을지 두렵고요.(웃음) 다른 한편으로는 일정한 기간에 최선의 노력을 쏟으면서 성장하는 걸 좋아해서 설레기도 해요.

  잊지 않았으면 하는 마음은, 질문의 취지와는 다른 답변일 수 있는데요. 20대 초중반은 가족이란 공동체를 떠나 사회에 본격적으로 발을 내딛는 시점이잖아요. 그래서 인생의 전체적인 판이 흔들리는 시점 같아요. 내가 정답이라 믿어왔던 것들이 정답이 아닐 수도 있고요. 오랫동안 세상이 흑과 백으로 이루어져 있다고 생각했는데 스무 살 이후로 본 세상은 대체로 회색이

더라고요. 나도 점점 회색분자가 되어가는 것 같고. 그동안 발을 딛고 있던 가치관도 흔들리기 시작하고. 처음에는 살짝 두렵기도 했는데, 지금은 오히려 이런 시기를 기회로 삼아서 내 삶의 경계를 확장시켜보자는 생각을 하고 있어요. 최대한 많은 경험을 해보고, 다양한 사람을 만나보고, 놀기도 하고. 여러 색깔을 경험하고 4년 후에는 내 색깔이 다시금 뚜렷해지면 좋겠어요.

재미와 의미,
그리고 연결

융: 질문의 취지와 관계없이 정석처럼 느껴지는 답변이 아니라서 더 좋아요. 그곳에서 친구들을 많이 사귀면 정말 좋을 것 같아요. 저도 글로벌 스타트업에 있을 때 다른 나라로 출장가면 배경은 자꾸 바뀌는데 보는 동료들은 같아서 제 세계가 작으면서도 커진 느낌을 받았거든요. 하영은 더 어릴 때 카우치서핑couch surfing을 하고, 바이올린을 연주하며 유럽 여행을 한 경험도 있잖아요. 생각을 현실로 이뤄내는 힘이 있는 것 같은데, 하영도 무기력해질 때가 있어요? 그럴 땐 어떻게 해요?

하영: 많이 있죠. 그럴 때는 이태리 작곡가 루도비코 에이나우디

의 곡을 들으면서 야밤에 한강을 빠른 걸음으로 산책했어요. 지금 샌프란시스코에서는 못해서 좀 슬퍼요. 밤에 나가면 위험하기도 하고요. 음악과 자연 산책. 이 둘의 조합을 좋아해요. 그리고 실화를 기반으로 한 좋은 영화나 다큐멘터리를 봐요. 라이언 고슬링이 주연을 맡은 「퍼스트 맨」, 다큐멘터리는 「피아니스트 세이모어의 뉴욕 소네트」, 「로버트, 우리가 사랑한 케네디」 같은 작품을 좋아해요. 이런 작품을 보면서 에너지를 얻어요.

살다 보면 즐거운 일도 많지만 힘겨운 일도 많고, 하루하루 근근이 버텨야 할 때도 있잖아요. 그럴 때 최소한의 삶을 지탱하면서 나락에 빠지지 않으려면 일상을 잘 꾸릴 줄 알아야 하는 것

미네르바 대학 친구들과 함께

같아요. 거창한 건 아니고 일부러라도 자신을 잘 돌보고 주위를 잘 돌보는 거죠. 예를 들면 요리, 빨래, 청소 같은 사소한 것들? 무슨 일이 있어도 스스로를 잘 먹이고, 말끔히 입히고, 주변을 깨끗하게 정돈하는 이런 것들을 십 대 시절 엄마한테서 많이 배웠어요. 늘 감사하게 생각하고 있죠. 일상의 끈을 놓지 않으면서 스스로에게 좋은 음악과 영화를 선사해주려고 노력해요.

용: 오, 에이나우디 곡은 저도 좋아해서 많이 들어요. 특히 글 쓸 때! 하영은 독서도 많이 하잖아요. 요즘에도 자주 읽어요? 아니면 다른 중요하게 생각하는 키워드가 있어요?

하영: 사실 작년에는 입시 준비하느라 책을 거의 못 읽었어요.(웃음) 그 전에는 일주일에 한 권은 읽었는데요. 편식을 심하게 해서 10대 중반부터는 사회과학 책을 주로 많이 읽었어요. 다시 그때로 돌아갈 수 있다면 문학을 읽을 것 같아요. 사회과학은 나중에 공부해도 좋으니까요. 문학을 읽으며 감수성을 키우는 게 세상을 바라보는 데 좋지 않을까 생각해요.

그리고 재미와 의미란 키워드를 중요하게 생각해요. 재미있게 의미 있게 살고 싶어요. 인생은 한 번뿐이니까 내 인생을 살 때, 내가 재밌었으면 좋겠어요. 그리고 공적인 일에 관심이 많아서 이 사회가 나아지는데 내 존재가 조금이라도 보탬이 되면 좋겠어요. 내 삶이 사회적으로도 의미가 있으면 좋겠다는 생각을 해요.

융: 재미와 의미. 제 마음속에 나침반은 제 기준에 맞는 '재미와 멋'으로 잡았는데 비슷하네요. 사이드에는 한 가지 분야에 스스로를 규정짓지 않고, 다양한 정체성을 가진 사람이 모여 있어요. 이들을 '다능인'이라고 정의하고 있고요. 하영도 영락없는 다능인인 것 같은데, 다능인에 대해서 어떻게 생각하세요?

하영: 예전에 법안 만드는 입법 강연을 들은 적이 있는데요. 세 가지 종류의 전문가가 있대요. 1) 현장 전문가, 2) 행정, 보조, 제도 전문가, 3) 입법을 통해 연결하는 연결 전문가. 셋이 모이면 세상을 바꿀 수 있다고 배웠어요. 이게 기억에 많이 남았는데요, 꼭 입법 분야가 아니어도 적용될 수 있어요. 필드를 잘 아는 사람. 이론과 구조를 잘 아는 사람. 그리고 다방면에 두루 관심이 많으면서 이 둘과 다른 이들을 연결할 수 있는 사람. 다능인은 어떻게 보면 연결 전문가가 되기에 최적의 사람이 아닐까요? 우리 시대에 '연결'은 너무나 중요한 단어예요.

진짜 공부의
의미를 찾아서

융: '연결이 중요하다'는 말도 많이 공감이 가요. 저는 하영을 보면 '공부'의 의미가 좀 다르게 다가와요. 시험 보고, 배우기 싫고, 재미없고. 그런 공부 말고, 내가 배우고 싶은 것을 배우면 그렇게 재밌잖아요. 저는 그림을 그리는 것도, 고레에다 히로카즈 감독에게 빠져서 그가 쓴 책을 읽고 영화를 모두 찾아보는 것도, 요가를 하고 명상 책을 찾아 읽는 것도 모두 다 공부라고 생각하거든요. 하영에게, 공부란 어떤 의미예요?

하영: 제 책에도 썼지만, '나만의 물음을 발견하고 그 답을 스스로 찾아가는 과정'이 공부라고 생각해요. 조금 더 구체적으로 얘기하면 본인만의 관점을 갖는 것이에요. 누군가 가공한 정보나 지식을 맹목적으로 받아들이지 않고, 자기만의 관점을 가지고 사물과 현상을 탐구하는 게 중요해요. 예전에는 박사 학위를 따면 같은 내용을 몇십 년 가르칠 수 있었는데, 이제는 1년 안에도 모든 게 변하는 세상이 됐잖아요. 평생 공부하는 게 당연한 시대가 된 것 같아요. 스스로 배우고, 탐구하는 습관이 몸에 배여 있으면, 공부가 남들보다 늦거나 서툴러도 언제든 다시 시작할 수 있어요.

융: 계속해서 공부하고 성장하는 사람은 언젠가부터 분명 차이가 나는 것 같아요. 공부도 나이와는 전혀 관계가 없는 것 같고요. 오늘도 좋은 이야기가 많이 나눴네요. 시간 내줘서 고마워요. 샌프란시스코에서 건강히 잘 지내기를~.

  하영의 이야기는 '진짜 공부란 무엇인가'에 대해 본질적인 질문을 던진다. 우리 사회는 획일화된 기준에 맞춰 줄 세우기 급급한 마음에 정작 진짜 중요한 것 '내가 무엇을 배우고 싶은가?'에 대해서는 그다지 생각해보지 않는 것이 아닐까. 당신이 지금 하고 있는 공부는 누구를 위한 공부이며, 당신이 지금 걷고 있는 길은 누구를 위한 길인가.

  하영이 쓴 책 『학교는 하루도 다니지 않았지만』을 읽어보면, 공부에는 딱 한 가지 방법만 존재하는 것은 아니라는 걸 느낄 수 있다. 어떤 방법이 더 좋고 나쁘고를 말하려는 게 아니라 이 책은 그저 우리에게 길 밖에서 출발해 스스로의 길을 개척해 온 한 사람의 이야기를 전해주며 이렇게 사는 사람도 있다고 알려줄 뿐이다.

  나에게 맞는 길을 주체적으로 선택하는 것이 우리의 인생이라면 수많은 옵션에 대해서 알고 있는 것과 모르고 있는 것은 다르다. 나에게 맞는 길이 어떤 것인지 알 수 있게 해주는 것이 공부고, 그렇게 수많은 시행착오와 선택이 모여 나만의 길이 완성된다.

하영을 보고 있으면 규정된 시스템에 속해 있지 않고도 얼마나 멋지게 성장할 수 있는지 보인다. 그의 이야기는 우리가 가진 다양한 편견을 깬다. 그래서 이 사람이 걸어온 길이 소중하다. 남들과 다르게 출발했지만, 또 새로운 시작점에 서서 멋지게 자기만의 길을 개척 중인 하영이 앞으로도 순항하기를!

디지털 리터러시, 다양성,
지적 자극을 주는 시스템

스물한 번째 생일을 맞던 2018년 12월, 어느 토요일. 평소 가깝게 지내던 최병천 선생님께서 전화를 하셨다. "어디야? 생일 기념으로 맛있는 거 사줄게. 사무실 근처로 와!" 그리하여 이튿날 부모님을 잠시 찾아뵙고 서둘러 광화문으로 향했다.

최병천 선생님을 처음 만난 것은 2년 전, '신촌대학교'에서 열린 〈입법전문가되볼과〉라는 강좌를 통해서였다. 법안을 어떤 식으로 발의하고 통과시키는지, 정책을 매개로 어떻게 이슈파이팅을 하는지, 대안을 제시하는 정치는 어떻게 가능한지, 4주 동안 넋 놓고 들었다. 오죽했으면 강의가 끝나고도 아쉬워서 술도 못 마시는 처지에 뒤풀이까지 꼬박꼬박 참석했을 정도.

그 인연으로 이듬해부터 최병천 선생님과 경제를 공부하는 스터디를 시작하게 되었다. 학생, 기자, 국회 보좌진 같은 다양한 사람들이 일주일에 한 번씩 국회 의원회관에 둘러앉아 책을 읽고 토론했다. 초기에는 전·현직 청와대 경제 참모들이 저술한 책들을 봤고, 이후 재벌, 경제성장, 산업정책 등을 차례로 공부했다. 나는 특히 더 많은 시간과 노력을 쏟을 수밖에 없었는데, 경제 분야가 생소했을뿐더러 40세 미만만 발제한다는 얄궂은 규칙이 있어 자주 발제를 맡게 되었기 때문이다.

그렇게 한 달이 지나고 한 해가 지나면서, 세상을 바라보는 시각이 조금씩 달라졌다. 명확한 답이 존재하는지, 온전한 정의가 존재하는지 확신하지 못하게 되었다. 인간은 기본적으로 모순적 존재이며, 우리가 이룬 사회는 고매한 이상보다는 적나라한 욕망에 따라 굴러갈 때가 더 많다는 사실을 발견했다. 이 모든 가치와 욕망의 소용돌이 가운데 차선과 차악을 가려내며 전진하기란 얼마나 어려운 일인가. 정책은 언제나 정치를 매개로 실현되기에, 좋은 정책 입안자라면 이 복잡다단한 과정을 훤히 꿰뚫고 있어야 한다.

그날 최병천 선생님과 저녁을 먹으면서도 여느 때와 다름없이 경제정책에 관한 이야기를 열심히 나누었다. 식사를 마치고는 교보문고에 들러 책 두 권을 선물 받았다. 책등을 가볍게 쓰다듬은 뒤 가방에 고이 넣어두고 카페로 옮겨 대화를 이어갔다.

최병천 선생님은 왜 프랑스에서 공부하고 싶은지 물었다. 나는 여러 이유를 댔다. 우선 엄밀히 읽고 정확히 쓰는 법을 배우고 싶다. 프랑스는 대통령제 국가고 중앙집권이 강력하여 한국과 비슷한 점이 많은 것 같다. 최근 마크롱이 시행하고 있는 일련의 개혁 조치를 가까이서 지켜보고 배울 수 있을 것 같다 등등.

최병천 선생님은 유럽이 맞고 있는 숱한 위기들을 언급하며, 다시 한번 곰곰이 생각해보라고 하셨다. 그러면서 이런 제안을 하셨다. "내가 국회에 있을 때는 이틀 이상 쉰 적이 한 번도 없었는데, 최근 직장을 옮겨서 좀 여유가 생겼거든. 혹시 내년 봄에 열흘 정도 미국여행 가지 않을래? 통역이나 번거로운 것들 좀 도와주면 비행기 표는 내가 대줄게." 와, 미국이라니. 가슴이 빠르게 뛰었다. 당연히 같이 가겠노라 말씀드렸다.

그리하여 2019년 3월, 샌프란시스코행 비행기에 몸을 실었다. 공항에 도착하자마자 곧장 차를 타고 요세미티 국립공원 쪽으로 달렸다. 오랫동안 마케팅 분야에서 일하다 요셈투어라는 회사를 설립해 가이드를 하고 계신 대표님, 그리고 실리콘밸리에서 오랫동안 고군분투하신 엔지니어 한 분을 만나 맥주를 홀짝였다. '깡이 있어야 살아남는다. 잡초 인생도 언젠가 제도권으로 들어가야 한다. 탄탄대로를 밟지 않은 사람은 벼랑 끝 전술을 써야 한다. 남들이 넘볼 수 없는 무언가를 가져야 한다. 실리콘밸리에 미국에서 자라고 교육받은 사람은 거의 없다. 대부분 외국에서 치고 들어온 사람들이다. 절박함이 없으면 살아남기 힘든 곳이다. 어떻게든 해내는 사람이 뛰어난 사람이다.' 여러 인상적인 이야기들이 귓가를 스쳤다.

 며칠 밤을 보낸 뒤, 인앤아웃 버거로 허기를 채우며 팔로 알토로 향했다. 길 양옆으로 이름만 대도 알 수 있는 회사들의 로고가 하나둘씩 눈에 띄기 시작했다. 스쳐 지나는 건물들을 바라보며 '와, 여기가 진짜 실리콘밸리구나' 생각했다. 이 동네는 고급주택 한 채가 100억 원을 넘나든다고 했다.

 이후 며칠 동안 구글, 페이스북, 에어비앤비, 아마존 등을 돌아보고 거기서 일하시는 분들을 만나 이야기를 나눴다. 휴렛과 패커드가 창업을 했던 차고도 가보고, 스티브 잡스의 집도 멀리서나마 구경했다. 그러나 가장 인상적이었던 곳은 역시 스탠퍼드 대학이었다. 캠퍼스만 여의도 4배 크기에, 로댕의 유명한 조각들이 곳곳에 누워 있었다. 날은 너무나도 화창했고, 학생들은 잔디밭에 누워 독서를 즐겼다. 캠퍼스는 깨끗하고 건물들은 단아하며 아름다웠다. 눈앞 풍경들이 비현실적으로 느껴졌다.

 이곳이 바로 잡스가 어린 시절 물리학 강의를 청강했던 건물이란 말인가. 세르게이 브린과 래리 페이지가 검색엔진 구글을 구상했던 장소란 말인가. 우거진 나무로 뒤덮인 카페테리아에서 샌드위치를 주문해 손에 들고 있는데, 마음이 너무나도 흔들렸다. 진짜 미국으로 와야 하나? 이제껏 했던 수많은 고민, 생각, 토론들. 다 뒤로하고 처음부터 다시 시작할 수 있을까? 아니야,

내가 미국 올 돈이 어디 있다고. 프랑스는 학비가 저렴하니 생활비만 마련하면 되지만, 미국은 1년에 수천만 원이 드는걸. 게다가 나는 여태까지 프랑스어 시험만 열심히 준비했는데. 미국 입시가 쉬운 것도 아니고 어떻게 단시간에 준비한담…. 머릿속이 복잡해졌다.

심란한 마음을 뒤로하고 환락의 도시 라스베가스로 떠났다. 북적이는 뷔페에 앉아 먹고 또 먹었다. 호텔에 놓인 데미안 허스트 작품을 바라보며 작가가 새로운 객체가 아닌 새로운 관념을 창조하는 현대미술에 대해 생각했다. 저녁에는 태양의 서커스에서 하는 오쇼O Show를 보며 무대와 무용수들에 감탄했다. 그러나 2박 3일 중 가장 기억에 남는 순간은 한 필리핀 출신 이민자와 나눈 짤막한 대화였다.

그는 라스베가스에서의 삶에 매우 만족하고 있었는데, 세금은 거의 내지 않고 혜택은 많이 받을 수 있어서라고 했다. 라스베가스가 속한 네바다주 주민들은 소득세income tax를 내지 않으며, 법인세corporate tax, 영업세franchise tax, 재고세inventory tax 등을 전혀 내지 않는다고 했다. 그러면 공공부문은 어떻게 운영되냐고 물었더니, 세금 대부분을 카지노에서 부담한다고 했다. 특히 라스베가스는 호텔 숙박비도 매우 저렴한 편인데, 이는 호텔 주 수입원이 숙박이 아닌 카지노이기 때문이라고. 사람들이 늦게까지 도박을 하니 대부분 상점들이 24시간 문을 여는데, 미국에서 이런 곳은 거의 없다며 껄껄 웃었다. 카지노에서 내는 세금으로 도로도 닦고, 학교도 짓고, 공무원들 월급도 주고. 늦게까지 여는 술집에서 여가도 즐기고, 얼마나 좋냐며.

물론 도박으로 인생을 망치는 이들도 적지 않겠지만, 사람들이 적당히 욕망을 분출할 수 있는 통로를 열어주고, 서비스 제공자들에게 확실한 이익을 보장해주되 그에 상응하는 세금도 확실히 걷는 미국식 합리주의를 엿볼 수 있는 시간이었다.

열흘 간 여정은 그렇게 순식간에 지나갔다. 다시 비행기에 몸을 실으며 크게 세 줄기로 생각을 모았다.

첫째, 디지털 문해력Digital literacy를 익히는 것이 중요하다. 그동안 사회를 바꾸는 가장 효과적인 방법이 법과 제도를 바꾸는 것이라 믿었다. 그러나 최근 몇 년간 사회를 관찰한 결과, 법과 제도는 사회 구성원들의 인식이 변한 뒤 천천히 보수적으로 바뀌는 것 같다. 그렇다면 사회 변화를 앞장서서 이끄는 것은 무엇일까? 바로 과학과 기술이 아닐까. 선두주자가 되어 그 변화를 주도하진 못하더라도 최소한 무슨 일이 벌어지는지는 읽어내고 싶다.

둘째, 다양성이 살아있는 곳에서 공부해야 한다. 혁신은 이종교배라는 말이 있다. 하늘 아래 더 이상 새로운 것이 없다지만, 이미 있는 것들을 새로운 방식으로 결합하면 혁신이 탄생하지 않을까? 안전지대에서 벗어나 이질적인 사람들과 끊임없이 부딪치면 고통스러울 때도 많을 것이다. 그러나 다양한 배경을 가진 사람들이 머리를 맞댈수록 더 커다란 불꽃이 튀는 것은 너무나도 분명한 사실이다.

셋째, 지적 자극을 줄 수 있는 시스템이 갖춰진 곳을 찾아야 한다. 교육자 개인도 물론 중요하지만, 제대로 설계된 시스템이 더욱 중요하다. 예컨대 문제를 해결하는 것보다 문제를 정의하는 것이 중요할 수도 있다. 오늘 긴급한 회의가 있어 3시간 내로 서울에서 부산까지 가야 한다고 가정해 보자. 문제 해결에 집중한다면 기차가 빠를지, 비행기가 빠를지, 자동차가 빠를지 엄밀히 계산해서 결론 내릴 것이다. 그러나 문제 자체를 다르게 정의할 수도 있다. 이 회의는 꼭 필요한 것인가? 화상 회의로 대체할 수는 없는가? 다른 사람을 대신 보내면 안 되는가? 이렇게 본질에 접근한다면 전혀 다른 결론이 나올 수 있다. 문제 풀이에는 언제나 정답이 존재한다. 그러나 문제 정의에는 정해진 답이 없다. 따라서 제대로 가르치고 평가하기가 여간 어려운 일이 아니다. 수많은 사람이 함께 지난한 연구를 통해 정교한 시스템을 만들어야 한다. 물론 완벽한 곳은 존재하지 않겠지만, 그 시스템을 가장 잘 갖춘 곳을 찾고 싶다.

미네르바 대학
지원기

쉽지 않은 결정으로 머리가 아파왔다. 과연 지금 진로를 바꾸는 것이 좋은 선택일까? 고작 열흘 갖고 너무 성급하게 판단을 내리는 건 아닐까? 순간의 결정으로 두고두고 후회하진 않을까? 그러나 돌이켜보면 꽤나 오래된 고민이었다. 특히 지속 가능성에 대한 질문이 줄곧 나를 괴롭혔다. 평생직장이 사라지고 노동이 유연화되는 시대에 막강한 노조가 유지될 수 있을까? 출산율이 계속 떨어지고, 세수가 줄어드는데 언제까지 빚을 내서 공공지출을 감당할 수 있을까? 성장이 멈추고 분배 투쟁이 격화되는 상황에서 과연 이민자들에게 문을 열어젖힐 수 있을까? 고민 끝에 프랑스 사회를 지탱했던 전제조건들이 더 이상 현대사회에 유효하지 않다고 결론지었다. 자연스럽게 나의 행선지도 원

점에서 생각해보게 되었다. 다시, 어디서 무엇을 공부할 것인가? 미국에서 돌아온 지 일주일 만에 어머니에게 전화를 걸었다. "엄마, 난, 미국에 가야겠어요." 5년 동안 앵무새처럼 프랑스만 읊조리던 아들이 갑자기 미국에 간다니 얼마나 당황스러웠을까. 그렇지만 뜻밖에도 "열심히 해보셔"라는 답이 돌아왔다. 그날로 프랑스어 공부를 접고 중고서점에 가서 토플책을 구입했다. 처음에는 의욕이 충만했지만, 날이 지날수록 제정신이 아닌 것 같다는 생각이 들었다. 남들 다 몇 년씩 준비하는 유학을 몇 달 만에 번갯불에 콩 구워 먹듯 도전하다니. 일단 최선을 다하되 가능성이 크지 않다는 사실을 받아들이자. 실패하면 영어 공부했다 치고 군대 가면 되지 뭐. 어차피 내 인생이 예측 가능했던 적은 별로 없지 않나. 불안하지만 다시 한번 모험을 감행해 보자.

그렇게 두 달을 공부해 토플 시험을 보니 7월이 되었다. 이제 슬슬 어떤 학교에 지원할지 고민해야 하는데, 미네르바 대학이 떠올랐다. 7개국을 옮겨 다니며 공부하고 전교생의 80%가 미국이 아닌 세계 각국에서 모이니 다양성은 이미 최고 수준. 샌프란시스코에 본부를 둔 기술 기반이 탄탄한 학교니깐 디지털 리터러시도 잘 배울 수 있을 것 같고. 무엇보다 여러 전문가들이 머리를 맞대고 만든 수업 시스템이 매력적이었다.

미네르바에 지원할 때는 표준화된 시험 성적이 필요 없지만, 나를 합격 시켜준다는 보장이 없기 때문에 일단 미국 대학입학

자격시험SAT 공부를 같이 시작했다. 미국 유명 출판사 프린스턴 리뷰에서 나온 책을 사서 공부했는데, 정말이지 쉽지 않았다. 특히 리딩에 나오는 18세기 영국 문학은 여러 번 반복해서 읽어도 이해하기 어려웠다. 태어나서 처음으로 눈 뜨고 나서부터 눈 감기 전까지 공부했다. 노래는 god의 「촛불 하나」만 돌려 들었고, 밤이면 한강에 가서 심란한 마음을 다독였다. 친구들의 입시 경험담을 들을 때마다 어설프게 공감하곤 했는데, 역시 직접 겪어 보지 않고는 모르는 일이었다.

10월 초에 SAT를 보고 나니 이미 한국의 수시 전형과 비슷한 얼리 디시전Early decision 사이클이 진행 중이었다. 나는 아직 SAT 점수가 나오지 않은 상황이었고, 전에 생각해둔 바도 있어 미네르바 대학에 지원하기로 했다.

미네르바 대학 홈페이지에 들어가 회원가입을 마치니 크게 세 가지 절차가 기다리고 있었다.

'Who You Are'라는 제목이 붙은 1단계에서는 말 그대로 내가 누구인지 증명해야 한다. 그렇지만 학교를 다닌 적이 없는 나는 초반부터 커다란 난관에 봉착했다. 고등학교 3년 동안의 성적 증명서를 제출해야 하는데, 아무리 노력해도 구할 수 없는 문서이기 때문이다. 이를 어째야 하나 고민하다 입학처에 메일을 보내 검정고시 성적으로 대체할 수는 없는지 문의했다. 그랬더니 불가능하다는 답변이 돌아왔다. 대신 자세한 학업 보고서를 내면 되는데, 그것도 학생 혹은 부모님이 아닌 나의 학업을 총괄하는 담당자Instructor가 제출해야 한다고 했다.

우선 급한 대로 십 대 후반에 어떤 과목을 공부하고, 무슨 수업을 들었는지를 담은 학업 보고서를 작성했다. 성적은 내가 임의로 매길 수 없어 빈칸으로 남겨두었다. 과연 나의 학업을 총괄하는 담당자로 누구를 모셔야 할까, 고민 끝에 한동안 인문학을 가르쳐 주셨던 유성환 선생님께 부탁드렸다. 가능한 경우 추천서도 제출할 수 있게 되어 있었는데, 감사하게도 유 선생님이 추천서도 같이 적어주셨다.

그렇게 한숨을 돌리고 나니 2단계, 'How You Think'가 기다리고 있었다. 여기서는 미네르바에서 준비한 자체 시험 6개를 봐야 한다. 길지 않은 시험들이었지만 긴장되는 것은 어쩔 수 없었다. 나중에 물어보니 하루에 몰아치는 친구들도 있고, 소심하게 매일 하나씩 끝내는 친구들도 있었는데, 나는 후자에 속했다.

첫날에는 Understanding을 클릭했다. 웹캠과 마이크가 켜지고 시험이 시작되었다. 그렇게 길지 않은 지문이 나오고, 제대로 이해했는지 확인하는 객관식 문제가 몇 개 등장했다. 난이도는 토플보다 어렵지 않아서 비교적 큰 고민 없이 정답을 선택했다.

이튿날에는 Reasoning을 택했다. 대부분 도형의 위치를 맞추거나 적합한 패턴을 찾는 문제로, 생각보다 재미있었다. IQ 테스트와 상당히 비슷했던 것 같다.

셋째 날에는 Creativity를 봤는데, 한 가지 물건을 얼마나 많은 쓰임새로 사용할 수 있는가에 대한 문제가 나왔다. 화면에 갑자기 가죽 재킷이 등장했는데, 순간 머리가 굳어 그렇게 많은 용도를 적어내진 못했다.

넷째 날의 Math에는 15개 정도의 문항이 출제되었는데, 한국의 중·고등학생이라면 능숙하게 풀 수 있을 만한 난이도였다.

다섯째 날에는 Expression을 쳤는데, 당황해서 말을 더듬고 자주 버벅거렸다. 문제를 1분 정도 읽고 생각을 정리한 뒤 30초 동안 의견을 말해야 했는데, 그저 "어… 음… 저…" 하다가 시간이 지난 경우도 있었다. 예컨대 '온 세상에 어둠이 가득하다면, 불평하지 말고 조용히 촛불 하나를 켜라, 여기에 대한 당신의 생각을 말하시오.' 이런 식의 문제였던 것 같다.

마지막 날에는 대망의 Writing 시험을 봤다. 긴급한 상황이 벌어졌을 때 나라면 누구와 함께 어떤 지형지물을 활용해 대처할지를 적는 문제였다.

이 시험들의 공통적인 특징은 딱히 준비할 수가 없다는 것이다. 평소에 자기 생각을 명확히 표현하는 연습을 하고, 영어 실력을 갈고닦는 것이 최선의 준비 방법이 아닐까. 시간이 휙휙 넘어가기 때문에 일단 뭐라도 말하고 뭐라도 적는 게 중요하다. 나 같은 경우 6개 중 4개 정도는 실력 발휘를 못 한 것 같아 끝나고도 기분이 영 찜찜했다.

달력을 보니 마감 일자가 얼마 남지 않아 서둘러 3단계, 'What You Have Achieved'로 넘어갔다. 여기에는 살면서 가장 자랑스러운 성취 4~6개를 적어야 하는데, 나는 고등학교 성적도 없고 시험도 잘 못 봤기에 이 부분에 가장 공을 들였다.

우선 가장 처음으로 88일간 다녀온 유럽 여행 이야기를 적었다. 지원서에는 각 성취당 500자밖에 적지 못하기 때문에, 자세한 정보들은 PDF 파일에 한꺼번에 넣어 첨부했다. 정확한 여행 일정은 어떠했는지, 오마이뉴스에 여행기를 몇 편이나 쓰고 원고료로 얼마를 받았는지, 카우치서핑을 통해 몇 명의 사람들을 만나고 어떤 리뷰를 받았는지, 빠짐없이 캡처해 올렸다.

두 번째로는 미국 비영리단체 LiNK(Liberty in North Korea)에서 인턴십을 했던 이야기를 적었다. 누구와 일했고 정확히 무슨 업무를 담당했는지 사진을 넣어 설명을 달았다. 또 같이 근무했던 슈퍼바이저에게 부탁해 추천서를 받았다.

세 번째로는 책 두 권을 출판한 경험을 썼다. 책을 왜 쓰게 되었고 얼마나 팔렸는지, 언론에는 어떻게 다뤄졌는지 리뷰와 인터뷰 기사들을 첨부했다.

네 번째로는 월드비전과 함께 모금 프로젝트를 진행한 내용을 적었다. 당시 케냐의 가뭄이 얼마나 심각했는지, 우물을 파기 위해 몇 편의 글을 썼고 얼마의 돈을 모금했는지 상세히 기술했다.

마지막으로는 1년간 몸담았던 한반도정책컨센서스 이야기를 썼다. 분열의 역사가 반복되어온 한반도에서 합의를 이끌어내는 일이 얼마나 중요한지, 총 3박 4일 행사를 위해 프로그램을 1년간 어떻게 준비하고 기획했는지 적었다. 그리고 끄트머리에 몇몇 사진과 사무국 활동을 마무리하며 받은 감사장을 첨부했다.

이렇게 해서 10월 말에 지원서 접수가 끝났다. 그러나 아직 가장 중요한 재정 보조Financial Aid 신청이 남아 있었다. 마감이 얼마 남지 않아 부모님과 함께 부랴부랴 은행, 세무서, 동사무소를 드나들었다. 그렇게 11월 중순 무렵 모든 절차가 마무리되었다.

결과에 연연하지 않겠노라 마음먹었지만, 12월이 되자 하루에도 몇 번씩 초조하게 메일함을 들락날락거렸다. 그러던 어느 수요일 아침, 휴대폰을 켰는데 'Your Admission Decision'이라는 메일이 도착해 있었다. 심호흡하고 떨리는 손가락으로 메일을 열었다. 검은색 바탕에 다음과 같은 문구가 적혀 있었다. 'We have finished evaluating your application and are now able to provide your admissions decision.' 아휴, 그래서 합격했다는 거야, 말았다는 거야. 다시 한번 숨을 크게 내쉬고 'View Your Decision'이라는 버튼을 클릭했다. 경쾌한 음악과 함께 몇몇 학생들 얼굴이 나왔고, 잠시 후 Congratulations로 시작하는 합격

레터가 등장했다. 그 순간의 감격이란…. 당분간은 입대를 면했다는 안도부터 실리콘밸리에 다시 갈 수 있다는 흥분까지. 여태까지 인생에서 누린 적 없는 색다른 기쁨이었다.

합격 발표가 나고 학교에서 등록을 재촉하는 메일이 날아왔다. 입학처에 메일을 보내 안타깝게도 재정 보조 결과가 나오지 않으면, 나는 등록하기가 어려울 것 같다고 이야기했다. 슬프지만 1년에 3,000만 원이 훌쩍 넘는 등록금과 기숙사비를 감당하기는 무리였으니 말이다. 다행히 며칠 뒤 장학금, 대출, 교내근로로 구성된 재정 보조 패키지가 나왔고, 비용 대부분이 충당되어 입학이 가능해졌다.

야호! 학교를 하루도 다니지 않은 임하영은 이렇게 처음으로 학교라는 울타리 안에 발을 딛게 되었다.

자기 의견 없으면
빨간불

12월에 합격 발표를 듣고 이듬해인 2020년 9월, 첫 학기를 시작했다. 개강 첫 주, 미네르바 대학 설립자인 벤 넬슨이 이야기한 두 문장이 아직도 기억에 생생하다. 첫 번째는 "모든 것은 의도적이다Everything is intentional."라는 말이었다. 미네르바의 교과과정은 최고 전문가들이 머리를 맞대고 치밀하게 설계한 결과물이니, 중간중간 의구심이 들더라도 일단 믿고 따라와 달라는 주문이었다. 두 번째는 그대로 받아들이면 살짝 섬뜩하기도 했다. 바로 "너희들에게 뇌수술을 해주겠다We will give you a brain surgery."라는 문장이었다. 1학년 과정이 결코 만만치 않지만 마치고 나면 완전히 새로운 방식으로 사고하게 될 것이라는 격려의 한 마디였다.

미네르바에서 1학년은 파운데이션Foundation이라 불리며, 모든 학생이 네 가지 과목을 공부한다. 먼저 FA(Formal Analyses)에서는 '비판적 사고'에 초점을 맞추어 기본적인 논리, 통계, 코딩을 익힌다. 다음으로 MC(Multimodal Communications)에서는 '효과적 의사소통'에 초점을 맞추어 글쓰기, 토론, 텍스트 비평, 시각 예술 등을 공부한다. EA(Empirical Analyses)에서는 '창의적 사고'에 초점을 맞추어 문제 정의 및 해결, 실험 설계, 데이터 시각화 등을 배운다. 마지막으로 CS(Complex Systems)에서는 '효과적 상호작용'에 초점을 맞추어 다양한 시스템, 경로 의존성, 네트워크 등을 공부한다.

한 과목당 일주일에 두 번 진행되고, 수업마다 HC(Habits of Mind & Foundational Concepts)라고 불리는 개념들이 등장한다. 그렇게 1학년 때 배우는 HC가 총 80개가량 된다. 예컨대 수업에서 HC 중 하나인 가설 개발(#hypothesisdevelopment)을 배운다고 생각해보자. 가장 먼저 할 일은 사전 리딩 내용을 숙지하는 것이다. '연구 질문은 어떤 기준으로 평가할 수 있는가?' '관찰연구와 실험연구의 차이점은 무엇인가?' 수업자료에 있는 이러한 질문들을 되새기며 정해진 리딩을 마치고 나면 간단한 사전 과제가 기다리고 있다. 예를 들면 리딩에 나온 데이터를 활용해 본인만의 가설을 만들어보는 것이다. 사전 과제까지 마치면 이제 수업에 들어갈 준비는 끝난 셈이다.

매 수업은 20명 이하 규모로 한 시간 반씩 진행되는데, 시작할 때쯤 프렙 폴Preparation poll이라는 쪽지시험을 본다. '가설 수립과 연역적 사고방식은 어떻게 연관될 수 있는가?' 이런 식의 질문이 하나 등장하고, 그에 대한 본인의 답을 3분 안에 적어야 한다. 사전 리딩을 하지 않으면 답하기 어려운 질문들이다. 본격적으로 수업이 시작되면 교수의 화면에 학생들 참여도가 표시되고, 말수가 적은 학생들이 수시로 지목된다.

수업 중 최소 한두 번은 학생들을 3~4명씩 쪼개어 10분 정도 토론 혹은 문제 풀이를 시키는데, 이를 브레이크아웃Breakout이라고 부른다. 브레이크아웃에는 언제나 상세한 지침Instruction이 존재하고, 이해를 못 할 경우 손을 들어 교수에게 질문할 수 있다. 예를 들어 가설 개발을 배울 때는 다음과 같은 브레이크아웃이 진행되었다.

※ 아래 제시된 설명을 읽고 과학자들이 어떻게 대응해야 할지 논의하세요.

* 연구 질문: 우주의 팽창률은 얼마인가? 보다 구체적으로, 우주는 얼마나 빠르게 감속하고 있는가?

* 가설: 일반 상대성이론과 우주 원리Cosmological Principle에 따

르면, 우주가 팽창하고 있다는 가설은 자연스럽게 도출 가능하다. 은하의 후퇴 속도에 대한 관찰 데이터를 확인한 후, 연구자들은 중력이 물질을 서로 끌어당기기 때문에 우주의 팽창이 느려지고 있다는 가설을 세웠다.

* 구체적 예측: 우주의 팽창이 느려진다면, 우리는 초기 우주와 고적색 편이 은하 사이의 거리가 일반적인 적색 편이의 비례 관계(허블의 법칙) 보다 가까울 것으로 예상할 수 있다. 그러므로 고적색 편이 초신성은 일반 모델에서 예측하는 것보다 밝아야 한다.

* 검증: 1990년대, 과학자들은 우주의 팽창률을 측정하기 시작했다.

* 결과: 1998년, 두 개의 연구 결과가 발표되었다. 모두 우주의 팽창이 예측과 달리 감속이 아닌 가속하고 있다는 것을 관찰했다. 다시 말해, 우주는 점점 더 빠른 속도로 팽창하고 있다는 것이다.

* 결론: 이 결과는 기존의 예측과 모순되며, 중력이 물질을 끌어당기기 때문에 우주의 팽창이 느려지고 있다는 가설을 반박

한다.

※ 과학자들은 이제 무엇을 해야 할까요? 해당되는 답변을 선택한 뒤 설명할 준비를 하세요.

1. 충분히 좋은 모델이고, 실험 결과를 언제나 신뢰할 수 있는 것도 아니니 이론을 그대로 유지한다.

2. 중력이 작동하는 방식을 수정해 기존 모델을 보완한다. 아인슈타인의 일반 상대성이론을 수정하거나 새로운 중력 이론을 고안해 본다.

3. 우주의 물질/에너지에 관한 내용을 수정해 기존 모델을 보완한다. 팽창을 가속화시키는 새로운 에너지에 대한 가설을 세워 본다.

4. 우주 원리를 폐기해 기존 모델을 보완한다. 지구가 우주의 거시 공동Giant void 지역에 존재한다는 가설을 세워 본다.

5. 이 밖에 다른 가설을 통해 기존 모델을 보완한다.

6. 이론을 폐기하고 맨땅에서 다시 시작한다.

이 설명을 2~3분가량 읽고, 어떤 선택이 최선인지, 소속된 브레이크아웃 그룹 학생들과 열심히 토론한다. 보통 한 명이 서기 비슷한 역할을 맡아, 어떤 이야기가 오고 갔는지 문서로 정리한다. 브레이크아웃 종류에 따라 시간이 길게도, 짧게도 느껴지는데, 토론이 끝나면 다시 전체가 모여 디브리프debrief를 진행한다. 간혹 정답이 있는 경우도 존재하지만, 정답이 없는 논의가 대부분이었다. 교수는 학생들에게 끊임없이 왜 그런 선택을 했는지, 구체적인 근거는 무엇인지 질문하고, 다시 전체 토론을 이끈다. "그룹 2가 내린 결론에 여러분 동의하나요? 그룹 1은 완전히 다른 결론을 내린 것 같은데, 어떻게 생각하나요?" 중간중간 용어와 개념을 명확히 짚어주면서 학생들의 이해를 돕는 것도 교수의 역할이다.

이렇게 한 시간 반이 지나고 수업이 마무리될 무렵이면 리플랙션 폴Reflection poll이라는 쪽지시험을 본다. 프렙 폴과 마찬가지로 '이론은 과연 맞거나 틀린 것으로 증명될 수 있는가?' 이런 식의 질문에 4분 이내로 답해야 한다.

모든 HC는 1~5점 사이로 채점되고, 그에 대한 상세한 기준rubric 역시 HC별로 다 공개되어 있다. 간추리자면 1점은 이해 부족, 2점은 얕은 이해, 3점은 이해, 4점은 깊은 이해, 5점은 심도 있는 이해로 정리할 수 있다. 예를 들어 가설 개발 (#hypothesisdevelopment)의 기준은 다음과 같다.

1점 - 데이터의 패턴과 가설 수립 사이의 관계를 정확히 인지하지 못함. 데이터에 기초해 가설을 수립하지 않음. 연구의 이론적 근거를 설명하지 않거나 부정확하게 설명함.

2점 - 데이터의 패턴과 가설 수립 사이의 관계를 부분적으로 인지함. 데이터에 기초해 가설을 수립하나 충분히 효과적이지 않음. 연구의 이론적 근거를 설명하나 충분히 정확하지 않음.

3점 - 데이터의 패턴과 가설 수립 사이의 관계를 정확히 인지함. 데이터에 기초해 가설을 효과적으로 수립함. 연구의 이론적 근거를 정확하고 효과적으로 설명함.

4점 - 데이터의 패턴과 가설 수립 사이의 관계를 정확히 인지하고 명확히 설명함. 데이터에 기초해 가설을 수립하고, 그 과정에 대한 탄탄한 근거를 제시함. 이론이 연구 설계와 어떻게 연관되는지 명확히 설명함.

5점 – 새로운 관점에 기초한 창의적인 방법으로 데이터의 패턴과 가설 수립 사이의 관계를 규정함. 또한 새롭고 창의적인 방법으로 이론과 연구 설계의 연관성을 활용함.

수업이 끝날 때마다 교수가 수업 영상을 돌려보며 내가 한 발언, 프렙 폴 답변, 혹은 리플렉션 폴 답변 중 하나에 대해 점수와 피드백을 준다. 예를 들어 위에 언급한 수업에서는 내가 작성한 프렙 폴이 채점되었고, #hypothesisdevelopment 3점과 함께 다음과 같은 피드백을 받았다. "좋은 답변이었지만 가설을 세울 때 과학적 증거의 중요성에 대해 더욱 구체적인 설명이 필요함." 이런 식으로 일주일에 여덟 번씩 성적이 나온다.

미네르바에는 중간고사나 기말고사가 없는 대신 과제가 많다. 1학기에만도 스무 개가 넘는 과제를 제출했는데, 수업에서 배운 HC들을 최대한 정확하고 심도 있게 적용해야 한다. 예컨대 연구 프로포절을 작성해 제출하는 과제가 있었는데, 총 7개의 HC를 필수로 적용해야 했다. 과제에 대한 설명은 다음과 같았다.

1. 배경 – 프로포절에 대한 간략한 묘사. 선택한 주제를 연구하는 것이 중요한 이유를 설명하라.

2. 데이터 분석 – 선택한 데이터셋에 대한 설명과 해석. 이 세션은 데이터에 대한 시각화 자료가 최소 하나 이상 포함되어야 한다. 도표 밑에 반드시 제목과 시각화를 통해 발견한 패턴을 담은 캡션을 넣을 것. 도표를 통해 도출할 수 있는 자세한 결론 역시 이 세션에 들어 있어야 한다. (#dataviz 적용)

3. 연구 목적 – 검증 가능한 가설 수립. 기존 데이터/이론과 어떻게 부합하는지, 현재 인류가 당면한 지식의 격차를 어떻게 해소할 수 있는지 서술하라. (#hypothesisdevelopment, #plausibility 적용)

4. 연구 방법 – 가설을 가장 잘 검증할 수 있는 연구. 관찰연구와 중재연구 중 하나를 택하고, 구체적으로 어떤 데이터를 수집할 것인지 기술하라. 본인이 제안한 연구 방법의 강점과 약점을 서술하라. (#interventionalstudy, #observationalstudy, #variables 적용)

5. 예상 결과 – 가설과 일치하는 결과와 일치하지 않는 결과를 각각 하나씩 예측하라. 그 결과가 어떻게 연구 주제에 대한 이해를 증대시키는지 설명하라. (#testability 적용)

이 모든 내용을 1,300 단어 안에 담아 제출하면, 얼마 지나지 않아 교수가 모든 HC에 대해 점수와 함께 상세한 피드백을 남겨준다. 수업 때 받는 점수는 가중치가 1인 데 비해 과제 점수는 가중치가 훨씬 높아 성적에 많은 영향을 주는 것을 확인할 수 있었다. 이렇듯 수업과 과제에서 정성적인 평가를 진행하면서도, 그 평가가 상세한 기준과 시스템에 따라 이루어진다는 점이 신기했다.

한편 미네르바의 또 다른 중요한 축인 오프라인 활동은 코로나19로 큰 타격을 입었다. 45개국에서 120명 정도의 학생이 입학했지만, 실제 샌프란시스코에 모인 학생들은 그 절반도 채 되지 않았다. 나머지는 비자 문제와 코로나 등으로 자국에서 원격으로 학기를 진행해야 했다. 기숙사 공용 공간도 모두 폐쇄되었고, 학생들이 자신의 인생을 나누는 미네르바 토크Minerva talk, 모국의 역사와 문화를 소개하는 행사도 모두 온라인으로 진행되었다. 평소 같았으면 기업을 방문해 전문가들을 만나고 아이디어를 주고받았을 프로젝트도 모두 화상으로 대체될 수밖에 없었다. '도시 전체를 캠퍼스처럼 활용하겠다City as a campus'라는 미네르바의 모토는 도시가 제대로 기능하지 않으면서 위기를 맞았다.

개인적으로도 첫 학기는 인고의 시간이었다. 새로운 환경에서 신선한 고민과 문제의식이 무르익길 기대했지만, 실상은 하루하루 쌓인 일들을 해치우기 급급했다. 가장 큰 어려움은 내가 익숙하게 사유하는 언어가 영어가 아니라는 점이었다. 읽고 쓰는 데 서너 배의 시간이 드는 것은 물론, 생각을 농밀한 언어로 표현할 수 없어 좌절감이 들었다. MC 수업 첫 과제는 문학작품 일부를 자세히 읽고 비평하는 것이었다. 며칠간 심혈을 기울여 두 쪽짜리 글을 적어 옆방 친구에게 교정을 봐달라고 부탁했더니, 온라인 문서에 무려 100개가 넘는 의견을 달아줬다. 고맙고도 억울해서 눈물을 흘릴 뻔했다. 한편 CS 수업 마지막 과제는 윤리에 관련된 것이었다. 내가 적고 싶은 문장은 다음과 같았다. '국가는 상충되는 가치들을 비교·형량하여 최선의 판단을 내려야 한다.' 그러나 영어로는 중학생 수준 어휘밖에 구사할 수 없었다. 'The state needs to compare competing values and make the best decision.' 무언가 부족하지만 더 이상 수정은 불가능했다. 마침표를 찍고 서러움에 한참을 넋 놓고 있었다.

수시로 평가를 받아야 한다는 점 역시 익숙지 않았다. 수업마다 점수가 나온다는 사실이 굉장한 스트레스였고, 걸핏하면 2점을 받았다. 겉으로는 애써 미소를 지었지만, 성적을 볼 때마다 속이 새까맣게 타들어 갔다. 그동안 간간이 시험을 보긴 했지만, 학교에서 지속적으로 평가를 받는 경험은 태어나서 처음이었기 때문이다. 그렇지만 점점 마음을 내려놓게 되었다. 하루아침에 능숙해질 수는 없으니, 절대적인 시간이 쌓이길 기다려보자고 마음먹었다.

바깥에서는 사람들이 바이러스와 사투를 벌였고, 나는 방 안에서 키보드를 부여잡고 고군분투했다. 평일 주말 가리지 않고 대부분 시간을 공부에 쏟았다. 마지막 과제를 제출하고 얼마 지나지 않은 12월 어느 화요일, 친구들과 한국 식당에 모여 조촐한 생일 파티를 했다. 먼저 도착한 친구 중 한 명이 나를 보자마자 이런 인사를 건넸다. "Thank you for coming out of your room!" 그동안 애썼구나 싶다가도 조금 서글픈 기분이 들었다. 그렇게 달콤쌉싸름한 1학기가 저물었다.

결국엔
삶에 맞닿은 배움

미네르바 대학은 모든 수업이 온라인인데, 왜 굳이 학생들을 모아놓고 오프라인을 강조하는지 궁금해하는 사람들이 많다. 그 이유는 직접적인 대면을 통해서만 이루어질 수 있는 상호작용이 적지 않기 때문이다. 나 역시도 2학기에는 학업 부담감을 뒤로 하고 학교 안팎의 다양한 사람들과 접촉면을 늘리려 부단히 노력했다. 어색한 친구들에게 애써 연락해 밥을 먹고, 흥미로운 커리어를 쌓은 사람들에게 링크드인으로 메시지를 보내 이런저런 이야기를 나누기도 했다.

하루는 미네르바 학생 전체가 모인 페이스북 그룹에 해커톤 소식이 하나 올라왔다. '해커톤Hackathon'은 '해킹Hacking'과 '마라톤Marathon'을 합친 말로, 다양한 사람들이 모여 제한된 시간 내 특정한 문제를 해결하는 결과물을 만들어내는 행사를 일컫는다. 파이어폭스 브라우저를 만든 모질라Mozilla Corporation에서 대학생들을 대상으로 해커톤을 개최한다는 것이었다. 게시물 밑에 곧바로 팀원을 구하는 댓글이 올라왔고, 나는 멕시코에서 온 P와 방글라데시에서 온 S와 함께 팀을 꾸리게 되었다. 이 두 명은 3학년으로 원래대로라면 부에노스 아이레스에 있어야 했지만, 코로나19 때문에 미국에 와 있었다. 모두 쌓여 있는 과제와 리딩으로 고통받는 처지였지만 잠시 미뤄두고 세 명이 한데 모여 노트북을 펼쳤다.

이윽고 온라인으로 행사가 시작되었고, 우리가 하루 동안 풀어야 할 문제가 발표되었다. '인터넷을 활용해 발전시킬 수 있는 새로운 경험이나 역량은 무엇이 있을까? 어떻게 하면 이들을 더 낫게, 사람 중심으로 만들 수 있을까?' 질문과 함께 예시로 텔레그램, 위키피디아, 워드프레스, 이더리움 같은 서비스들이 제시되었다. 결과물은 다음날 오후 2시까지 제출 마감.

바나나로 점심을 때운 뒤 본격적으로 아이디어를 모으기 시작했다. P는 예술과 심리학을 좋아하는 친구였고, 그래서 코로나 시대 외로움을 달래줄 증강현실 기반 SNS를 제안했다. S는 비즈니스 전공자답게 서비스에 금전적 이익 혹은 재미와 같은 인센티브가 없으면 아무도 사용하지 않을 거라고 강조했다. 나는 나대로 시민들이 선거 전에도 정치인들에게 피드백을 주고 지속적으로 소통할 수 있는 플랫폼을 만들자는 의견을 냈다.

중구난방으로 아이디어가 오가던 중, 누군가 수업 때 배운 HC를 적용해 문제에 접근해보자는 이야기를 했다. 그러자마자 모두가 자연스럽게 #rightproblem을 떠올렸다. 이 HC를 적용하기 위해서는 우선 네 가지 - 초기 상태initial states, 목표 상태goal states, 장애물obstacles, 그리고 문제 범위scale of the problem를 파악해야 했다. 우선 나는 문제 범위를 미국으로 정하고 초기 상태를 다음과 같이 제시했다. '미국의 성인 대부분은 선거에서 투표권을 행사함으로써 자신의 의사를 표명하지만, 선거와 선거 사이의 공백기에는 그 방법이 마땅치 않다.' 그렇기에 정책 결정 과정에서 시민들의 꾸준한 참여와 의견 반영을 담보할 수 있는 시스템이 필요하다. 따라서 목표 상태는 미국 국민 1/3 이상이 1년에 1번 이상 본인과 연관된 문제를 해결하는 데 직접 참여하는 것이다. 이를 가로막는 장애물은 보통 사람들이 정치에 무관심하고 설령 관심이 있다 해도 참여할 시간이 부족하다는 사실.

내 이야기를 잠자코 듣던 P가 말문을 열었다. "아예 대상과 범위를 확 좁히는 건 어떨까? 성인들은 투표라도 할 수 있지만, 18세 미만 청소년들은 그 방법도 불가능한 거잖아. 캘리포니아에 있는 학생들이 의견을 내면, 그걸 현실 변화로 이어주는 플랫폼을 만들면 좋을 것 같아." 나머지 두 명도 여기에 동의했고, 그래서 이 아이디어를 들고 멘토와의 1:1 미팅에 참여했다. 멘토는 사용자들의 불편함을 정확히 파악해야 한다며, 우리더러 각자 십 대 세 명과 인터뷰해볼 것을 권했다. 자연스럽게 그다음 한 시간 동안 모두 전화기를 붙잡고 청소년 지인들에게 질문 공세를 펼쳤다. 혹시 평소에 정치적인 의사 표현을 하는 편인지? 그렇다면 왜 그런지? 그렇지 않다면 그 이유는 무엇인지? 만약 표현할 수 있는 기회가 있다면 어떤 방식으로 하고 싶은지?

답변을 열심히 적어 종합해보니 몇 가지 결론이 나왔다. 십 대들은 주로 거대한 정치적 문제보다는 학교에서 벌어지는 자그만 일들에 관심이 많았다. 그러나 적극적으로 의견을 표현하지 않는 이유는 노력에 비해 가시적 변화가 잘 보이지 않기 때문이고, 또 공개적으로 자신을 드러내기가 부담스럽기 때문이었다. 여기에 맞춰 우리는 캘리포니아의 중·고등학생들이 교내 문제에 대해 의견을 내고 실질적인 변화를 이끌 수 있는 스마트폰 앱을 만들기로 했다.

"그런데 우리가 이런 걸 만들어도 과연 학생들이 쓸까? 뭔가 청소년들을 끌어들일 수 있는 재밌는 장치가 필요할 것 같아." S는 볼펜을 돌리며 한참 동안 허공을 바라보더니 뭔가 생각난 듯 눈을 번뜩였다. "요즘 젊은 층이 많이 쓰는 데이팅 앱처럼 오른쪽/왼쪽으로 휙휙 넘길 수 있도록 하면 재밌을 것 같아. 감정을 해소하고 싶을 때, 화면을 넘기면서 도파민도 분출시키고 말이야."

"오 그거 좋은 생각이야. 그럼 첫 화면에 질문을 넣는 게 어떨까? '오늘 하루, 어땠나요?' 이런 화면이 나오고, 왼쪽으로 넘기면 '별로였어요', 오른쪽으로 넘기면 '좋았어요', 이런 식으로 답변을 할 수 있는 거지." P도 역시 좋은 의견을 보태었다.

　나는 학생들의 의견이 어떻게 하면 실제 변화로 이어질 수 있을지를 계속 고민하고 있었는데, P의 이야기를 듣자마자 좋은 생각이 떠올랐다. 그럼 "첫 화면을 왼쪽으로 넘기면 그 이유를 한 문장으로 적게 하자. '왜 별로였나요?' 그러면 학생들이 간단히 문제점을 적는 거지. 예컨대 지하에 바퀴벌레가 너무 많아요, 급식이 맛이 없어요, 선생님이 불친절해요 등등. 답변을 제출하면 메시지를 하나 띄우자. '혼자만 힘들어하고 있는 게 아니에요.' 그리고 다른 학생들이 제출한 문제들을 보여주는 거지. 첫 화면을 오른쪽으로 넘기면 문제를 안 적고 바로 이 단계로 넘어오는 거고. 여기서 오른쪽으로 넘기면 공감, 왼쪽으로 넘기면 비공감. 이렇게 피드백을 수집해서 매주 금요일 저녁마다 가장 공감을 많이 받은 문제 3개를 공개하는 거야."

　그러자 P가 옆에서 맞장구를 쳤다. "학생들이 각 문제 밑에 자유롭게 댓글을 달아 토론하게 하고, 한 달에 두 번 정도 타운홀 미팅을 열어서 실제 학교 관계자들과도 논의할 수 있게 하면 좋겠다. 전반적인 불만 사항에 대한 데이터를 가공해서 교장에게 전달해도 되고."

꽤 그럴싸한 아이디어가 탄생했기에, 이제 이를 코딩으로 구현하는 일만 남았다. 저녁 7시부터 프로그래밍 언어 파이썬 Python과 웹 프레임워크 장고Django를 사용해 코드를 짜기 시작했다. 중간에 이런저런 오류들도 많았지만, 결국 다음날 정오쯤에는 기초적인 기능이 구현된 웹 기반 앱을 만들 수 있었다. 우리는 부랴부랴 2분짜리 데모 영상을 찍기 시작했고, 첫 타자로 S가 출연해 앱의 필요성을 역설했다.

"미국에 10세에서 18세 사이 청소년이 얼마나 많은지 아시나요? 무려 4천 100만 명이나 됩니다. 이 중 몇 명이나 투표권을 갖고 있을까요? 안타깝게도 0명입니다. 우리는 이들의 목소리 역시 존중받아야 한다고 믿습니다. 특히 이들이 가장 많은 시간을 보내는 학교에 대한 목소리 말이죠. 그래서 스와이포Swipo라는 앱이 탄생했습니다. 이 앱은 십 대들이 학교에서 벌어지는 문제에 대한 의견을 표현하고 실제 변화를 이끌어내도록 돕습니다."

그리고 뒤에 P와 내가 나와 등장해 앱의 기능을 설명했다. 편집할 여력이 없어 한 컷에 찍어야 했고 다들 혀까지 꼬였지만, 여러 번의 시도 끝에 마감 시간이 임박해서야 코드와 영상을 함께 제출할 수 있었다.

그날 저녁, 줌으로 대망의 결과 발표가 진행되었다. 사회자는 모두 40개국에서 100여 개 팀이 참가했다며 수상작을 선정하기가 몹시 힘들었다고 했다. 마음을 비우자 싶다가도 은근 기대가 되는 것은 어쩔 수 없었다. 수백만 원 상당의 상금이 걸려있는 1등, 그리고 2등, 3등이 차례로 발표되었지만, 우리 팀 이름은 호명되지 않았다. 이제 남은 건 4등과 5등. 각 팀원 당 애플워치가 하나씩 걸려있었다. 4등은 지속 가능한 패션 쇼핑몰을 만든 팀에게 돌아갔고, 5등 역시 식물 애호가들을 위한 SNS를 만든 팀이 차지했다. 그럼 그렇지, 하고 노트북 화면을 닫으려는 순간 예정에 없던 상이 발표되었다.

"훌륭한 팀이 너무 많아 주최 측에서 '커뮤니티 해커' 상을 새로 만들기로 결정했는데요, 그 주인공은 바로 '다스통크스'와 '스와이포' 팀입니다!"

그 순간 지난 이틀간의 피로가 눈 녹듯 사라지면서 미소가 조금씩 새어 나왔다. 그렇다. 우리가 해낸 것이다. 서로 다른 관심사와 삶의 궤적 탓에 때로 불협화음이 날 때도 있었지만, 결국 하나의 결과물을 만들어내는 데 성공했다. 그 과정에서 수업 때 배운 여러 개념과 방법론, 도구들을 하나하나 적용해 가는 것도 크나큰 즐거움이었다. 1학기 때 파이썬을 배우지 않았더라면, 문제 해결에 관련된 HC들을 익히지 않았더라면, 비슷한 결과물을 만드는 데 더 오랜 시간과 노력이 들었을 것이다. 여러 과제를 하면서 다양한 맥락에 HC들을 적용하는 연습을 한 덕에 새로운 상황을 맞닥뜨렸을 때도 비교적 수월하게 실마리를 찾아낼 수 있었다. 물론 행사가 오프라인으로 진행되었다면 더 재미있었겠지만, 새로운 사람들을 만나 대화하고 생각을 견주어 보는 것도 충분히 의미 있는 경험이었다.

지난 한 학년을 돌이켜보면 학업보다 더 기억에 남는 건 역시 사람이다. 기숙사에 밤늦게 둘러앉아 나누던 '기본소득은 좋은 제도인가' 하는 이야기, 에티오피아 친구가 들려주던 제국의 마지막 황제 이야기, 에스토니아 친구의 우여곡절 스타트업 도전기. 이렇게 스치듯 나누는 사소한 이야기들이 수업에서 배우는 내용들만큼, 혹은 그보다 더 소중했다. 샌프란시스코에 머무는 동안 학교에서, 또 도시에서 더 많은 사람을 만나 교류하지 못한 것이 그래서 너무나 아쉽다. 서울로 옮길 즈음이면 코로나가 잠잠해지길, 그래서 도시로 더 깊숙이 들어가 다양한 사람들과 시선을 맞댈 수 있길 바란다.

2.

언제, 어디서든, 누구에게나
배울 수 있다

배움의 주체는
아이들 자신

'탕!' 한 발의 총성이 울리자 말들이 일제히 출발선을 박차고 달려나간다. 이곳은 커다란 경기장. 수십만의 아이들이 이제 막 경주를 시작했다. 달리는 말들 위에는 기수가 앉아 있다. 바로 부모들이다. 기수들은 자신의 말을 채찍질하며 외친다. "더 빨리! 더 빨리 달리라고!"

그러나 그 외침이 무색하게도 몇몇 말들이 발을 헛디뎌 넘어진다. 넘어진 말들은 흙먼지 속에 나뒹군다. 이리 채이고 저리 채이고, 바닥에 쓸려 피를 흘리기도 한다. 그 장면을 멀리서 지켜보던 누군가는 머리를 감싸며 주저앉는다. 자신의 말이 결승선을 통과하는 데 인생 전부를 걸었던 사람들이다. '네가 나의 유일한 희망이었는데.' 그들은 슬피 울며 탄식한다.

한편 다른 말들은 뒤돌아볼 겨를도 없이 내달린다. 어디를 향해, 무엇을 위해 달리는지도 모른 채, 그저 앞만 보고 달릴 뿐이다. 이윽고 안내방송이 흘러나온다. 각 말이 현재 몇 등인지 알려주는 방송이다. 기록을 접한 기수는 말을 더욱 다그친다. "온 힘을 다하라고! 더 빨리 갈 수 있잖아!"

말들은 그만 달리고 싶지만, 숨이 목울대까지 차올랐지만, 심지어 죽을 것 같지만, 계속 달린다. 그렇게 12년을 내리 달려야 결승선에 도착할 수 있다. 결승선에서 말들은 오랜 시간 달려온 결과가 담긴 성적표를 받아든다. 좋은 성적을 거둔 극소수는 박수갈채를 받는 반면, 나머지는 아무런 조명도 받지 못한다. 이렇게 희비가 엇갈림에도 마음 한구석에서는 모두 안도의 한숨을 내쉬고 있다. '그래, 결과야 어찌 되었든 끝난 거야. 이 지긋지긋한 경주도 이제 끝이라고.'

그러나 얼마 지나지 않아 말들은 커다란 트럭에 실려 어디론가 옮겨진다. 이윽고 말들이 다다른 곳은 또 다른 경기장. 전과 다른 점이 있다면 이제는 자신을 감독할 기수가 없다는 것. 그리고 이번 경주는 언제 끝날지조차 알 수 없다는 것. 말들은 혼란에 빠진다. '여태까지 기수가 시키는 대로 전속력으로 달려왔잖아. 결승선에만 도착하면 다 끝날 줄 알았는데, 무지막지한 경쟁에 또 몸을 던져야 한다니! 여긴 어디지? 그리고 나는 누구지?'

이미 때는 늦었다. 또 한 발의 총성이 울려 퍼진다. 말들은 다시 한번 앞으로 달려나간다. 이번에는 출발선을 떠난 지 얼마 되지 않아 많은 수의 말들이 힘없이 주저앉는다. '무엇을 위한 것이었을까.' 이제는 다리가 풀려 다시 일어날 힘조차 없다. 뒤처진 말들은 앞서간 말들의 발굽에서 피어오른 흙먼지 속에 쓸쓸히 남겨진다. 경쟁에서 실패한 말들에게 남는 것은 좌절과 열등감, 그리고 사회의 낙인이다. 여전히 달리고 있는 말들도 언젠가 넘어지지 않을까 불안에 떨며 살아간다. 이것은 대한민국에 사는 거의 모든 이들이 꾸는 악몽이다.

내가 여덟 살이 되던 해, 우리 집에도 남들처럼 경주에 참가하라는 초청장이 도착했다. '위 아동은 초·중등교육법 제13조에 의하여 아래 학교에 배정되었사오니, 소정 일시에 등교 취학시키기 바랍니다.' 취학통지서에는 큼지막한 문구와 더불어 예비 소집일과 취학일이 나란히 기재되어 있었다. 예비 소집일이 지나도 모습을 드러내지 않자, 학교와 동사무소에서 전화가 걸려왔다.

"저희 아이는 학교에 보내지 않을 겁니다."

뜻밖의 대답에 당황한 직원은 몇 번이나 되물었다고 한다. "학교에 보내지 않는다고요? 정말 그래도 되는 건가요?"

아버지는 단호하게 자신의 소신과 입장을 밝혔다. "네, 저희 아이들은 홈스쿨링으로 교육시킬 계획입니다."

내가 다른 아이들 같은 경주마가 되지 않으리라는 것이 공식적으로 확인되던 날이었다. 그렇다. 우리는 일단 경기장에서 벗어났다. 그러나 홈스쿨링의 실제적 방법론에는 여전히 수많은 물음표가 찍혀 있었다. 자녀들을 구체적으로 어떻게 양육할 것인가? 부모님은 이 질문에 대한 실마리를 얻고자 몇몇 홈스쿨 선배들을 찾아갔다. 놀랍게도 그분들이 전해준 홈스쿨링은 기존의 교육 시스템과 크게 다르지 않았다. '전통적 홈스쿨링'이라 불리는 이러한 방식은 빡빡한 커리큘럼과 일정표, 각종 교재와 선생님, 교실과 학생 등 이전의 공교육 제도를 그대로 집에다 옮겨놓은 듯 보였다. 학생은 정기적으로 시험을 보고 평가를 받아야 하며, 궁극적으로 목표하는 바도 역시 대학이었다. 사회에서 살아가기 위해서는 결국 사회의 제도와 규범에 편입되어야 하기 때문이다.

부모님은 이러한 선배들의 조언을 들은 뒤 당시 유일한 선택지였던 '전통적 홈스쿨링'을 시도해보기로 했다. 마침 번역가인 아버지가 『홈스쿨러들을 위한 스케줄 관리』라는 책을 번역하면서 이러한 방향성은 더욱 선명해졌다. 곧 몇 시부터 몇 시까지 무엇을 해야 하는지 상세하게 기록된 일정표가 만들어졌고, 우리는 모두 거기에 맞춰 체계적으로 생활하기 시작했다.

온 가족이 새벽에 일어나 성경책을 읽었고, 아침을 먹고 난 후에는 어머니가 선생님이 되어 국어, 영어, 수학 등을 가르쳤다.

오후에는 대부분 책을 읽거나 자유롭게 시간을 보냈다. 우리의 홈스쿨은 잘 굴러가는 듯 보였고, 주변에서도 칭찬과 격려를 아끼지 않았다. 그러나 머지않아 우리는 다 함께 지쳐가고 있음을 깨달았다. 점차 즐거움이 사라졌고, 틀에 박힌 굴레에서 오는 답답함과 무료함, 그로 인한 서로 간의 실랑이가 생겨났다. 부모님은 과연 우리가 이런 삶을 꿈꿔왔던 것인지 다시금 되돌아보게 되었다.

그 무렵 아버지는 두 권의 책을 번역하게 되었는데, 한 권은 샬롯 메이슨이라는 영국 교육자에 관한 책이었고, 다른 한 권은 언스쿨링Un-schooling을 다루는 책이었다. 둘 다 전통적 홈스쿨링 방식과 거리가 있었지만, 특히 우리 부모님의 눈길을 사로잡은 것은 언스쿨링 방식이었다. "그래, 바로 이거야!" 두 사람은 무릎을 쳤다. 자신들이 생각해온 교육에 가장 가까운 모습이 바로 언스쿨링이었던 것이다.

종종 사람들이 언스쿨링에 대해 물어볼 때 부모님은 이런 답변을 내놓곤 한다.

언스쿨링은 배움의 주체가 다른 어느 누구도 아닌 바로 아이들 자신이 되는 것을 의미합니다. 아이들은 각자 다양한 잠재력과 재능을 가지고 태어났는데, 그것을 가장 잘 알고 있는 사람이 바로 아이들 자신이라는 거죠. 그렇다면 부모의 역할은 무엇일까요? 부모들은 끊임없이 호기심을 불어넣고 좋은 환경을 만들어주면서 아이가 스스로 터득하는 법을 배울 수 있도록 돕기만 하면 됩니다. 예를 들어, 아이가 무언가에 적극적으로 관심을 나타낸다면, 부모는 아이가 그쪽으로 더 가까이, 더 깊이 나아갈 수 있도록 길을 터주는 거죠. 기회를 열어주기만 하면 되는 것입니다. 그러면 아이는 거기에 푹 빠져들어 많은 것들을 즐겁게 배우게 된답니다. 학습의 주체가 되어가는 거예요.

그렇기 때문에 언스쿨링에서는 좋은 대학에 들어가는 진학이 최종적인 목표가 될 수 없습니다. 단순한 '진학'보다는 평생 무엇을, 왜, 어떻게 하며 살아가야 하는지, 인생의 소명을 찾아 나가는 '진로'가 더욱 중요한 것이지요. 부모는 아이가 본인의 진로를 탐색하는 과정을 조용히 옆에서 돕기만 하면 되는 것입니다. 물론 그 방향으로 나아가는 데 진학이 필요하다면 차후에 대학을 선택해서 공부할 수도 있겠지요. 그러나 대학은 필수 조건이 아니라 선택 사항일 뿐입니다.

언스쿨링은 기존 학교로부터 단호하게 돌아선다. 배움은 교실에서만, 교과서를 통해서만 이루어지는 것이 아니라고 믿기 때문이다. 언스쿨링은 온 세상이 학교요, 모든 사람이 선생님이라고 말한다. 어디에 가든, 누구를 만나든, 무엇을 보든, 거기서 깨달음을 얻을 수 있고, 그렇게 구체적 삶의 현장에서 관계와 만남을 통해 이루어지는 것이 진정한 배움이라는 것이다.

여기까지 가만히 듣고 있던 사람들은 이해할 수 없다는 표정으로 고개를 갸우뚱한다. 이런 의아함은 나에게까지 이어지곤 한다. 이를테면 다음과 같은 문답을 주고받는 것으로 말이다.

"그런 식으로 집에서 공부하면, 과목별로 과외 선생님이 온다는 건가요? 아니면 인터넷 강의를 듣나요?"

"아니요."

"그럼 부모님이 다 가르쳐주시나요? 부모님이 교수님이나 선생님이세요?"

"그것도 아닌데요."

이 지점까지 이르면, 사람들은 당황스러운 표정을 지으며 되묻는다. "아니 그럼, 도대체 어떻게 공부한다는 거예요?"

그럼 나는 겸연쩍은 듯 이렇게 답한다. "저희는 (학과) 공부는 많이 안 하고요, 대신 이곳저곳 놀러 다니거나 사람들을 만나기도 하고, 또 하루 종일 책을 읽기도 해요."

우리 부모님은 뛰어난 선생님이 아니며 나도 특출한 학생이 아니다. 부모님은 모든 과목을 가르쳐줄 수 없고, 나도 모든 학과 공부를 따라갈 수 없다. 그렇다면 어떻게 집에서 공부하는 게 가능한 걸까? 그 답은 관점을 살짝 바꾸는 데 있다. 공교육 제도, 학교의 교과과정이나 사고방식을 비롯해 모든 획일적인 틀을 과감히 내려놓는 것이다.

우리는 '책상에 앉아 교과서를 펼쳐놓고 선생님이 하시는 말씀을 열심히 받아 적는 것이 공부'라는 고정관념에 작별을 고했다. 그리고 언제, 어디서든, 누구에게나 배울 수 있다고 생각하기 시작했다. 언스쿨링을 선택한 이후 일정표는 옆으로 제쳐두었고, 그러자 집안에는 새로운 생기와 활력이 감돌기 시작했다. 각자 스스로 정한 몇 가지 기본적인 할 일을 제외한 나머지는 자유 시간이었다.

자유 시간은 보통 밖의 산과 들을 쏘다니며 자연을 관찰하거나, 집에서 책을 읽으면서 호기심을 키워나가는 데 사용했다. 이제는 정해진 커리큘럼을 따라 공부하는 것이 아니라 각자 무슨 공부를 할지 스스로 찾아 나갔고, 부모님의 역할도 '선생님'에서, 더 많은 기회와 관계를 찾아 떠날 수 있도록 도와주고 격려하는 '조력자'로 바뀌었다.

이런 우리 가족을 걱정스러운 눈길로 바라보는 사람들도 참 많았다. 어릴 적에는 천방지축에다 공부에도 열심을 보이지 않고, 또래에 비해 뒤처지는 것 같은 나에게 "나중에 커서 어쩌려고 그러니?"라고 물으며 부모님께 넌지시 충고를 건네는 분들도 있었다. 아니나 다를까, 같이 홈스쿨링을 시작한 친구들은 벌써부터 한참 앞서나가고 있었다. 2학년 나이인데 벌써 4학년 수학 책을 풀고 있고, 꾸준히 영어 학원을 다닌 덕에 발음이 또록또록 한 친구들도 생겨났다.

그럼에도 우리는 '경기장'에서 벗어났기에, 홈스쿨링 중에서도 언스쿨링을 택했기에, 이런 주위 분위기, 시선, 충고에서 자유로울 수 있었다. 그저 우리 가족의 속도와 방향에 맞게 걸어 나가기로 결정했다. 우리가 무엇을 잘하고, 또 무엇을 좋아하는지 온 가족이 함께 탐구해나가는 여행, 그런 진정한 배움을 통해 참다운 나를 발견해나가는 여정이 막을 올린 것이다.

숲 속의
친구들을 사귀다

홈스쿨로 방향을 잡고 나서 우리 가족이 내린 첫 번째 결정은 바로 서울을 떠나 수도권 외곽으로 나가는 것이었다. 집이 좁기도 했을뿐더러, 무엇보다 도시의 인위적인 번잡스러움에서 벗어나 자연과 더 가까워지기 위해서였다. 부모님은 아이들이 생명의 소중함을 알고, 자연과 벗하며 자라길 바라는 마음으로 그런 결정을 내렸다고 말씀하셨다.

우리는 경기도의 조금 더 넓은 전셋집으로 이사를 했다. 햇빛이 잘 들지는 않았지만 옆에 자그마한 텃밭이 있고, 뒤편으로는 널따란 들판이 펼쳐진 곳이었다. 그뿐만 아니라 조금만 걸으면 산에 닿을 수 있어 사시사철 자연과 가까이 지낼 수 있었다. 서울에서는 거의 집 안에서만 놀아야 했던 나는 이제 산으로 들로 뛰어다니며 종일 밖에서 놀았다. 하루가 다르게 피부는 가무잡잡해졌고, 그러는 사이 옆집의 동갑내기 친구 정화와도 가까워졌다.

우리가 금세 친해질 수 있었던 이유는 바로 우유 한 잔에 있었다. 이사 온 지 얼마 되지 않아 정화네 집에 놀러 갔는데, 정화가 나에게 시원한 우유를 대접했던 것이다. 우유를 입 속에 머금은 순간, 목구멍으로 넘기는 것이 아깝다는 생각이 들었다. 이 달콤한 맛은 집에서 마시던 우유와는 차원이 달랐던 것이다. 나는 밑바닥까지 잔을 깨끗이 비운 뒤 "어떻게 이런 맛있는 우유가 다 있지?"라고 물어보았다. 정화는 씩 웃으며 갈색 봉지를 보여 줬다. 설탕이었다. 우리는 그 후 무척 가까운 사이가 되어 항상 같이 붙어 다녔다.

처음 우리 관심을 사로잡은 것은 바로 달팽이였다. 소나기가 잔뜩 내린 다음 날이면 달팽이가 유독 많이 모습을 드러냈는데, 우리는 그중 가장 커다란 놈들을 잡아 애완용으로 키우곤 했다. 하루는 정화가 "우리 달팽이들 경주를 시켜볼까?"라고 제안했고, 나는 일단 하는 대신 며칠 후에 하자고 대답했다.

우리는 달팽이들을 다섯 체급으로 나눠 경량급부터 중량급까지 시합을 벌이기로 했다. 나는 집으로 돌아와 냉장고에서 황급히 상추를 꺼냈다. 통 속에 상추를 넣어주자 달팽이들은 신이 나서 갉아 먹기 시작했다. 아버지가 텃밭에서 정성껏 키운 상추였지만, 며칠 후가 시합이었기에 어쩔 수 없었다. 우리는 집 옆의 시멘트 바닥을 경기장으로 정하고, 풀을 꺾어 출발선과 결승선을 표시했다. 그리고 "시~작!"을 외치는 동시에 달팽이를 출발선에 놓았다. 달팽이는 느릿느릿 기어가다 멈추기를 반복했는데, 기분이 좋으면 움직이고, 좋지 않으면 가만히 있는 듯했다.

우리 집 달팽이는 경기 중반에야 본격적으로 힘을 내기 시작했는데, 상추를 너무 많이 먹어 배탈이 났는지 경주 도중 배변을 하는 실수를 범했다. 예상치 못한 상황에 당황했는지 달팽이는 경주로를 벗어나 엉뚱한 데로 향했다. 나는 달팽이가 정신을 차리기를 간절히 기도했지만, 한 번 비뚤어진 마음을 돌이키기는 쉽지 않은 것처럼 보였다. 결국 달팽이는 경기장을 빙글빙글 돌아 다시 출발선으로 돌아오고 말았다. 그나마 한 가지 위안이 있다면 정화의 달팽이도 결승선에 도착하지 못했다는 것이었다. 허무한 결과를 접한 우리는 애꿎은 달팽이 눈을 건드려 쑥쑥 들어가게 만든 뒤, 수풀 속에 모두 놓아주었다.

달팽이 경주가 시들해진 뒤 새롭게 나타난 선수는 개구리였다. 처음에는 논에서 잡은 올챙이를 키우고 있을 뿐이었는데, 얼마 후 뒷다리와 앞다리가 나오더니 조그만 개구리가 되었다. 예상치 못한 변화에 당황한 나는 서둘러 개구리가 살 집을 마련하기 시작했다. 우선 개구리는 피부가 촉촉하게 젖어 있어야 하기 때문에 종이컵을 반으로 잘라 만든 물통을 넣어주었고, 심심

할까 봐 풀도 조금 넣어주었다. 그래도 개구리는 하루 종일 펄쩍 펄쩍 뛰며 좁은 통에서 벗어나려 애썼다. 그럴 때면 개구리를 통 밖으로 꺼내 잠시 동안 바깥세상을 맛볼 기회를 주곤 했다. 개구리가 우리 집 현관문에서 밖으로 나가는 계단을 열심히 뛰어 올라 자유를 찾으려고 할 무렵이면, 곧바로 다시 통 속으로 들어 가야 할 시간이었다.

하루는 우리 집에 놀러 온 친구 아버지가 나에게 다소 뜬금없 는 제안을 하셨다.
"개구리를 산 채로 먹으면, 한 마리 먹을 때마다 만 원씩 줄게."
"산 채로요?"
"응, 프랑스에서는 개구리 뒷다리도 자주 먹는다잖아."
"진짜요? 개구리 먹으면 진짜 만 원 주실 거예요?"
"그렇다니까!"

나는 급하게 머리를 굴려보았다. '한 마리에 만 원이면, 다섯 마리를 먹으면 오만 원이잖아? 그 돈이면 어묵을 100개나 사 먹 을 수 있는데? 한번 먹어볼까?' 나는 개구리를 통에서 꺼내 손에 쥐었지만, 이 조그만 것이 배 속에서 개굴거리며 펄쩍펄쩍 뛰어 다닐 것을 생각하니 도저히 목구멍 너머로 삼킬 수가 없었다. 다 시 한번 보니 눈을 껌뻑거리는 개구리가 불쌍해 보이기까지 했다. 결국 얼마 지나지 않아 위장으로 들어갈 뻔한 개구리들을 그 냥 논에다 놓아주고 말았다.

그 무렵 우리 가족의 하루 일과에는 등산이 포함되어 있었다. 점심을 먹고 난 뒤 다 같이 뒷산에 올라가는 것이었는데, 정상까지 올라갔다 내려오기까지는 두어 시간 남짓 걸리곤 했다. 가끔 도시락을 싸서 정상에 앉아 함께 나눠 먹기도 했다.

하루는 상수리나무 밑을 지나가다 특이한 나뭇잎을 하나 발견했다. 그 나뭇잎은 신기하게도 둘둘 말려 있었다. 나는 그것을 집으로 가져와 한참 들여다보다 그 신비한 나뭇잎 속에 무엇이 들어 있는지 열어보기로 했다. 그 속에는 아주 조그만 알이 하나 있었다. 며칠 뒤 곤충백과에서 이 일을 벌인 주인공을 발견했는데, 바로 거위벌레라는 곤충이었다. '숲 속의 재단사'라는 별명을 가진 이 멋진 벌레는 나뭇잎을 잘라 알을 낳은 뒤 둘둘 말아 땅으로 떨어뜨린다고 했다. 알에서 애벌레가 부화하면, 지극정성으로 만든 요람을 먹고 점점 자라난다. 그래서 또다시 성충 거위벌레가 되는 것이다.

거위벌레를 통해 곤충이 살아가는 모습을 보고 한눈에 반한 나는 돋보기와 채집통을 들고 주변 탐험에 나섰다. 평소에는 그 냥 무심코 지나치던 장소를 돋보기로 들여다보자 수많은 생물들이 살고 있는 세계가 새롭게 눈에 들어왔다. 이때 눈에 처음 들어온 것은 무당벌레였는데, 바로 식물을 해치는 진딧물을 모조리 잡아먹는 고마운 친구였다. 게다가 색깔은 또 얼마나 아름다운지, 비교적 눈에 잘 띄는 칠성무당벌레 말고 남생이무당벌레는 정말 아름다웠다. 무당벌레가 있는 식물에는 천적이 무서워서인지 진딧물이 한 마리도 보이지 않았다.

그러나 다른 식물로 발걸음을 옮기자 거기에는 진딧물이 바글바글 거렸고, 개미들이 분주히 오르내리고 있었다. 그런데 자세히 살펴보니 개미가 진딧물의 꽁무니를 슬쩍슬쩍 건드리고 있었다. '어? 왜 개미가 진딧물의 똥꼬를 후비적거리는 거지?' 집으로 돌아와 서둘러 곤충백과를 찾아보았다. 거기에는 이렇게 적혀 있었다. '개미들은 더듬이로 진디를 쓰다듬고 두드려서 더 많은 단물이 떨어지도록 만듭니다. 단물을 얻기 위해 개미들은 진디 떼를 돌보고, 지켜주고, 청소해주기도 합니다.' 아하 그렇구나! 개미와 진딧물은 서로 도우며 살아가는 곤충들이었다.

한편 들판으로 메뚜기를 잡으러 다니는 것도 신나는 일과 중 하나였다. 우리 집 근처에는 풀무치, 삽사리, 벼메뚜기, 섬서메뚜기 등 다양한 메뚜기들이 살고 있었는데, 그 친구들을 잡아 채집통에 넣고 며칠씩 들여다보곤 했다. '어떻게 메뚜기는 자기 몸의 수십 배나 되는 높이를 풀쩍풀쩍 뛰어오를 수 있을까?' 곤충들의 세계에는 정말 신비스러운 일들이 많았다.

그때 마침 『파브르 곤충기』를 읽기 시작하면서 내 꿈은 곤충학자로 확실하게 굳어졌다. 나는 곤충을 연구하는 데 평생을 바치고야 말겠다는 결의에 차 있었다. 물론 그렇게 되려면 엄청난 끈기가 뒷받침되어야 가능하겠지만 말이다. 그러나 불과 며칠 뒤, 내 의지가 시험대에 오른 사건이 발생했다. 나는 『파브르 곤충기』를 읽으면서 쇠똥구리를 꼭 찾고야 말겠다고 다짐했다. 다행히 우리 동네 근처에는 축사가 몇 군데 있었기에, 방금 소가 싸놓은 신선한 똥을 좋아한다는 쇠똥구리가 서식하기에는 안성맞춤인 환경과 조건을 갖추고 있었다. 나는 며칠을 축사 근처를 기웃거리면서 쇠똥구리가 나타나길 기다렸지만, 결국 모습을 드러낸 것은 온통 파리들뿐이었다.

그래도 곤충 수집과 탐구는 한동안 이어졌다. 잠자리, 매미, 사마귀, 노린재, 하늘소, 여치, 귀뚜라미 등이 내 손을 거쳐갔고, 그중 일부는 나와 함께 머무르는 동안 수명을 다하기도 했다. 한때는 사람들이 꿈이 뭐냐고 물어오면 주저 없이 이렇게 대답했다. "저는 곤충학자가 되고 싶어요!" 곤충학자의 꿈이 언제, 어떻게, 어디로 사라졌는지는 정확히 기억나지 않는다. 지금은 즐거운 추억으로 마음 한구석에 자리 잡고 있을 뿐이다.

하고 싶은 일이
많아서 걱정

요즘 들어 종종 주변 사람들에게 이런 질문을 받는다. "슬슬 전공도 정해야 할 텐데, 어떤 분야에 관심이 있니?" 그때마다 고민에 빠진다. 관심 있는 분야가 너무 많아 하나를 콕 집어서 이야기할 수 없기 때문이다. 그럴 때는 대개 이렇게 답한다. "정치, 경제, 사회, 역사, 철학 같은 것들에 관심이 있어요." 사람들은 눈이 휘둥그레지며 놀랍다는 표정을 짓는다. 그도 그럴 것이 친구들과도 비슷한 주제로 가끔 대화를 나누는데, 이런 경우가 대다수이기 때문이다.

"너는 나중에 뭐 하고 싶어?"
"글쎄…… 잘 모르겠어."

"전공은 뭐 할 건데?"

그러면 친구들은 하나같이 똑같은 대답을 내놓는다. "일단 수능 보고 점수에 맞춰서 정해야지."

나는 풀이 죽은 친구의 어깨를 토닥여줄 뿐 내 고민은 차마 이야기하지 못한다. 우리는 너무 다른 영역에서 고민하고 있기 때문이다. 친구들이 하고 싶은 것을 찾지 못해 고민하는 반면 나는 하고 싶은 것이 너무 많아 걱정이다. 관심 있는 것도 많고, 공부하고 싶은 것도 많고, 하고 싶은 것도 많다. 그중 무엇을 선택할지 결정하는 것이 나를 가장 어렵게 하는 문제이다.

이러한 차이를 만드는 가장 커다란 요인은 분명 독서일 것이다. 나는 더 많이 읽을수록 더 많이 생각하고, 더 많이 생각할수록 더 많은 것을 보게 되었다. 더 많은 것을 볼수록 더 많은 것을 느꼈고, 느끼는 것이 많을수록 해야 할 일도 점점 더 많아졌다. 지금 내 모습은 상당 부분 내가 읽은 책에 바탕을 둔 셈이다.

그렇다면 언제부터였을까? 가장 오랜 기억을 더듬어보면 꼬마 둘에게 그림책을 읽어주고 있는 어머니의 모습이 등장한다. 어머니는 입술뿐 아니라 손가락도 분주하게 움직이시곤 했는데, 목소리의 주인공이 누구인지 알려주기 위해서였다. 우리는 그 손가락이 가리키는 곳을 들여다보며 이야기에 흠뻑 빠져들었다.

그렇게 몇 권을 읽고 나면 어머니는 책장을 덮으며 이렇게 말했다. "아이고, 목이 아프네. 오늘은 이제 좀 쉬어야겠어요. 내일 읽자." 그러면 곧바로 두 꼬맹이들의 아우성이 이어진다. "또요, 또요! 하나만 더 읽어주세요. 네?" 바통은 이제 아버지에게로 넘어간다. 일을 마치고 돌아온 아버지의 임무는 아이들을 꿈나라로 보내는 것. 아버지는 조그만 불빛 아래서 나긋한 목소리로 책을 읽어 내려갔다. 몇 권을 읽었는데도 아이들이 잠들 기미를 보이지 않자, 이제 그만 불을 끄고 같이 자리에 눕는다. 피곤에 지친 아버지는 눈을 감고 본인이 지어낸 이야기를 들려주기 시작한다.

"옛날 옛적에 피터라는 토끼가 있었어요. 피터는 숲 속에 살고 있었는데, 그 근처에는 토끼들을 못살게 구는 무서운 호랑이가 있었지. 그런데 어느 날, 피터는 풀을 뜯으러 갔다가 호랑이와 딱 마주치고 말았어요."

이쯤 되면 잠은 어디론가 달아나고 정신이 더욱 말똥말똥해진다.

"그래서 호랑이가 뭐라고 했어요?"

"호랑이는 피터에게 '떡 하나 주면 안 잡아먹지'라고 말했어요. 피터는 있는 힘을 다해 줄행랑을 쳤지요. 그런데 바로 앞에 호수가 나타났어요. 뒤에는 호랑이가 달려오고 있었죠. 피터는 하나님께 제발 도와달라고 기도를 했지요."

"그래서요? 하나님이 도와주셨어요?"

"하나님은 피터에게 달나라로 갈 수 있는 동아줄을 내려주었죠. 피터는 재빨리 그 줄을 붙잡았어요. 뒤따라오던 호랑이는 저 하늘로 피터가 사라지는 모습을 지켜볼 수밖에 없었죠."

아버지의 목소리는 점점 힘이 없어지더니 얼마 후에는 완전히 사그라들고 말았다.

"그다음에 피터는 어떻게 되었어요? 아빠?"

"……"

"아빠?"

아버지는 피터와 함께 달나라로 떠난 것이 분명했다.

나는 한글을 조금 늦게 배운 편이었는데, 글씨를 읽을 수 있게 되면서 혼자 조금씩 책을 보기 시작했다. 그림책으로 시작한 독서는 곧 동화책에까지 이르렀는데, 종이를 한 장 한 장 넘길 때마다 여태까지 보지 못한 흥미로운 그림과 단어들이 보였다. 그래서 궁금한 것이 생길 때마다 어머니에게 질문 공세를 펼쳤다.

"엄마, 그런데 짝짓기가 뭐예요?"

"여기 '망측하다'라는 말이 있는데 그건 무슨 뜻이에요?"

"글쎄……."

책 읽어주기에서 겨우 자유를 얻은 어머니는 이제 하루 종일 끝도 없이 이어지는 아들의 질문에 시달려야 했다. 그러다 거기서 조금이라도 벗어나기 위한 묘안이자 해결책으로 부모님은 나에게 백과사전을 선물했다. 이제 모르는 것을 물어볼 때마다 이런 답변이 돌아왔다. "그래, 백과사전에서 한번 찾아보자꾸나." 백과사전은 굉장히 유용한 도구였다. 모르는 것이 있을 때마다 들춰보면 다양한 사진과 그림, 그리고 이해하기 쉬운 설명들이 기다리고 있었다.

나는 새롭고 신기한 것을 알게 될 때마다 어머니가 달력을 접어 만든 조그만 책자에 하나씩 적어 내려갔다. 이렇게 해서 겉표지에는 큼지막한 글씨로 '글·그림 임하영'이라는 문구가 들어갔고, 속에는 그림과 낙서, 그리고 약간의 정보들로 채워진 달력 책들이 탄생하기 시작했다. 출판 간격은 내 기분에 따라 들쑥날쑥했고, 유일한 독자는 바로 부모님이었다. 가끔 우리 집에 놀러 온 사람들 중에 달력 책에 흥미를 보이는 이들도 있었는데, 그런 분들에게는 하나씩 선물로 나눠주기도 했다.

내가 글씨를 쓸 수 있게 될 무렵 동생도 글씨를 익히는 데 성공했다. 동생이 한글을 떼자 우리는 매일 저녁 책상에 둘러앉아 함께 성경을 읽기 시작했다. 겉표지에는 '쉬운 성경'이라고 적혀 있었지만 속에는 깨알 같은 글자가 가득한 꽤나 어려운 성경이 었다. 나, 동생, 어머니, 아버지 순서로 한 장 또는 두 장씩 소리

내어 읽었는데, 처음에는 얼마나 힘들던지 '제발 성경 읽기 시간이 빨리 끝났으면' 하는 생각이 머릿속을 떠나지 않았다. 특히 나를 시험에 빠지게 하는 부분은 「창세기」에 자주 등장하는 기나긴 족보였다.

아브라함이 후처를 맞이하였으니 그의 이름은 그두라라 그가 시므란과 욕산과 므단과 미디안과 이스박과 수아를 낳고 욕산은 스바와 드단을 낳았으며 드단의 자손은 앗수르 족속과 르두시 족속과 르움미 족속이며…….

성경에 나오는 이름들은 발음하기도 어려워 읽는 것이 고역일 뿐만 아니라, 내가 아닌 다른 사람이 읽으면 자장가로 들리기까지 했다. 나는 욕산이 스바와 드단을 낳을 때쯤 졸음 속으로 빠져들기 시작했는데, 가끔은 침까지 줄줄 흘릴 때도 있었다. 그럴 때면 얄궂은 아버지는 그 순간을 기다렸다는 듯이 책상을 쾅 내리쳤고, 나와 동생은 화들짝 놀란 나머지 얼른 잠에서 깨어나 졸린 눈을 비비곤 했다.

그렇게 기나긴 인고의 세월을 보내면 드디어 「요한계시록」 마지막 구절, "주 예수의 은혜가 모든 자들에게 있을지어다 아멘"까지 완독하는 순간이 찾아온다. 이 무궁무진한 '네버엔딩 스토리'를 드디어 끝마쳤다는 감격과 짜릿함! 우리는 조그만 선물과 맛있는 음식을 준비해 조촐하지만 성대한 축하 파티를 열곤 했다. 그러나 기쁨도 잠시, 며칠 뒤 우리의 기나긴 여정은 다시 시작되었다. "태초에 하나님이 천지를 창조하시니라 땅이 혼돈하고 공허하며 흑암이 깊음 위에 있고……."

지금도 어머니는 "아이들이 어떻게 그렇게 책을 좋아하게 되었나요?"라는 질문을 받을 때마다 이렇게 말씀하시곤 한다. "성경을 몇 번 읽고 나니 웬만한 두꺼운 책도 어렵지 않게 읽어내더라고요." 어려운 성경을 읽다 보니 다른 책들이 너무 재미있어졌던 것이다. 또 하나 이유를 꼽자면 책보다 재미있는 놀이가 없었다는 점이다. TV와 게임기는 우리 집에 존재하지 않았고, 컴퓨터도 중학생이 되어서야 정해진 날짜에 정해진 시간만큼만 조금씩 사용할 수 있었다.

내가 글을 잘 읽게 되자, 우리 집안의 독서 양상은 커다란 변화를 맞이했다. 전에는 어머니가 책을 먼저 읽어보고 권해주곤 했는데, 내가 책을 보는 속도가 점점 빨라지면서 결국 나의 독서량을 따라잡을 수 없는 정도가 되었던 것이다. 이제 읽을 책을 스스로 선택할 수 있는 시기가 찾아왔다. 그때부터 동네 도서관을 헤집고 다니며 나에게 찾아온 자유를 만끽했다.

하루는 서가를 둘러보며 뭔가 재미있는 것이 없을까 찾아보고 있는데 특이한 책 한 권이 눈에 띄었다. 『노빈손의 판타스틱 우주 원정대』의 겉표지에는 머리에 털이 네 개밖에 없는 괴상한 친구가 악당을 물리치는 그림이 그려져 있었다. 나는 앉은자리에서 그 책을 처음부터 끝까지 단숨에 독파했다. 그리고 생각했다. '그래, 노빈손이야말로 내가 찾던 책이었어!' 나는 도서관에 존재하는 노빈손 시리즈를 모조리 집으로 빌려왔다.

하루 종일 키득키득거리며 책에서 헤어나지 못하는 나를 수상하게 여긴 어머니는 시리즈 중 한 권을 훑어보시더니 '노빈손 금지령'을 내렸다. 이럴 수가! 어머니는 노빈손의 경망스러운 말과 행동이 마음에 들지 않으신 것이었다. 그렇지만 그것은 노빈손을 피상적으로 잘못 이해하신 것이 분명했다. 나는 노빈손의 진심을 알고 있었다. 그 따뜻한 마음씨며 과감한 결단력, 그리고 불타오르는 정의감을. 노빈손과 영혼의 파트너 말숙이가 힘을 합친다면 이 지구상에 어려운 일이란 존재하지 않았다.

그렇지만 어쩔 수 없었다. 이미 금지령은 내려졌고, 노빈손을 보내주는 수밖에 없었다. 그러나 완전히 포기할 수는 없었다. 나는 일주일에 한 번, 도서관에 가는 시간을 손꼽아 기다렸다. 그리고 도서관에 도착하자마자 노빈손이 있는 곳으로 달려갔다. 그렇게 감격적인 상봉이 몇 차례 이어졌지만 행복은 오래가지 않았다. 며칠 전 나의 발차기에 얻어맞고 호시탐탐 복수의 기회를 노리던 동생에게 그만 발각되고 만 것이다.

집으로 돌아오자 어머니는 물었다. "하영아, 노빈손이 그렇게 좋아? 하영이 손자들까지 대대로 물려주고 싶을 만큼 훌륭한 책이야?" 나는 곰곰이 생각해보았다. 내가 노빈손을 좋아하는 건 사실이었지만 그렇다고 자식들에게까지 물려주고 싶지는 않았다. 나는 우울한 표정으로 대답했다. "아니요." 그 뒤로 노빈손과 인연을 끊었다. 그래도 가끔 그리울 때가 있다. 노빈손, 어떻게 잘 지내고 있는 거니?

노빈손에게 작별을 고한 뒤, 나의 독서 생활은 한 단계 높은 수준으로 올라섰다. 『최열 아저씨의 지구촌 환경이야기』, 『어린이 환경사전』 같은 책들을 읽으며 환경에 관심을 가진 것이 바로 그 무렵이다. 나는 지구온난화와 오염, 쓰레기, 물 부족 같은 문제가 얼마나 심각한지 깨닫고 중대한 결단을 내렸다. 채식주의자가 되겠다는 것. 나는 육식을 멈춰야 하는 이유를 가족들에게 열심히 설득했지만, 나를 따라 채식주의자가 되겠다는 사람은 아무도 없었다. 안타깝지만 할 수 없었다. 나 혼자라도 고기를 먹지 않으면 지구 환경이 조금은 더 나아질 것이라고 생각하며 그 후 몇 달간 채소만 먹었다.

그런데 할아버지 생신 때 고비가 찾아왔다. 그 많고 많은 음식점 중 하필이면 갈빗집에 가서 저녁을 먹기로 결정한 것이다. 처음에는 된장국만 몇 숟갈 떠먹다가, 고기가 본격적으로 익기 시작하자 더 이상 참을 수 없었다. 기름진 냄새가 콧속을 자극했고, 앞에서는 큰이모부가 황홀한 표정을 지으며 나를 유혹하고 있었다. 결국 나는 갈비 한 점을 입에 넣고 천천히 그 맛을 음미

했다. 돼지 사육장이 환경에 미치는 악영향과 끔찍한 도살장 풍
경이 머릿속에서 싹 사라지게 만드는 기가 막힌 맛이었다. 그 뒤
로도 몇 번이나 채식주의자가 되려고 시도했지만 번번히 높은
현실의 벽에 부딪혀 실패하고 말았다.

　그 이후에도 책으로 읽은 내용이 실생활로 이어지는 경우가
종종 있었다. 『모네의 정원에서』를 읽고 나와 동생은 아버지에
게 텃밭의 땅을 조금 떼어달라고 부탁했다. 처음으로 우리가 소
유하고 관리하는 땅이 생겼고, 우리는 나무 팻말에 이름을 적
어서 세워두었다. 그러고는 일단 집 주변의 예뻐 보이는 들꽃들
을 하나씩 옮겨다 심기 시작했다. 우리를 귀엽게 보신 옆집 할아
버지는 나에게는 튤립 한 송이, 동생에게는 매발톱꽃 한 뭉치를
선물로 주셨다. 우리 정원은 한층 업그레이드되었고, 매일 나가
식물들에게 물을 주고 보살피는 것이 일상으로 자리 잡았다. 그
러나 정원은 결국 비참한 결과를 맞이하게 되었다. 장마 기간을
거치면서 관심이 시들시들해진 틈에 풀이 무성하게 우거져 잡
초 밭으로 바뀌었던 것이다. 결국 아버지가 그 땅을 다시 개간해
농작물을 심는 수밖에 없었다.

　이렇듯 재미난 책들도 있었지만, 나를 불편하게 만드는 책도
있었다. 그런 책을 읽으면 그날 밤에는 잠자리에 누워서도 한참
동안 잠을 이루지 못하고 뒤척이곤 했다. 대표적인 책이 바로 고
정욱 선생님이 지으신 『가방 들어주는 아이』였다. 그 책을 읽던

날 저녁 식탁에서 심란한 마음을 아버지에게 토로했다.

"아들, 오늘은 무슨 책 읽었니?"

"『가방 들어주는 아이』라는 책을 읽었어요."

"그렇구나, 그 책은 무슨 내용이야?"

"영택이와 석우라는 아이에 관한 이야기인데요, 영택이는 다리가 불편한 장애인이라서 왕따를 당하고, 석우는 영택이의 가방을 들어준다고 놀림을 받아요."

"그랬구나……."

"그런데 아빠, 장애는 왜 생기는 거예요?"

"장애는 특별한 이유가 있어서 생기는 게 아니야. 아기들이 태어나기 전에 엄마 배 속에서 열 달 동안 지내는 건 알지?"

"네."

"그때 무언가가 잘못되면 장애가 생길 수도 있고, 아니면 나중에 배우겠지만 사람 몸속에는 DNA라는 게 있는데 거기에 문제가 발생해서 생길 수도 있어. 아무 이유 없이 그렇게 태어나는 경우도 있고."

"세상이 참 불공평한 것 같아요. 나는 장애를 가지고 태어나지 않았는데 다른 사람들은 장애를 가지고 태어나기도 하잖아요. 특별히 잘못한 것도 없는데 말이에요."

"그러니까 우리가 다른 사람들을 더욱 배려하며 살아야 하는 거란다. 하영이도 혹시 영택이 같은 친구가 있으면 잘 도와줄 수 있겠지?"

"그럼요."

나를 잠 못 이루게 만든 또 하나의 책은 『마지막 거인』이었다. 그날도 저녁 식탁에서 아버지와 제법 심각한 이야기를 나누었다.

"아빠, 그런데 사람들은 왜 욕심이 많아요?"

"그게 말이지, 사람들의 마음속에 나쁜 생각이 있어서 그런 거야."

"나쁜 생각은 왜 있는 건데요?"

"음, 하영이도 엄마나 아빠가 가르쳐준 적도 없는데 가끔씩 동생을 괴롭히고 그러지 않니?"

"……."

"다른 사람들도 그와 비슷하다고 할 수 있는 거지."

"그래도 저는 이해를 못하겠는데요? 왜 마지막 남은 거인들까지 다 죽여야 했는지."

"아들아, 그게 무슨 말이야?"

"오늘 『마지막 거인』이라는 책을 읽었는데요, 거기에는 평화롭게 살고 있는 아홉 명의 거인들이 나오거든요. 그런데 그 거인들이 사는 곳이 알려지면서 인간들이 그곳에 가서 거인들을 다

죽어버려요. 왜 그랬던 걸까요?"

"아들아, 그건 네가 아까 이야기했던 욕심과 관련이 있는 것
같다. 지금은 이해를 못할 수 있지만 점점 크면서 더 잘 이해하
게 될 거야."

끊임없이 책을 읽고 또 '왜'라는 질문을 던지는 한편, 부모님과
마주 앉아 책 내용에 대해 얼마나 많이 진지한 대화를 나누었는
지 모른다. 이제 와서야 알게 된 사실이지만, 우리 부모님은 샬롯
메이슨이란 분으로부터 배운 '이야기하기narration'를 나에게 끊임
없이 시키셨던 것이다. 그 과정에서 마음과 생각은 나도 모르는
사이에 한 뼘씩 성장하고 있었다.

떡볶이도 좋지만
바이올린도 좋아

음악이 처음 내 인생에 모습을 드러낸 것이 언제인지는 뚜렷이 기억나지 않는다. 곰곰이 생각해보면 그것은 이미 나의 오랜 일상이었고, 자연스러운 삶의 한 부분이었다. 또한 외할아버지로부터 내려오는 전통이기도 했다. 음악을 너무나도 좋아하셨던 할아버지는 오래전 집에 전축을 장만해 틈날 때마다 레코드판을 틀어놓으셨다고 한다. 할아버지의 레코드판은 어머니의 카세트테이프로 고스란히 이어졌고, 덕분에 내가 배 속에 있을 때부터 우리 집에는 항상 음악이 흘렀다. 잔잔한 클래식이나 찬송가, 동요, 때로는 국악까지.

내가 태어날 무렵에는 카세트테이프가 CD로 바뀌었다. 그 뒤를 이어 등장한 것은 조그만 라디오. 거기에서는 하루 종일 음악 방송이 흘러나왔다. 음악을 사랑하는 어머니 덕분에 나는 어릴 적부터 자연스럽게 음악을 접할 수 있었다. 어머니는 음악을 듣지 않을 때는 직접 연주하기도 했다. 피아노를 치며 노래를 부르시곤 했는데, 그럴 때면 우리는 바닥에 앉아 그 모습을 신기한 듯 구경하곤 했다. 피아노는 어머니가 젊은 시절 장만한 것으로, 집이 아무리 비좁아도 항상 우리 가족과 함께하는 소중한 존재였다. 어머니는 종종 플루트도 불어주셨는데, 그것도 역시 결혼 전에 배운 악기라고 했다.

그렇게 음악을 듣기만 하던 어느 날, 나는 거실에 있는 피아노를 한번 쳐보고 싶어졌다. '이제 듣는 건 충분해! 나도 직접 해봐야겠어!' 피아노 의자 위에 앉아서 건반을 이것저것 눌렀지만 기대했던 소리는 나지 않았다. 풀이 죽은 표정으로 앉아 있는 나를 보고 어머니가 말했다.

"하영이, 피아노 배우고 싶니?"
"네, 배우고 싶어요!"
"그래, 그럼 엄마가 가르쳐줄게."

처음에는 분위기가 더할 나위 없이 좋았지만, 얼마 지나지 않아 서로 표정이 붉으락푸르락해지기 시작했다. 집중하다 보니 손가락에 땀이 나서 자꾸만 미끄러졌고, 원하는 소리가 나지 않아

짜증 나기 시작했다.

"힝, 이거 안 되잖아요!"
"조금만 더 집중해서 해봐, 안 되는 게 어디 있니!"
"싫어! 나 이제 피아노 안 해!"
"이런 식으로 할 거면 엄마도 이제 안 가르쳐줄 거야!"

그렇게 피아노 레슨은 멈추고 또 시작되기를 반복했고, 몇 주가 지나자 드디어 「고양이 춤」을 처음부터 끝까지 칠 수 있었다. '그래, 나도 피아노를 칠 수 있는 거야!' 자신감을 얻은 나에게 어머니는 「젓가락 행진곡」도 가르쳐주셨다. 이번에는 꽤 오랜 시간이 걸렸기 때문에 곡을 다 배웠을 때의 기쁨은 마치 날아갈 것만 같았다. 내가 본격적인 궤도에 오르자 동생도 피아노 수업에 합류하게 되었다. 우리는 하루에 한 번, 30분씩 피아노를 연습하고 그림이 잔뜩 나오는 이론 책을 보며 악보 읽는 법을 익혔다.

내가 일곱 살이 될 무렵 우리 가족은 홈스쿨 모임에 나갔는데, 부모님들이 품앗이로 이것저것 재능을 나누고 있었다. 그중한 사모님이 바이올린을 가르쳐주겠다고 제안하시면서 아이들을 모았고, 나는 선뜻 배우겠다고 나섰다. 새로운 악기를 배우고 싶었을 뿐 아니라 친구들이 다 하는데 나만 가만히 있을 수는 없다는 경쟁심이 발동했던 모양이다.

부모님은 일단 가장 작은 바이올린을 사주셨다. 그런데 문제는 바이올린을 가지고 있다고 해서 바로 소리를 낼 수는 없다는 것이었다. 우선 활을 어떻게 잡는지 배워야 했고, 또 어깨와 턱으로 바이올린을 잡는 것도 너무나 어려웠다. 자세도 흐트러지면 안 되었는데, 양다리를 어깨 간격으로 벌리고 왼발을 조금 앞으로 내민 채 계속 서 있어야 했다. 너무나도 복잡하고 어려웠지만 그래도 열심히 따라 했다. 그리고 그때 어머니도 같이 바이올린을 배우기 시작했다.

기본자세와 소리 내는 법을 터득하고 나자 우리는 다른 선생님을 찾아야 했다. 두 번째 선생님은 러시아에서 오신 분이었다. 열댓 명이 배우는 단체 교습이었는데, 경기도 외곽에 살던 우리는 서울 한복판에 위치한 레슨 장소까지 몇 번이나 대중교통을 갈아타고 가야 했다. 그때마다 나는 버스 좌석에 누워 어머니 다리를 베고 꿈나라에 빠져들곤 했다. 목적지에 도착하면 레슨을 받았고, 다시 집으로 돌아오는 길에도 어김없이 잠을 잤다. 어머니는 항상 바이올린 두 개를 어깨에 걸쳐 메고 버스에 올라탔다. 나, 그리고 다섯 살배기 동생을 둘러업은 채로.

어릴 적에 꽤나 말썽꾸러기였던 나는 가만히 앉아 인내하면서 무언가를 배우는 것을 그리 달가워하지 않았다. 어머니는 항상 나를 겨우 타일러 레슨에 데리고 갔다. 레슨은 아마 한 사람당 10분도 채 되지 않는 매우 짧은 시간이었던 듯하다. 그 잠깐

동안 레슨을 받으려고 어머니는 자기 몸도 제대로 가누지 못하는 어린 꼬맹이 둘을 데리고 몇 시간 동안이나 머나먼 길을 대중교통으로 힘겹게 오가셨던 것이다. 지금 생각해보니, 그 열정이 참으로 놀랍다. 그때 어머니는 얼마나 고생스러우셨을까.

어머니가 운전 기술을 익힌 뒤로 우리는 바이올린을 배우러 목동까지 갔다. 어머니는 항상 불안해하며 운전을 했지만, 나는 아랑곳하지 않고 매번 뒷자리에 누워 꿈나라를 헤매기 일쑤였다. 바이올린 선생님은 어머니가 교회 청년부 시절에 알고 지내던 언니라고 했다.

레슨이 끝나면 곧바로 어머니의 레슨이 시작되었는데, 그럴 때는 나는 그 집 거실에 있는 일간지를 뒤적이곤 했다. 신문은 항상 뒤에서부터 봤는데, 좋아하는 스포츠면이 거기에 있었기 때문이다. 집에 가기 전 우리는 종종 포장마차에 들렀다. 떡볶이 국물에 오징어튀김을 찍어 먹는 것이, 내가 바이올린을 배우는 날을 손꼽아 기다리게 만드는 유일한 낙이었다.

선생님은 조금 무서웠기 때문에 연습해 가지 않은 날에는 진땀이 났다. 어머니는 항상 내가 레슨을 받을 때면 옆에 앉아 선생님이 말씀하시는 것을 받아 적었다. 그리고 집에 오면 공책에 동그라미를 그려 숙제를 내주었다. 예를 들면 '사냥꾼의 합창 다섯 번', '호만 연습곡 다섯 번', '비브라토 연습 다섯 번' 같은 것들이었다.

그런데 희한하게 연습을 해 가지 않았는데도 선생님이 칭찬해 주실 때가 있었다. 그런 경우가 몇 번 생기자 연습을 하라는 어머니 잔소리에 이렇게 답했다. "엄마, 오히려 연습을 안 해 간 날이면 선생님이 잘 한다고 칭찬해주셔요!" 그것도 잠시, 집안 형편상 꾸준히 배울 순 없었다. 중간에 몇 년을 쉬었고, 그러다 선생님이 연결되면 또 배우는 식이었다. 잘 기억나진 않지만 레슨이 없으면 무척 기분이 좋았던 것 같다. 연습을 안 해도 되니 말이다.

바이올린이 조금 재미있어진 것은 오케스트라에 들어가면서였다. '아니, 악기들이 서로 어우러져서 이렇게 아름다운 소리를 낼 수 있다니!' 그러나 매주 살얼음판을 걷는 것 같기도 했다. 악보를 제대로 소화해내지 못하면 곧바로 자리를 바꾸어야 했기 때문이다. 오케스트라는 잘하는 사람일수록 앞에 앉게 되는데 내가 지목이라도 당해 뒤로 밀려나면 기분이 썩 좋지 않았다. 그러면 다시 앞으로 갈 날만을 벼르곤 했다. 조금씩 경쟁의식도 발동했지만, 음악을 하는 다른 친구들과 친해지면서 점점 재미를 붙여갔다.

그 무렵 나는 오디션을 보고 어느 재능 기부 단체에 들어갔다. 음악을 가르치는 선생님들이 모여 아이들을 위해 재능 기부를 하는 곳이었다. 생애 처음으로 수준 높은 레슨을 꾸준히 받으면서 실력도 일취월장했다. 만약 그때부터 꾸준히 연습했다면 지금쯤 전문 연주자가 되었을지도 모른다. 그러나 나에게는 음악보다 재미있는 것들이 많았고, 특히나 끝도 없이 연습만 해야 하는 시간은 그야말로 고역이었다. 선생님에게는 매번 연습을 더해 오라고 혼나기 일쑤였고, 레슨이 끝나면 하염없이 눈물이 흘러내리는 날도 있었다. 결국 그때 바이올린을 접고, 다니던 오케스트라도 그만두고 말았다. 그러나 완전히 이별을 고한 것은 아니었다. 종종 교회나 홈스쿨 모임에서 연주를 했고, 명절 때는 플루트를 부는 동생과 함께 할아버지에게 음악을 선물하기도 했다.

외할아버지는 아직도 하모니카를 불고 아코디언을 연주하고 노래도 잘 부르신다. 우리가 할아버지 댁에 갈 때면 합주를 제안하시곤 하는데, 흥에 겨워 신명이 나시면 찬송가부터 시작해 흘러간 옛 노래에 이르기까지 손주들과 협연으로 금세 작은 음악회가 열리곤 한다. 평생 음악을 좋아하셨지만 현실의 무게에 떠밀려 잠시 끼를 묻어두고 사셨는데 손주들이 악기를 하니 그보다 더 큰 기쁨이 없으신 모양이다.

그렇게 시간이 흐르자 가끔씩 나에게 바이올린을 가르쳐달라는 요청이 들어오기도 했다. 과연 내가 누구를 가르칠 수 있을까 망설였지만, 용돈도 벌고 선생님으로서 자질도 시험해볼 좋은 기회라고 생각했다. 나의 첫 제자는 조그만 친척 동생과 그 단짝 친구, 이렇게 두 명이었다. 각각 30분씩 짧은 레슨이었지만 아이들은 집중력을 제대로 발휘하지 못했다. 나도 힘들고 아이들도 힘들었다. 굉장히 어려운 데다 단기간에 멋진 소리를 낼 수 없는 현악기는 아이들의 흥미를 금세 잡아끌지 못했다.

그러니 배우는 친구들의 성격이나 성향을 이해해서 가르치는 방법도 고민해야 했고, 틈만 나면 바닥에 드러눕는 아이들의 기분도 맞춰주어야 했다. 가끔씩 답답하고 이해하지 못하는 부분도 많이 있었다. 조금 크고 나서야 깨달았다. '아이고, 지금까지 나에게 이것저것 가르쳐주시느라 부모님과 선생님은 얼마나 힘드셨을까!'

숱한 우여곡절이 있었지만, 그럼에도 항상 느끼곤 한다. 음악은 우리 삶을 풍요롭게 해준다는 사실을. 기쁘거나 슬프거나 내 마음을 거리낌 없이 쏟아놓을 수 있는 친구가 있어 얼마나 다행인지 모른다. 지금까지 많은 어려움 가운데서도 묵묵히 인내하신 우리 부모님과 선생님의 노고에 다시 한번 큰 박수를 보낸다.

우리 가족 영어 공부 비결은
날마다 조금씩

한국 사람이라면 누구나 영어 때문에 골머리를 앓았던 경험이 한 번쯤은 있을 것이다. 발음부터 시작해서 어휘, 문법, 듣기까지 우리를 괴롭히는 문제는 한두 가지가 아니다. 그럼에도 다들 필사적으로 영어에 매달리는 이유는 한국 사회에서 영어가 가지는 의미가 그만큼 특별하고 복합적이기 때문일 테다. 영어는 때로 지위가 되기도 하고, 권력이 되기도 하고, 신분이 되기도 한다. 또한 더 높은 곳을 향해 나아가는 데 결정적 디딤돌이나 걸림돌이 되는 경우도 허다하다. 가끔 스스로에게 그것이 과연 정당한지 묻곤 하지만 뾰족한 답이 나오는 건 아니다. 그저 사회가 요구하니 공부를 하는 수밖에.

내가 영어와 처음으로 인연을 맺은 것은 유치원에 다닐 무렵이었다. 그때 나는 한글도 제대로 읽고 쓰지 못하는 상태였기 때문에, 선생님이 가르쳐주는 발음이 무척이나 어렵게 느껴졌다. 우리는 굿모닝, 굿애프터눈, 굿나잇 같은 간단한 인사말을 익히고, 곧바로 영어 낱말들을 배우기 시작했다. 선생님이 영어책에 나오는 단어를 읽어주면 우리는 큰 소리로 따라 했다. "애쁠! 캐럿! 버내너!" 나는 며칠 전에도 먹은 바나나를 떠올리며 한국말의 우수성에 감탄했다. '이야, 미국 사람들이 한국말을 따라 하기도 하는구나. 아니면 이렇게 똑같을 리가 없는데……' 물론 그 뿌듯함은 얼마 지나지 않아 실망으로 바뀌었다.

온 가족이 홈스쿨을 시작하기로 결정하고 내가 유치원을 그만두자, 어머니는 고민에 빠졌다. 다른 과목은 어느 정도 본인이 가르쳐줄 수 있지만, 영어가 문제였던 것이다. 영어가 필요하긴 한데 따로 배울 수는 없고, 어찌할까 고민하다 어떻게든 어머니 본인이 직접 공부해 아이들을 가르치기로 했다. 어머니는 미국 홈스쿨 가정들이 사용하는 교재를 구입해 열심히 혼자서 내용을 익혔다.

그렇게 몇 달이 지난 후, 어머니는 우리에게 본격적으로 영어를 가르치기 시작했다. 처음에는 알파벳을 공부했고, 그다음에는 영어를 읽는 법, 곧 파닉스Phonics를 배웠다. 매일 아침 나와 동생은 CD를 들으며 큰 소리로 따라 했다. "AE says A! AI says A! AY says A!"

우리는 땀을 뻘뻘 흘리면서도 엄청난 집중력을 발휘했는데, 단지 영어가 좋아서라기보다는, 공부를 마친 사람에게 달콤한 코코아라는 보상이 기다리고 있기 때문이었다. 우리가 열심히 하는 날이면 어머니가 코코아를 컵에 가득 채워 주시곤 했는데, 그때마다 영어를 더 열심히 해야겠다는 마음이 샘솟았다. 물론 부작용도 나타났다. 코코아 가루가 다 떨어져 갈 무렵이면 그와 동시에 영어를 향한 열정도 서서히 식어버린다는 것이었다.

그래도 수업은 계속 이어졌다. 영어를 그럭저럭 읽을 수 있게 되자, 우리는 쉬운 작문 책을 하나 마련했다. 거기에는 '그녀는 아름답다' 같은 문장이 적혀 있었는데, 그 밑에 영어로 'She is beautiful'이라고 쓰는 것이 숙제였다. 처음에는 단어를 하나하나 익혀야 해서 어려웠다. 그래도 이 책을 공부하면서 새로 알게 된 점이 있다면 '음, 영어에는 과거, 현재, 미래가 있구나. 영어는 주어와 동사 다음에 목적어가 나오는구나' 같은 것들이었다. 그렇게 아주 약간의 문법을 알게 되었다.

그리고 얼마 지나지 않아 아버지는 초대형 뉴스를 발표했다. 미국 홈스쿨 가정이 사용하는 얇은 책자를 하나 가지고 오시더니 우리 집에서도 함께 공부하겠다는 것이었다. 물론 책자는 영어로 가득했고, 깨알 같은 글씨가 빼곡히 들어차 있었다. 속으로 내가 아는 몇 안 되는 영어 표현 중 하나를 나지막이 중얼거렸다. '오 마이 갓! 이걸 어느 세월에 끝낸단 말인가!' 언어, 역사, 과학, 법학, 의학, 이렇게 다섯 과목으로 구성된 『Wisdom Booklet』
은 총 54권까지 있었다. '이것을 우리 집에서 공부할 예정이라
니!' 나는 잔뜩 겁을 집어먹었다.

그래도 시작은 나름 괜찮았다. 아버지는 내가 베는 베개보다
두 배쯤 두꺼운 사전을 선물로 사주셨다. 이 사전은 당시로서는
드물게 색상이나 서체, 편집 디자인이 다채로웠고, 종이 느낌도
상당히 매끄러웠다. 가지고 있기만 해도 괜히 똑똑해진 기분이
드는 사전이었다.

그러나 기쁨은 하루도 채 가지 않았다. 자신 있게 사전을 펼쳤
지만, 찾으려는 단어가 아무리 노력해도 나오지 않는 것이었다.
안 그래도 서러운데 더욱 억울한 것은, 내가 찾을 때는 절대 나
오지 않던 단어가 아버지가 찾을 때는 곧바로 모습을 드러내는
것이 아닌가. 나는 이런 불공평한 사전을 북북 찢어버리고 싶다
고 생각하며 닭똥 같은 눈물을 뚝뚝 흘렸다.

이렇게 한바탕 사전과 씨름을 하고 난 몇 주 뒤, 드디어 나 혼
자서도 그럭저럭 사전을 사용할 수 있는 수준이 되었다. 그 말
인즉슨, 사전에서 찾고자 하는 단어를 발견할 수 있었다는 뜻이
다. 그러나 그것이 다는 아니었다. 일단 단어를 찾으면, 그 밑에
나오는 수없이 많은 뜻 중에서 가장 적합한 뜻을 하나 골라야
했다. 아버지는 늘 이렇게 강조했다. "하영아, 단어는 물론 1번에
나오는 뜻이 가장 중요하긴 하지만, 어느 하나도 빼놓지 말고 끝

까지 다 꼼꼼하게 읽어보고, 그중에서 가장 적합한 것을 골라야 한다."

나는 『Wisdom Booklet』의 문장들을 일일이 공책에 옮겨 쓰고, 아래에는 모르는 단어들을, 옆에는 뜻을 적어놓았다. 그렇게 한 문장에 나오는 단어를 다 찾는 데도 시간이 무척 오래 걸렸는데, 해야 할 일이 또 남아 있었다. 문장을 적고 단어까지 찾았으면, 그다음에는 문장을 해석할 차례였다.

아버지는 말했다. "하영아, 영어 문장을 대할 때는 직독직해의 원리, 그러니까 있는 순서대로 자연스럽게 해석하는 것이 가장 중요하단다. 먼저 주어를 찾고 본동사를 찾으면 나머지 부분은 저절로 이해할 수 있게 되지." 보통 주어는 그리 어렵지 않게 찾을 수 있었지만, 동사는 꼭꼭 숨어 나오지 않는 경우가 대부분이었다. 게다가 주어와 동사, 둘 다의 뜻을 가진 단어도 있었다. 문장이 길게 늘어져 동사가 많이 나오는 경우에는 어찌나 난감하던지. 그 많은 동사 중 도대체 어떻게 본동사를 찾아야 한단 말인가. 하루 종일 매달려도 한 문장을 해석하지 못할 때도 있었다. 아무리 봐도 모르겠는 단어들이 복잡하게 뒤섞인 문장이라니. 나도 모르는 사이에 눈앞이 또다시 뿌옇게 흐려졌다.

아침 영어 공부 시간은 온 가족이 함께 모여 진행했는데, 언제나 주역을 담당하는 사람은 아버지와 나였다. 내가 숙제를 해 오면, 이를 바탕으로 아버지의 열띤 강의가 이어졌다. 우리는 방 벽

에 전지를 붙이고 그 위에 비닐을 덧붙여 큼지막한 간이 화이트
보드를 만들었다. 거기에는 글자가 끝없이 채워졌다가 다시 지
워지는 일이 반복되었다.

아버지는 주로 문장을 통째로 화이트보드에 옮겨 적고 강독
을 시작했다. 예컨대 이런 문장이었다.

Each church had a youth choir, and gradually, singing schools
developed to teach children to sing properly.

"자, 여기에서 본동사가 뭘까?"

나는 서둘러 공책을 뒤적였다. 어제 저녁에 해놓은 숙제를 보
니, 이 문장에는 동사가 자그마치 다섯 개나 있었다.

Had: Have의 과거

Singing: 노래하는

Develop: 발전시키다

Teach: 가르치다

Sing: 노래하다

나는 한참을 고민한 후 가장 그럴듯해 보이는 동사를 골랐다.

"Teach가 아닐까요?"

"왜 그렇지?"

"왠지 그럴 것 같은데요."

"하영아, 아빠가 to 다음에 오는 것은 본동사가 될 수 없다고 몇 번이나 말했니? 다시 한번 찾아보거라."

그렇게 또 한참이 흐르고, 아버지가 다시 말문을 열었다.

"아들, 본동사가 뭐지?"

"Develop 같아요."

"아들아, 주어 바로 다음에 동사가 있다고 했잖아."

"Singing schools가 주어잖아요!"

"아니야. 문장을 맨 처음부터 찬찬히 살펴보고 다시 주어부터 찾아보거라."

이런 과정이 몇 차례 반복되면, 아버지는 안타까운 표정으로 한숨을 내쉬었고, 내 눈에서는 금방이라도 눈물이 떨어질 것처럼 주렁주렁 매달렸다. 그럴 때는 이따금씩 아버지에게 성질을 부리기도 했고, 하루 종일 서로 좋지 않은 감정으로 지내기도 했다. 아버지에게도, 나에게도, 처음 얼마간은 분명 힘겨운 시간들이었다. 주어와 동사를 찾는 데만도 많은 시간을 보내야 했으니 말이다. 적어도 이 시절만큼 나에게 영어는 눈물의 언어였다. 내 인생에서 흘린 눈물의 반은 아마 그때 흘린 눈물이었으리라.

그러나 우리는 포기하지 않았다. 정확히 말하자면, 나는 포기하고 싶은 적이 많았지만 포기할 수 없었다. 매일 조금씩이라도 주어와 동사를 찾아 해석을 해야 했고, 매일 아침 그것을 점검하는 시간이 나를 기다리고 있었기 때문이다. 그런 과정을 수도 없이 되풀이하면서 아주 조금씩 발전해나갔다. 그리고 영어 실력이 점차 늘어감과 동시에, 책자의 내용에도 흥미를 느끼기 시작했다.

내가 가장 좋아한 과목은 법학과 의학이었다. 법학에서는 주로 성경 이야기를 중심으로 법의 기본 원리를 가르쳐주었다. 예를 들면, 솔로몬의 재판과 반대신문 같은 개념을 연관 지어 설명하는 것이다. 의학에는 주로 몸과 관련된 이야기가 등장했다. 시상하부의 기능, 면역체계, 신진대사 등등에 대해 배우며 우리 몸이 얼마나 정교하게 작동하는지 깨닫고서 감탄에 감탄을 거듭할 수밖에 없었다.

『Wisdom Booklet』은 미국에서 보통 한 달에 한 권을 끝내도록 만들어진 얇은 책자이지만, 우리 가족 같은 경우는 일 년에 한 권 정도를 끝내곤 했다. 이렇게 거북이걸음으로 공부하는 바람에 우리가 6권까지 마치는 데는 7년이라는 세월이 걸렸다. 그러나 6권을 끝낼 무렵에는 영어 문장 해석 실력이 눈에 띄게 좋아져 있었다. 우리 가족의 영어 공부 비결은 날마다 조금씩 하는 것이었다. 당장 커다란 욕심을 내지 않는 것. 그렇게 하루하루가 쌓이자 영어에 대한 감각이 조금씩 생기고 근육이 붙기 시작했다. 지난한 세월이었다.

돌이켜보면 나는 따로 단어 책을 사서 억지로 외워본 기억이 없다. 물론 그것이 필요할 때도 있긴 하다. 그러나 그때그때 문장에서 접한 단어를 찾아보며 뜻을 알아가는 것이 더 좋은 방법인 듯하다. 일단 그 언어를 많이 접하는 것이 상책이다. 억지로 외운 단어는 금방 잊어버리기 때문이다.

우리가 한 공부는 언어의 근육을 만드는 것이었다. 시험을 위한 단기간의 암기식 벼락치기가 아니었다. 아무런 근육이 없으면 더 깊이 들어가지도 못하고 허약해서 쓰러질 수밖에 없다. 일단 한 가지 언어를 할 수 있으면 다른 언어도 더 쉽게 할 수 있다. 근육을 만드는 방법은 그저 운동하듯 조금씩이라도 꾸준히 하는 수밖에 없다.

고2 나이가 되던 2015년을 마무리하며 나는 처음으로 토익이라는 시험을 쳤다. 생애 최초로 공부해본 영어 시험이었다. 사실 점수에 큰 미련을 두지 않았기에 준비는 그다지 많이 하지 않았다. 몇 달 전 같은 시험을 친 경험이 있는 아버지는 말했다. "하영이는 아마 700점 정도 나올 것 같다. 하긴 800점대만 맞아도 준수한 거지!" 내가 여태까지 한 번도 이런 시험을 본 적이 없고 또 공부도 그다지 열심히 하지 않는 것을 보고 하신 말씀이다. 토익 시험을 보고, 한 달 뒤 결과가 발표되었을 때 정말 눈을 의심할 수밖에 없었다. 990점 만점에 985점이 나온 것이다. 순간 너무 당황한 나머지 실력이 아닌 실수로 정답을 찍어서 점수가 잘 나온 것일까 생각했다.

그러나 곰곰이 생각해보면 이것은 내가 여태까지 꾸준히 갈고닦은 언어 근육 덕분이었다. 물론 시험만 대비해 공부하려 했으면 어려웠겠지만 언어에 대한 감각과 근육 덕분에 좋은 성적을 거둘 수 있었던 것이다. 언어는 매일 조금씩 꾸준히 하는 것이 중요하다. 다른 왕도는 없는 것 같다.

고삐 풀린 망아지가 받은 성품 훈련

요즘 들어 나를 알게 된 사람들은 나의 어린 시절이 지금 모습과 비슷했을 거라고 생각한다. 조용하고 얌전하고 내성적이고. 그러나 사실 나는 수년 전까지만 해도 꽤나 이름을 날리던 악동이었다. 구체적으로 어떤 악행을 저질렀는지 잘 기억나진 않지만, 오랜 지인들을 만날 때면 내가 엄청난 개구쟁이였다는 사실을 새삼 깨닫곤 한다. 사람들이 하나같이 "아니, 네가 그 말썽꾸러기였던 하영이란 말이야?"라며 놀라움을 금치 못하기 때문이다. 그렇다. 나도 알고 있다. 그 휘황찬란했던 과거를. 끓어오르는 에너지를 주체할 수 없던 그 시절을 말이다. 지금의 새로운 모습으로 탈바꿈하기까지 우리 가족에게는 수많은 이야기가 숨어 있다. 부모님과 나, 우리 모두를 둘러싼 이야기 말이다.

정확히 언제부터인지는 기억할 수 없지만, 나는 승부욕이 강한 아이로 유명했다. 특히 축구 경기를 할 때면 승부욕은 더욱 활활 타올랐다. 내가 속한 편이 이기는 날에는 하늘로 날아갈 듯 기뻤지만, 우리 편이 지는 날이면 기어이 울음을 터뜨리고야 말았다. 나는 씩씩거리며 패배의 원흉을 노려보는 동시에 말했다. "쟤 때문에 졌어요!"

그러면 아버지는 이렇게 타일렀다. "아들아, 한낱 축구 경기에 일희일비하지 말거라. 이번에 졌지만 다음에 이길 수 있는 것이고, 이번에 이겨도 또 다음에 질 수 있는 거야. 네가 우리 사회의 불공평한 일에 관심을 가지고 분노한다면 수긍이 되지만, 이처럼 조그만 일에 분노하면서 울분을 터뜨리다니……. 서로 재미있는 시간을 가지면서 정정당당하게 경기를 한 것인데 이렇게 화를 내고 미워하면 이제 축구를 하기 어렵겠는걸."

그러나 아버지의 말은 하나도 귀에 들어오지 않았고, 울분과 분노는 집에 와서까지도 풀리지 않았다. 저녁을 먹고, 이불 속에 누워서도 아까의 경기 장면들이 끝없이 머릿속을 맴돌았다. '거기서 그놈만 아니었으면 골을 먹지 않는 건데!' 울적한 기분은 다음 날이 한참 지나서야 조금씩 진정될 기미를 보였다.

이런 내 승부욕은 곧 다른 아이들에게도 영향을 미쳤다. 나의 과격한 플레이로 부상을 입는 친구들이 발생하기 시작한 것이다. 그래도 멈추지 않았다. 평소에 주로 공격수를 맡았지만, 포지션은 큰 의미가 없었다. 우리 팀이 골을 빼앗길 때면 수비 진영 깊숙이까지 내려왔다. 골을 먹는 것을 절대 지켜만 볼 수 없었기 때문이다. 그러다 우리가 다시 공을 잡으면 공격 진영으로 올라가곤 했다. 그러니 한 경기가 끝나면, 쉴 새 없이 운동장을 활보한 탓에 녹초가 되고 말았다. 또 하나 서글픈 사실은 그때까지만 해도 몸집이 작았기에 형들이 공을 잘 넘겨주지 않았다는 것이다. 그래도 나는 운동장을 열심히 뛰어다녔다. 이기면 행복했고 지면 우울했다.

이런 상황이 반복되자, 아버지는 적어도 홈스쿨 가족들끼리는 점수를 매기지 않는 운동을 하자고 제안했다. 예를 들면 야구나 배드민턴 같은 운동이었는데, 그래도 나는 속으로 점수를 따지며 내가 이길 때면 즐거워하곤 했다. 그러나 문제는 정작 집중력을 발휘해야 할 때는 최대한 딴청을 피우며 제대로 말을 듣지 않았다는 것이다. 그 대표적인 사건이 어느 날인가 태권도장에서 모임을 가질 때 발생했다. 당시 몇몇 홈스쿨하는 가정들이 함께 태권도 수업을 열었는데, 우리가 모신 사범님은 말을 잘 듣지 않는 아이들을 회초리로 때리면서 엄하게 다스리는 무서운 분이었다.

나는 처음에는 사범님 말씀을 잘 듣는 척했지만, 얼마 지나지 않아 하라는 동작을 하지 않고 무리에서 벗어나 고삐 풀린 망아지처럼 도장을 이리저리 뛰어다니기 시작했다. 사범님은 겁도

주고 혼내기도 했지만 별 효과를 발휘하지 못했다. 그래서 마침 내 두 손 두 발을 다 들고 포기하기에 이르렀다. 그다음부터 나는 많은 아이들 중 혼자 수업에 참여하지 않고 도장 뒤편을 마음 내키는 대로 이리저리 뛰어다녔다. 물론 부모님이 한쪽에서 엄한 눈초리로 지켜보고 있었지만 아랑곳하지 않았다. 나를 제지할 사람은 아무도 없었다.

예상한 대로 수업이 끝나고 나서 꽤 오랫동안 부모님께 꾸중을 들었다. 하지만 별로 대수롭지 않게 생각했다. 오죽하면 내 별명이 청개구리 소년이었을까! 부모님 말씀을 잘 듣지 않는다 하여 아버지가 지어준 별명이었다. 나를 구슬리고 혼내고 타이르는 방법이 모두 효과를 보이지 않자, 부모님은 내가 상상치도 못한 특단의 조치를 취하기로 결정했다. 그것은 일종의 충격요법이었는데, 바로 집에 가는 길에 나를 경찰서 앞에 내려놓은 것이었다. 나는 경찰서에는 절대 갈 수 없다며 울고불고 소리를 질렀다. 부모님은 말 안 듣는 어린이는 경찰 아저씨에게 혼나야 한다는 말을 남기고 차 문을 쾅 닫았다. 그리고 눈앞에서 사라졌다.

나는 급작스러운 상황에 당황한 나머지 펑펑 눈물을 쏟았다. 그 짧은 순간에 경찰 아저씨가 나를 잡으러 오면 목숨을 걸고 도망쳐야 할지, 아니면 순순히 잡히는 것이 좋을지 온갖 생각이 머릿속을 스쳐 지나갔다. 그러나 얼마 지나지 않아 눈 앞을 가리는 희뿌연 눈물 속에 익숙한 형체 하나가 보였다. 바로 우리 차

흰색 크레도스였다. 아버지는 창문을 열고 말했다. "하영이, 어여 타거라!" 나는 뒷자리에 가만히 앉아 집에 도착할 때까지 입을 꾹 다물고 있었다.

그 사건이 벌어질 무렵 부모님은 말썽꾸러기 아들 때문에 무척 고민을 많이 했다고 한다. 그렇게 해서 우리 집에 등장한 것이 바로 '성품 훈련'이었다. 우리는 49가지 성품이 수록된 책자를 사용해 훈련하기 시작했다. 가장 먼저 들여다본 성품은 경청. 경청의 정의는 '나의 모든 것을 집중하여 상대방이나 업무에 그 가치를 보여주는 것'이었다. 우리는 다 함께 그 정의를 암송했다. 하지만 경청의 정의를 큰 소리로 읽으면서도 나는 내심 다른 생각을 하고 있었다. '맞는 말인 것 같긴 한데 이를 무슨 수로 지킨담? 나의 모든 것을 집중하는 것이 과연 가능한 일일까?'

그러나 책에 나온 동물들의 이야기를 읽으며 조금씩 생각이 달라졌다. 경청을 대표하는 동물은 사슴이었는데, 책에는 그림과 함께 이런 내용이 적혀 있었다. '사슴에게 있어 경청은 삶과 죽음의 문제이다. 물을 마실 때도, 풀을 뜯어 먹을 때도 사슴은 항상 귀를 쫑긋 세우고 있다. 그렇게 경청을 하지 않으면 꼼짝없이 사자에게 잡아먹히고 만다.'

경청하지 않으면 죽을 수도 있다니! 이것은 단지 말을 잘 듣고 안 듣는 문제가 아니라, 누군가에게는 생사가 달린 매우 중대한 문제였던 것이다. 이처럼 부모님이 읽어주신 동물들의 이야기는 말썽꾸러기 소년에게 신선한 충격을 안겨주었다.

경청의 정의를 암송하고 동물들의 이야기까지 배우고 나면 그 페이지의 가장 아래쪽에 있는 '나의 결심'을 소리 내어 읽었다.

1. 사람들이 나에게 말할 때 그들을 바라보겠다.
2. 내가 잘 이해할 수 없으면 질문하겠다.
3. 똑바른 자세로 앉거나 서겠다.
4. 내 자신에게 관심을 집중시키지 않겠다.
5. 눈, 귀, 손, 다리와 입을 산만하게 하지 않겠다.

솔직히 이 다섯 가지 결심을 지키는 것은 쉬운 일이 아니었다. 우선 사람들이 말할 때 시선을 맞추는 것부터가 문제였는데, 나는 사람들과 눈을 마주치는 것이 왠지 꺼림칙하고 때로는 무섭게까지 느껴졌던 것이다. 그래서 누군가와 이야기할 때마다 눈을 내리깔며 시선을 회피하곤 했는데, 이제는 상대방을 똑바로 쳐다보며 경청하는 모습을 보여주어야 했다. 처음 한동안은 정말 어려운 일이었다.

똑바른 자세를 유지하는 것 역시 힘들기는 마찬가지. 특히 교회에서 목사님 설교를 들을 때면 얼마나 졸음이 몰려오던지, 수시로 하품이 나오고 시도 때도 없이 기지개를 켜고 싶었다. 그럴 때면 성경책을 덮고 손가락을 꿈틀거리며 혼자만의 장난에 몰두하곤 했다. 그러나 이제는 곧은 자세를 유지하며 될 수 있으면 목사님의 눈을 쳐다보려고 노력했다.

이러한 실천 사항들이 나와 동생에게만 적용되는 것은 아니었다. 온 가족이 함께하는 성품 훈련이니만큼 부모님도 예외가 될 수 없었다. 예를 들어 용서를 배울 때, 부모님은 화를 내지 않겠다는 결심을 해야 했다. 자녀를 훈계하더라도 친절하게 미소를 지으며 훈계하고, 신경질을 내지 않으며 대화해야 했다. 또한 자녀가 잘못한 것을 최대한 빨리 용서해주어야 했다.

예전에는 "임하영! 이리 와봐! 누가 이런 짓 하라고 했어? 이놈이 아주 그냥, 잘못했어, 안 했어? 오늘 엉덩이 좀 맞자!"라고 소리쳤다면, 이제는 "하영아, 엄마 말 좀 들어볼래? 오늘 네가 한 행동에 대해 어떻게 생각하니? 그 행동이 과연 옳은 것일까? 앞으로 그러지 않도록 엄마가 도와주려고 하는데, 하영이 생각에는 무슨 대가를 치러야 다음에 이런 일이 반복되지 않을 수 있을까?" 이렇게 상냥한 표정과 부드러운 말투로 아이들을 대해야만 했다. 물론 그것은 부모님께도 무척 어려운 일이었다. 왜냐하면 우리 부모님 세대도 그런 인격적인 방식으로 훈육을 받으며 성장하지는 않았기 때문이다.

그러나 점점 시간이 흐르자 우리의 배움과 노력은 일상 속으로 스며들어 습관이 되기 시작했다. 우리는 성품을 훈련할 때마다 몇 가지 규칙을 세웠고, 될 수 있으면 그것들을 지키려고 노력했다. 규칙은 아주 사소한 것들이었는데, 예를 들어 재미있게 갖고 놀았던 장난감을 깨끗이 정리한다든가, 누군가 우리에게 친절을 베풀면 곧바로 감사 표현을 하는 것, 부모님이 부르면 무엇을 하다가도 그 일을 멈추고 곧바로 "네" 하고 달려가 눈을 맞추고 경청하는 것 등이었다. 그렇게 우리는 예의범절과 삶의 중요한 가치들에 대해 배워갔고, 인생을 살아가는 태도에도 꽤 많은 변화가 생겨났다.

그 후 나는 축구 경기에서 져도 울지 않았다. 비록 잠시 속은 쓰렸지만 말이다. 부모님 말씀에도 대부분 순종했고, 상대방 이야기를 경청할 줄 아는 아이가 되었다. 지금처럼 정리된 내 모습이 존재하기까지 성품 배우기는 커다란 역할을 했다.

얼마 전 어린 시절부터 나를 잘 아는 목사님을 만나 뵐 기회가 있었다. 목사님은 별다른 말씀은 하지 않았지만, 여전히 미덥지 않다는 눈길로 나를 바라보셨다. 아직도 그분은 예전에 그 악명 높았던 내 모습을 떠올리고 계신 것이 틀림없었다. 그때 나는 이렇게 소리치고 싶었다. "목사님, 저 요즘에는 성격이 그리 나쁘지 않아요! 예전에 그토록 강조하시던 반듯한 성품의 아이가 되려고 열심히 노력했다니까요."

국경을 넘어 앓았던
성장통

열 살이 되던 해, 나는 인생살이가 그리 쉬운 것만은 아니라는 사실을 깨달았다. 십 대, 즉 두 자릿수 나이가 되었다는 기쁨도 잠시, 곧이어 찾아온 것은 아픔과 서러움이었다. 도대체 누가 열 살더러 세상을 알 만한 나이라고 했던가. 세상일은 한 치 앞을 알 수 없었고, 그렇기에 인생을 살아가기는 더욱 힘들어 보였다. 정말 진퇴양난이었다.

　무엇보다 아래로부터 올라오는 거센 도전은 감당하기 힘들 정도였다. 예전에는 내 말을 순순히 따르던 동생이 기를 쓰고 대들기 시작한 것이다. 나는 이러한 도전에 정공법으로 강하게 대응했다. 예컨대 발차기나 꼬집기, 혹은 팔 꺾기 등등. 그러면 동생은 울음을 터뜨렸고, 아버지의 회초리는 여지없이 내 종아리에 떨어졌다. 시련은 여기서 그치지 않았다. 엎친 데 덮친 격으로 친척 누나 두 명이 우리 집에서 함께 홈스쿨을 하면서, 나는 서열 3위로 밀려나고 말았던 것이다. 부모님은 누나들과 막내를 챙기느라 나에게 별로 신경을 쓰지 않는 듯했고, 그러는 사이 여자 세 명이서 한통속이 되어 나를 골탕 먹이는 일이 계속 반복되는 것 같았다.

비가 추적추적 내리던 어느 날 밤, 집에서 쫓겨난 나는 현관에 앉아 인생이 참 서럽다고 생각했다. 내 처량한 신세를 생각하니 목이 메었고, 어느새 눈물이 뚝뚝 흘러내렸다. 입술 위로 떨어지는 짭짤한 액체를 핥으며 진지하게 고민했다. '이런 인생, 계속 살아야 하는 것일까? 내가 좋아하는 동화책 『마법의 설탕 두 조각』의 주인공처럼 부모님을 난쟁이로 만들어 성냥갑 속에 집어넣을 수 있다면 얼마나 좋을까. 그건 가능하지 않을 것 같으니 이참에 아예 집을 확 나가버릴까?'

바로 그 찰나에 아버지의 목소리가 들려왔다. 이제 들어와도 된다는 신호였다. 잠시 멈칫했지만 이내 집 안으로 발걸음을 옮겼다. 별로 내키진 않았지만, 달리 어쩔 수 없는 노릇이었다. 독립할 수 있을 때까지 참아내는 수밖에.

이렇게 하루하루를 아등바등 살아가던 나에게 더 큰 세상을 맛보여준 것은 그해 여름에 떠난 중국 여행이었다. 목적지는 중국 동북3성과 베이징으로 정해졌는데, 당시 홈스쿨 모임을 꾸려나가던 가정들이 수개월 동안 머리를 맞대고 고민하여 여행 일정을 짠 결과였다. 우리는 '중국 역사 문화 탐방'이라는 이름으로 우리 민족의 과거와 현재를 짚어보자는 심오한 목표를 가지고 한국을 떠났다.

당시에는 모든 것이 새롭고 재미있기만 했다. 이른 새벽 인천공항에서 비행기를 기다리던 일도, 흔들리는 기차 안에서 컵라면을 먹던 일도, 앞차의 사고로 버스에 열한 시간 동안이나 갇혀 있던 일도 그저 신기할 따름이었다. 내가 사는 나라 밖에 다른 나라가 있다는 것, 그곳에 다른 사회와 다른 문화가 존재한다는 것을 난생처음 직접 피부로 경험한 것도 바로 그때이다.

그러나 이 모든 기억을 뛰어넘는, 내 마음속에 깊이 아로새겨진 몇몇 장면들이 있다. 가장 먼저 머릿속에 떠오르는 풍경은 신의주를 마주 보고 있는 국경도시 단둥이다. 우리 일행은 여행 둘째 날 오전, 그곳에 도착하자마자 낡고 허름한 배에 몸을 실었다. 화장실 문을 열고 들어가니 갑판 바닥에 머리통만 한 구멍이 뚫려 있는 것이 전부였는데, 볼일을 보면 곧장 강으로 떨어지게 되어 있었다. 그래서인지 압록강은 무척이나 지저분하고 더러웠다.

배의 한쪽 구석에서는 북한 우표와 기념품을 팔고 있었는데, 나는 우표책 표지에 새겨진 환하게 웃는 김일성의 얼굴을 한참 동안 바라보았다. 바깥으로 눈을 돌리니 한국전쟁 당시 끊어진

압록강 철교가 보였고, 강 너머로는 '21세기의 태양 김정일 장군 만세!'라는 표어가 눈에 띄었다.

황량한 민둥산에는 인적이 드물었지만, 그래도 사람이 간간이 보이긴 했다. 우리는 그쪽을 향해 있는 힘껏 손을 흔들었고, 그쪽에서도 우리를 보고 같이 손을 흔들어주었다. 왠지 모르게 가슴이 뭉클해졌다. 선장 아저씨는 너무 오래 있으면 안 된다며 서둘러 뱃머리를 돌렸다. 숙소로 돌아오는 내내 생각했다. '압록강은 왜 건널 수 없는 강일까? 왜 북한은 바라만 볼 수밖에 없는 나라일까? 우리와 같은 모습을 한 사람들이 거기 살고 있는데…… 도대체 왜?'

단둥에서 하룻밤을 묵은 뒤 고구려 유적들을 살펴보기 위해 지안으로 향했다. 뙤약볕이 내리쬐는 가운데 도착한 곳은 광개토대왕릉비. 중국의 세계문화유산으로 등재되었다는 안내판을 지나자 커다란 유리 건물이 나타났고, 그 속에 광개토대왕릉비가 있었다. 나는 비석의 크기에 감탄하며 옆에 계신 중국 선교사님에게 거기에 무엇이 적혀 있는지 물어보았다.

"여기에는 고구려의 역사와 광개토대왕의 업적에 대해 쓰여 있어. 그런데 예전에 일본 군인들이 석회를 발라 글씨를 지우거나 훼손해서 알아볼 수 없는 부분이 많아졌지. 그뿐 아니라 요즘 중국에서는 '동북공정'이라는 프로젝트를 진행하는 중인데, 거기에 따르면 고구려는 일개 중국의 변방 민족에 지나지 않아.

정말 무시무시하지 않니?" 우리와 동행하신 선교사님은 내가 물어보지 않은 것들까지 친절하게 답해주셨다. 선교사님이 말씀해주신 이야기는 모두 슬픈 내용이었기에 내 기분은 답변을 듣기 전보다 더욱 울적해졌다.

뒤이어 찾아간 광개토대왕릉은 더욱 상태가 좋지 않았다. 무덤 바깥에는 돌무더기가 마구잡이로 흩어져 있었고, 무덤 안쪽도 관리가 잘 되지 않아 어둡고 칙칙했다. 장군총은 그나마 사정이 조금 나은 듯했지만, 어수선하긴 마찬가지였다. 우리 역사와 문화가 이렇게 멸시당하고 있다는 것이 무척이나 속상했다. 해가 질 무렵 거의 방치되다시피 한 국내성과 환도산성 유적까지 둘러보고 나자 더욱 울화통이 치밀어 올랐다. 한편으로는 서글프기도 했다. 그리하여 이렇게 다짐했다. '언젠가 이 넓은 영토를 꼭 되찾고야 말겠어. 그래서 우리 조상님들께 자랑스러운 후손이 되어야지!'

우리는 지안을 떠나 야간열차에서 하루를 묵은 뒤, 백두산 북쪽의 작은 도시 이도백하에 도착했다. 거기서 끼니를 해결한 뒤 30분 정도 더 들어가니 백두산 들머리에 닿을 수 있었다. 정상으로는 지프차를 타고 올라갈 수 있었는데, 날이 궂어 빗방울이 후드득 창문에 부딪혔다.

불길한 예감은 정상에 도착하자 그대로 맞아떨어지고 말았다. 지프에서 내려 정상까지 오르는 길에는 눈보라가 세차게 몰아처 아버지를 붙잡지 않으면 날아갈 것만 같았고, 천지는 짙게 드리운 안개 속으로 꽁꽁 모습을 감추었다. 매서운 추위와 바람, 그리고 짙은 안개 탓에 제대로 백두산 천지를 감상하지도 못한 채, 부랴부랴 산에서 내려온 우리는 아쉬운 마음을 뒤로하고 연길행 버스에 몸을 실었다.

한참을 달리던 버스는 도중에 어느 길가에서 갑자기 멈춰 섰는데, 기사의 손짓을 보니 화장실이 급한 사람들은 밖으로 나가 볼일을 보고 오라는 것 같았다. 사람들은 서로 안 보이는 곳으로 뿔뿔이 흩어졌다. 그런데 우리가 바깥에서 볼일을 보고 있는 사이 버스 안에서는 한바탕 소란이 벌어졌다. '쾅' 하는 커다랗고 둔탁한 소리가 들렸고, 이윽고 어떤 남자가 코피를 흘리기 시작했다. 버스는 사람들이 서로 수군거리는 통에 소란스러워져 있었다.

잠시 후 박치기의 주인공이 밝혀졌는데, 그는 바로 가장 뒤에 앉은 조선족 청년이었다. 우리가 잠시 한눈을 파는 사이 차에 탄 소매치기 3인조가 기회를 노리고 있었는데, 그것을 지켜보고는 버스가 멈춘 사이 이 청년이 통쾌한 한 방을 날린 것이었다. 소매치기 3인조는 불의의 일격을 당한 뒤 황급히 버스에서 내려 도망치듯 어디론가 사라져버렸다.

사연을 접한 우리가 감사 인사를 전하자 청년은 이렇게 답했다. "아닙네다, 일없습네다." 나는 안전하게 목적지인 연길까지

갈 수 있도록 도와준 조선족 청년이 정말 멋진 사람이라고 생각했다.

그러나 그날 이후로 나는 소매치기에 대한 불필요한 강박관념에 사로잡히게 되었다. 연길, 장춘을 거쳐 북경으로 가는 기차에서 벌어진 일이다. 아버지와 나는 침대칸 3층에 누워 있었는데, 밑으로 계속 사람들이 왔다 갔다 하는 것이 보였다. 나는 소매치기가 우리 배낭을 훔쳐가지 않을까 걱정하면서 거의 뜬눈으로 밤을 지새웠다.

시간이 얼마나 지났을까, 기차의 불이 꺼졌는데도 나는 똑똑히 볼 수 있었다. 어떤 사람이 우리 칸 앞에서 머뭇거리더니 침대 밑바닥으로 손을 쓱 집어넣는 것을. 나는 서둘러 아버지를 깨웠다.

"아빠, 소매치기예요!"
아버지는 졸린 눈을 비비며 답했다. "으응? 소매치기라고?"
"소매치기가 맞다니까요! 소매치기가 내 신발을 훔쳐갔어요!"
"소매치기가 왜 신발을 훔쳐가겠어. 피곤하니까 얼른 자자."
"아니 진짜 내 신발을 훔쳐갔다니까요! 이제 내일은 신고 다닐 신발도 없어요!"

아버지는 마지못해 몸을 일으켰다. 우리는 밑에 잠들어 있는 사람들이 깨지 않도록 살금살금 사다리를 내려갔다. 다행히 내 찍찍이 신발은 제자리에 그대로 있었다. 조용히 3층으로 올라온 나는 그제야 겨우 잠에 빠져들 수 있었다. 그렇게 가슴을 졸인 기나긴 기차 여행 끝에 무사히 북경에 도착했고, 자금성과 만리 장성, 그리고 북경대학을 둘러보며 모든 여정을 마무리했다.

한국으로 돌아온 나는 본격적으로 역사에 관심을 가지기 시 작했고, 초등학교 고학년이 될 무렵에는 민족사관에 빠져들었 다. 역사 중에서도 특히 고대사에 심취했는데, 그 이유는 분명 우리 민족이 얼마나 위대한 민족이었는지 발견하고 싶어서였다. 나는 책 속에서 선조들과 함께 만주 벌판을 호령했고, 오랑캐들 을 격퇴했다. 영토는 계속해서 확장되었고, 태평성대는 사그라 질 기미가 보이지 않았다. 그것이 오늘날에도 이어지기를 간절 히 바랐다. 자연스레 내 꿈도 '간도와 녹둔도, 대마도 같은 잃어 버린 영토의 수복'이 되었다. 그 대업을 이루기 위해 용감하게 소 매치기를 한 방에 물리친 청년처럼 조선족들의 도움이 필요한 것은 당연한 일이었다.

중국 여행의 기억들은 너무도 뜨겁게 달아오른 나머지 살짝 건드리기만 해도 화상을 입을 것같이 강렬해졌다. 울분과 좌절, 민족주의와 애국심이 한데 뒤섞여 알 수 없는 짬뽕이 되었다. 수 년간 나의 독서를 이끌어간 것은 바로 이런 뜨거워진 감정이었 다. 민족의 우월성을 찾기 위해 역사책만 계속해서 파고들었던 것이다. 나는 발해가 탄생하는 것을 보며 짜릿함을 느꼈고, 이성계의 위화도 회군은 세기의 실수라고 생각했다. 효종과 숙종 때 북벌이 무산되자 안타까움을 금치 못했고, 어떻게 해서든 백두산정계비의 비밀을 파헤쳐보려 애를 썼다. 그러다 어느 순간 깨달았다. 히틀러도 일평생 나와 비슷한 생각을 했었다는 것을. 뜨거운 가슴에서 차가운 머리로 돌아오기까지는 자그마치 수년의 세월이 필요했다.

이제야 돌아보면 과연 이것이 옳았을까 하는 의문이 든다. 그러나 옳고 그름을 떠나 한 번쯤은 거쳐 가는 과정이지 않았을까 생각해본다. 말하자면 일종의 성장통인 셈이다. 이러한 성장통을 한바탕 겪고 나서 더 깊어지고, 더 단단해졌다. 열 살 때 여행을 다녀오지 않았다면 내 인생은 어떻게 변했을까? 잘 모르겠다. 다만 확실한 점은, 여행은 언제나 성장과 성숙의 계기를 마련해준다는 것. 중국 여행은 그렇게 철부지 꼬마 소년의 인생에 커다란 자취를 남겼다.

화폐를 수집하며
세계 역사를 배우다

나에게는 이모가 세 명, 그리고 삼촌이 한 명 있다. 그중 조카들 사이에서 가장 인기가 많은 사람은 어느 모로 보나 막내 이모다. 세대 차이도 가장 적은 데다 조카들을 알뜰살뜰 챙기는 막내 이모를 좋아하지 않을 사람은 적어도 외갓집에는 아무도 없을 것 같다. 내가 어릴 때만 해도 막내 이모는 할머니와 같이 살고 있었는데, 내가 초등학생이 될 무렵에는 이모부를 만나 결혼식을 올렸다. 결혼식 날 신부 대기실에서 바이올린을 연주하던 나는 갑자기 눈앞에서 어머니가 사라져 무척 당황했고, 너무 충격을 받은 나머지 펑펑 눈물을 흘리고 말았다. 갑작스러운 내 울음에, 신부를 비롯하여 모든 주변 사람들도 화들짝 놀라고 당황했단다. 한동안 머리에서 지우고 싶었던 부끄러운 기억이다.

막내 이모는 서울에 신혼집을 꾸며 살다가 얼마 후 우리 집과 가까운 일산으로 이사를 왔다. 그래서 우리는 오가는 길에 종종 이모네 집에 놀러 가곤 했다. 이모네 집에 간다는 소식이 전해지기만 하면 나와 동생은 기뻐서 어쩔 줄을 몰라 했다. 왜냐하면 그곳은 우리에게, 조금 과장을 덧붙이자면 지상낙원 같은 곳이었기 때문이다. 피자, 치킨, 라면처럼 집에서 쉽게 접할 수 없는 진기한 먹을거리들, 한시도 눈을 뗄 수 없는 재미있는 영화, 그리고 더할 나위 없이 친절한 이모와 이모부까지. 가끔 어머니에게 혼날 때마다 이런 생각이 들었다. '막내 이모네 집에서 태어났으면 얼마나 좋았을까!'

　그날도 우리는 여느 때와 마찬가지로 막내 이모네 집에서 즐거운 시간을 보내고 있었다. 어른들끼리 나름의 이야기꽃을 피웠고, 나는 집 안을 빙빙 돌며 재밌는 것이 없을까 찾아다니고 있었다. 한참을 서성거리다 책장 앞에 이르렀을 무렵, 저 구석에 상자 하나가 놓여 있는 것이 눈에 띄었다. 부모님께 남의 물건을 함부로 만지는 것은 잘못이라고 배웠지만, 이미 그 마력의 상자를 향해 손을 뻗는 중이었다.

　조심스럽게 뚜껑을 열었을 때 모습을 드러낸 것은 가지각색의 동전들이었다. 그중 하나를 손가락으로 집어 자세히 들여다보았다. 앞면에는 엘리자베스 여왕이, 뒷면에는 왕관을 쓴 사자 한 마리가 그려져 있었다. 서둘러 다른 동전들도 살펴보기 시작했다. 동전 속에 또 다른 동전이 들어가 있는 경우도 있었고, 한 가운데 구멍이 뚫린 것도 있었다. '내가 여태까지 알던 동전은 다보탑, 벼 이삭, 이순신 장군, 두루미가 그려진 네 가지 종류뿐이었는데, 세상에 이렇게 아름답고 다양한 종류의 동전들이 있다니!' 그 순간 곧바로 외국 동전을 모아야겠다고 결심했다.

　이모부는 방으로 들어오더니 미소를 지으며 동전을 몇 개 나누어주었다. 그러나 몇 개로는 전혀 성이 차지 않았다. 더 많은 동전을 갖고 싶었다. 이모부는 비록 겉으로 말하진 않았지만, 여러 해 전 기차에서 쪽잠을 자가며 힘겹게 다녀온 유럽 여행의 몇 안 남은 추억을 쉽게 빼앗길 수는 없다는 눈치였다. 그렇지만 나도 쉽게 포기할 수는 없었다. 그래서 이모부에게 최대한 간절한 눈빛을 지어 보였다. 그렇게 순간적으로 몇 초가 흐르자 이모부는 말했다. "그래, 그럼 같은 게 두 개씩 있는 동전은 골라서 가져도 된다." "야호!" 나의 첫 '동전 수집'은 그렇게 시작되었다.

　다음 날 나는 아버지에게도 혹시 외국 동전이 있는지 여쭤보았다. 우리는 함께 집을 구석구석 뒤져보았고, 영국, 홍콩, 미얀마 동전과 지폐가 담긴 조그만 꾸러미를 발견했다. '아니, 지폐가 동전보다 더 아름답잖아! 내가 왜 그 생각을 못 했던 것일까?' 나는 지폐의 화려함에 감탄하며, 이제 동전과 함께 지폐도 모으기로 마음을 정했다.

　앞으로 어떻게 화폐를 수집해야 할지 고민하던 나는 여기저기 인터넷을 돌아다니다 외국 돈을 파는 사이트를 발견했다. 곧장 아버지에게 달려가 이 소식을 알리고, 몇 가지 마음에 드는 화폐를 사도 되겠냐고 물어봤다. 그러자 아버지는 다음과 같은 조언을 해주었다. "하영아, 외국 화폐를 수집하는 것은 좋지만 되도록 그런 인터넷 사이트 같은 곳에서 돈을 주고 구입하진 않았으면 좋겠구나." 대신 아버지는 조금 색다른 방법으로 모아보는 것이 어떻겠냐고 제안했다. "우리가 알고 있는 사람들한테 한번 부탁해보는 건 어떨까? 그렇게 지인들과 더불어 우정과 친분을 쌓으며 차츰차츰 모아나가는 거지. 그게 훨씬 더 의미 있는 방법이 아닐까? 동전이나 지폐 하나하나에 하영이만의 특별한 이야기와 추억을 담아봐!" 나는 잠시 생각해본 뒤 "네"라고 대답했다. 애초에 돈을 많이 들여 화폐를 모을 생각은 아니었기 때문이다. 그러나 막상 사람들과 만났을 때 용기를 내어 그런 말을 꺼내는 것은 굉장히 어려운 일이었다.

처음 얼마간은 누군가에게 부탁하려다가도 '음, 다음에……'라며 미루는 일이 자주 발생했다. 어리고 내성적인 데다 수줍음까지 많이 타는 나에게는 결코 쉬운 일이 아니었던 것이다. 그러나 결국 눈을 질끈 감고 한번 도전해보기로 했다. 때마침 외국에 다녀온 사람을 만날 기회가 찾아왔기에 용기를 내어 말을 걸었다. "안녕하세요, 음, 제 취미가 외국 화폐를 수집하는 것인데요, 혹시 남는 동전이나 지폐가 있다면 저에게 주실 수 있나요?" 그분은 흔쾌히 지갑을 열어 호의를 베풀었고, 나는 날아갈 듯 기쁜 마음으로 새롭게 손에 넣은 지폐를 보고 또 보았다.

이렇게 몇 번의 성공을 거두자 점차 자신감을 얻게 되었다. 그로부터 얼마 뒤에는 처음 보는 외국인들에게도 스스럼없이 다가가 짧은 영어로 말을 거는 단계까지 이르렀다. 화폐 수집을 향한 열정은 불같이 타올랐고, 새로운 화폐를 얻기 위해서라면 어디든 달려갈 준비가 되어 있었다. 부모님은 소심한 아들의 변화에 깜짝 놀라며, 한편으로는 나를 절제시켜야겠다고 생각했다. 여기저기 다니며 만나는 사람들마다 '돈'을 달라고 하는 것이 매우 예의 없고 부적절해 보였던 것이다.

"하영아, 네가 외국 화폐를 모으는 것은 좋지만 그렇다고 아무나 붙들고 늘어지진 않으면 좋겠구나. 사람들을 대할 때는 예의와 정도를 지켜야지. 그리고 너를 보는 사람들이 어떻게 생각할지도 한번 상상해보거라. 겉으로는 웃으며 받아줄지 몰라도 속으로는 '돈만 밝히는 아이'라고 여길 수도 있지 않을까?" 생각해보니 맞는 이야기였다. 그래서 또 "네"라고 대답할 수밖에 없었다. 적절히 때와 장소를 가리는 것은 항상 중요한 일이었다.

한편 그동안 모은 화폐가 점점 늘어나면서 분류 작업을 시작해야 했다. 우선 커다란 수첩을 하나 골라 장부를 만들고, 어느 나라 화폐가 얼마나 있고, 또 누가 그것을 주었는지 기록했다. 기록을 마치면 동전은 필름 통에, 지폐는 사진첩에 넣어 장롱 속에 보관해두었다. 분류를 마치면 세계지도를 펼쳐놓고 내가 수집한 돈이 어느 나라에서 온 것인지 일일이 찾아보았다. 이름을 익히 아는 나라들도 있었지만, 니카라과나 기니, 카자흐스탄 같은 경우는 당시 나에게 생소한 이름들이었다. 그런 나라들을 지도에서 발견하기까지는 시간이 한참 걸렸다.

각 나라의 위치를 파악하면, 이제는 화폐 자체에 대해 연구할 차례였다. 대부분 화폐에는 그 나라를 대표하는 인물이 등장하는데, 물론 낯익은 사람도 있었지만 대다수는 들어보지 못한 이름들이었다. 그러면 백과사전과 인터넷을 뒤지며 그 인물이 어떤 일을 했고, 왜 그 일이 해당 국가에 중요했는지 알아보았다. 이는 훗날 역사나 과학을 공부할 때 나에게 엄청난 도움이 되었다. 왜냐하면 이때 살펴보았던 많은 이야기가 무척 친숙하게 다가왔기 때문이다. 이런 식으로 말이다. '오, 쑨원? 대만 동전에서 엄숙한 표정을 짓고 있는 그 아저씨!' '코페르니쿠스? 폴란드 지폐의 뽀글 머리 청년!'

역사책에 나오지 않는 인물을 탐구하는 재미도 쏠쏠했다. 필리핀 지폐에서는 베니그노 아키노 주니어 상원의원을, 태국 동전에서는 푸미폰 아둔야뎃 국왕을 알게 되었다. 성경으로만 읽던 이스라엘의 일곱 금 촛대가 실제로 어떻게 생겼는지 보았고, 다큐멘터리에서나 보던 앙코르와트를 한 손에 들고 감상할 수 있었다. 더 많은 화폐를 수집할수록 여러 나라와 인물, 문화유산에 대한 지식이 점점 쌓여갔다.

화폐 그 자체에도 재미있는 이야깃거리는 무수했다. 하루는 홍콩 지폐들을 살펴보다 궁금한 점이 생겼다. 원래 각국 화폐는 중앙은행에서 발행하기 마련인데, 홍콩의 경우 은행권을 발행하는 기관이 자그마치 네 개나 있었던 것이다. 그중 두 곳은 한국으로 치면 신한은행이나 우리은행 같은 민간은행이기까지 했다. 도대체 왜 그런 것일까?

그 이유는 무척이나 흥미로웠다. 잘 알려졌듯이, 홍콩은 1842년 청나라가 아편전쟁에서 패하며 영국 소유가 되었다. 그 20년 후인 1860년대 최초의 은행권이 홍콩에 등장했는데, 모두 영국계 민간은행에서 발행한 것이었다. 왜냐하면 당시만 해도 영국에서는 민간은행이 자신의 지불 능력에 따라 자유롭게 은행권을 발행할 수 있었기 때문이다.

이러한 상황이 변화를 맞은 것은 1935년이다. 홍콩 정부는 새로운 화폐 조례를 통해 세 군데 은행에다 화폐를 발행할 수 있는 권한을 '공식적으로' 부여했다. 그 세 은행의 이름은 상업은행 Mercantile Bank, 차타드은행Chartered Bank, 그리고 홍콩상하이은행 Hongkong and Shanghai Banking Corporation이었다. 여기에 더해 정부도 자체적으로 화폐를 발행하기 시작하면서 은행권을 발행하는 기관은 총 네 군데가 되었다. 훗날 상업은행이 홍콩상하이은행에 인수되면서 화폐 발행을 중단하지만, 중국은행이 새롭게 화폐를 발행할 수 있는 은행으로 지정되면서 홍콩에서 은행권을 발행하는 곳은 여전히 네 군데로 유지되었다. 이러한 시스템은 지금까지 이어져 현재 홍콩의 은행권을 발행하는 곳이 홍콩상하이은행, 스탠다드차타드은행, 중국은행, 홍콩금융관리국, 이렇게 네 군데가 되었다. 이처럼 각국 화폐에 얽힌 재미난 이야기들은 알면 알수록 흥미로웠다.

시간이 흘러감에 따라 돈에 대한 관심은 점차 돈의 흐름에 대한 관심으로 이어졌다. '왜 어느 나라 돈은 값이 나가고, 또 다른 나라 돈은 그렇지 않은 거지?' '왜 환율은 어느 날엔 오르고, 또 어느 날엔 내리는 것일까?' 그리고 이러한 의문은 나중에 경제에 관심을 가지는 결정적 계기가 되었다.

나에게 있어 화폐란 무엇이었을까? 지금 생각해보면 그것은 세상을 향한 문을 열어준 조그만 열쇠였다. 그 문을 열고 들어선 순간, 여태까지 상상하지도 못한 세계가 펼쳐졌다. 세계 각국의 역사와 문화, 인물들을 이렇게 재미있게 공부할 수 있는 방법이 어디에 또 있을까.

나는 지금도 주변의 동생들을 만날 때면 취미로 외국 화폐를 모아보라고 이야기하곤 한다. 물론 무작정 사 모으지 말고 주변에 외국 화폐를 가지고 있을 만한 사람을 먼저 찾아보라고 권한다. 그러면 생각지도 못한 멋진 동전이나 지폐를 얻을 수 있을뿐더러 운이 좋다면 그 돈에 관련된 재미있는 이야기도 들을 수 있을 것이다. 집에 돌아와선 거기에 그려진 인물이나 역사를 공부할 수 있으니 일석삼조의 취미인 셈이다. 더 나아가 화폐를 매개로 남녀노소 많은 친구들을 만날 수 있고, 잘 하면 계속해서 좋은 관계를 이어갈 수 있으니, 꿩 먹고 알 먹는 셈이다. 다만 주의할 점이 있다면, 지폐나 동전을 만진 뒤에는 손을 깨끗이 씻어야 한다. 그렇지 않을 경우 손가락에 세계 각국의 세균이 득실거릴지도…….

세뱃돈 투자해 시작한
장수풍뎅이 사업

모든 일은 애벌레 한 마리에서부터 시작되었다. 아주 조그만 애벌레였다. 이 애벌레는 친구네 집에 머무르다 어느 날 느닷없이 우리 식구가 되었는데, 무서운 속도로 톱밥을 먹어치우더니 순식간에 덩치가 불어났고, 얼마 뒤에는 허물을 벗고 번데기가 되었다. 식구들의 부주의로 번데기방이 부서지는 참사가 발생했지만, 어려운 상황을 묵묵히 견뎌낸 애벌레는 드디어 번데기에서 나와 멋진 장수풍뎅이 수컷으로 변했다. 얼마나 감격스럽던지, 그때 기분은 아직도 잊을 수 없다.

우리는 서둘러 성충이 된 장수풍뎅이에게 새로운 보금자리를 만들어주었다. 혹여 심심하기라도 할까 봐 곤충 농장에서 아름다운 짝도 한 마리 구해주었다. 둘은 평소에는 서로 거들떠보지도 않고 지내는 듯하더니, 어느 날 보니 격렬한 애정 행각을 벌였다. 그 신비로운 장면을 한참 들여다보다 마침 옆에 지나가는 아버지에게 말을 걸었다. "아빠, 얘네 좀 봐요! 이제 짝짓기도 하나 봐요!" 아버지는 알 수 없는 미소를 지어 보인 후 별말씀 없이 그대로 사라졌다.

얼마 지나지 않아 사육 통 톱밥 속에는 하얗고 조그만 알갱이들이 생겨났다. 바로 수컷과 암컷의 사랑이 결실을 맺은 것이다. 나는 부랴부랴 아버지에게 부탁해 『사슴벌레·장수풍뎅이 키우기』라는 책을 구입하여 빠른 속도로 읽어 내려갔다. 다행히 장수풍뎅이 애벌레는 키우기가 그리 까다롭지 않다고 했다. 통을 구해 톱밥과 알을 넣고, 가끔씩 분무기로 물을 뿌려주는 것이 내가 할 일의 전부였다. 그런데 이를 어쩐다, 알을 모아보니 마흔 개는 족히 넘어 보였다. 장수풍뎅이 암컷이 한 번에 30~50개씩 알을 낳는다는 내용을 읽었던 사실이 불현듯 떠올랐다.

나는 부지런히 머리를 굴려보았다. '40개의 알을 무사히 성충까지 키운다고 생각해보자. 그중 반이 암컷일 경우, 그 암컷들이 알을 40개씩 낳으면 800개. 그럼 애벌레가 800마리?' 이건 도저히 불가능한 일이었다. '이 애벌레들을 다 키울 수도 없는데, 어떻게 하는 것이 좋을까?' 그러던 중 머릿속을 스친 장면은 바로 며칠 전 마트에 진열되어 있던 5천 원짜리 장수풍뎅이였다. '그래, 그럼 나도 갖다 팔면 되겠네! 마트보다 싸게 한 마리에 4천

원씩 판다고 해도, 40마리면 16만 원인데? 그 정도면 꽤 쏠쏠하지 않을까? 그리고 몇 마리는 계속 내가 키우면서 알을 받고, 또 그렇게 해서 팔고. 이건 완전 황금알을 낳는 장수풍뎅이잖아!' 또한 주변을 둘러봐도 당시 남자아이들 사이에서는 장수풍뎅이와 사슴벌레를 키우는 것이 엄청난 유행이었기 때문에 매우 시의적절한 사업 아이템 같았다.

생각이 여기에까지 이르자 세뱃돈으로 모은 전 재산의 3분의 2를 투자하기로 결정했다. 우선 애벌레들을 하나하나 담을 통과 톱밥이 필요했고, 먹성이 대단한 어른 장수풍뎅이들에게 먹일 젤리도 필요했다. 몇 개월 후면 꽤 큰돈을 벌게 될 터였기에, 지금의 투자가 아깝다는 생각은 조금도 들지 않았다.

한편 손자가 새로운 사업을 시작했다는 소식을 접한 외할아버지도 마침 시골에 살고 계셨던 터라 집 주변에서 장수풍뎅이를 잡기 시작하셨다. 시골에선 장수풍뎅이를 찾기가 비교적 쉬웠다. 초저녁 바깥에다 불을 켜놓으면 '윙~' 하고 날아드는 것이 장수풍뎅이인 경우가 많았다. 할아버지는 본인이 찾을 수 있는 장수풍뎅이란 장수풍뎅이는 모두 잡아 사육 통에 넣고 내가 올 때까지 정성스럽게 키우고 계셨다. 이렇게 든든한 사업 파트너가 또 있을까!

장수풍뎅이는 장수풍뎅이대로, 애벌레는 애벌레대로 무럭무럭 자라났다. 그리고 때마침 상품을 선보일 좋은 기회가 찾아왔다. 바로 홈스쿨 모임에서 알뜰 시장이 열린 것이다. 나는 우리 가족의 판매대 위에 애벌레 통을 잔뜩 진열해놓았다. 몸이 부풀 대로 부풀어 오른 3령 애벌레를 손바닥 위에 올려놓고, 마치 마트에서 시식을 권하는 아주머니처럼 아이들을 유혹했다. 이 거대한 몸집의 애벌레는 아이들을 단번에 사로잡았고, 여기저기서 구매 의향자가 속출하기 시작했다. 그러나 이 구매 의향자들의 가장 큰 문제는 마음만 있지 주머니에 돈이 없다는 것이었다.

잠시 후 실권을 쥐고 있는 엄마들이 등장했는데, 일명 '다 된 밥에 재를 뿌리는 분들'이었다. 그분들은 "어머, 이게 뭐야! 아유 징그러워!" 하고는 "○○야, 저쪽으로 가자"라며 못 볼 걸 봤다는 듯 고개를 돌리고 황급히 다른 데로 자리를 피했다. 결국 장수 풍뎅이 애벌레 장사는 목표치의 30%도 채우지 못했다. 엄마들의 벽을 넘지 못한 탓이었다.

첫 번째 전략이 실패로 돌아가자 얼른 다른 판로를 찾아보려고 노력했다. 아이들을 대상으로 하는 장사는 쉽지 않다는 사실이 드러났지만, 그렇다고 엄마들의 마음을 사로잡을 뾰족한 수가 있는 것은 아니었다. 이런 고군분투를 지켜보던 어머니는 이마트의 애견 담당 직원에게 혹시 장수풍뎅이를 납품할 수 있나 물어보았다. 직원은 단호하게 거절했다. 이마트의 장수풍뎅이는 엄격한 소독 과정을 거쳐야 한다는 것이 그 이유라나.

시간이 지날수록 점점 사면초가에 몰리고 있었다. 장수풍뎅이의 수는 점차 늘어났고, 곤충용 젤리와 톱밥을 구입하는 데 드는 돈도 점점 늘어났다. 일단 할아버지에게 장수풍뎅이를 그만 잡으셔도 된다고 말씀드렸다. 잡아도 팔 곳이 없다는 슬픈 소식과 함께 말이다. 내가 해결해야 할 최우선 과제는 바로 재고를 처리하는 일이었다. 대식가인 장수풍뎅이들을 먹이느라 적자가 너무 심화되고 있었기 때문이다. 결단의 순간이 다가왔고, 이제 결정을 내려야만 했다. 아깝다고 움켜쥐고 있을 수만은 없는 노릇이었다.

결국 장수풍뎅이와 애벌레들은 다른 가정들을 방문할 때 선물로 활용되었다. 나중에 어머니에게 들은 말에 따르면 당시 우리 가족은 여기저기 만나야 할 사람들이 많았는데 매번 선물을 사 가야 하는 상황이 부담스러웠다고 한다. 그런데 아들이 있는 집에는 장수풍뎅이를 한두 마리씩 갖다 주면 그 엄마는 몰라도 아이는 무척 좋아했다고, 그래서 선물을 대체하기에 아주 적격이었다고 한다.

그렇지만 그 모습을 지켜보며 나는 속으로 피눈물을 흘려야 했다. 내가 투자한 돈은 자그마치 26만 원이나 되었는데, 그 돈이 이제 허공으로 사라지고 만 것이다. 그렇다고 다른 집을 방문할 때마다 부모님에게 선물값을 일일이 다 지불해달라고 요구할 수도 없는 노릇이었다. 첫 사업은 그렇게 실패로 돌아갔고, 재기하기까지는 오랜 세월이 걸렸다. 아직도 우리 집 한 모퉁이에는 곤충 사육 통이 몇 개나 남아 있는데, 그걸 바라볼 때마다 장수 풍뎅이에 얽힌 씁쓸한 추억이 떠오르곤 한다.

3.

읽고, 쓰고, 배운다는 건 무엇인가 ○───

열세 살에 겪은
『동물농장』 필화 사건

정확히 언제였는지 잘 기억할 수 없지만, 아마 아홉 살 무렵이었을 것이다. 나는 부모님이 사주신 어린이용 세계 명작 전집에서 『동물농장』을 집어 들며 이렇게 생각했다. '음, 여기에는 사람들이 서로 얽히고설켜 싸우고, 죽이고, 또 사랑을 놓고 다투는 일은 등장하지 않겠군.' 며칠 동안 『사람은 무엇으로 사는가』, 『오만과 편견』, 『죄와 벌』 등등 복잡한 이야기를 읽으며 마음이 무거워진 나는 다시 재미있는 동물 이야기를 찾아 헤매던 중이었다. 바로 그때 눈에 들어온 것이 『동물농장』이었다.

　나는 속으로 쾌재를 부르며 서둘러 책장을 펼쳤다. '아마 농장에서 오순도순 사는 동물들이 등장하겠지? 『마당을 나온 암탉』이나 『시튼 동물기』 같은 책일 거야.' 그러나 그 기대는 곧 무너졌다. 평화로워 보였던 농장 분위기는 시간이 지날수록 험악해 졌고, 곧이어 잔혹한 독재자에 의해 처형당하고 쫓겨나는 동물 들도 생겨났다. 농장 식구들의 생활은 날이 갈수록 힘겨워졌고, 결국 다시 사악한 인간들이 돌아오는 것으로 이야기는 끝을 맺 었다. '아니 이게 뭐야, 단단히 속았구만. 별로 재미있지도 않고 이해도 잘 안 되잖아!' 나는 영 떨떠름한 표정으로 책장을 덮고 말았다.

『동물농장』을 다시 펼쳐 든 것은 열세 살 무렵이었다. 이번에 는 조금 더 두꺼운 완역본을 읽었고, 함께 수록된 해설도 꼼꼼 히 살펴보았다. 그리고 그제야 나는 "아, 그렇구나!"라며 무릎을 칠 수 있었다. 『동물농장』은 동물들의 희로애락이 아닌, 인간들 이 만들어놓은 사회를 풍자하고 있었던 것이다. 당시 작가가 살 아가던 사회를 말이다.

『동물농장』이 출간된 지 1년 후인 1946년 발표한 「나는 왜 쓰 는가」에서 조지 오웰은 이렇게 적고 있다.

지난 10년을 통틀어 내가 가장 하고 싶었던 것은 정치적인 글 쓰기를 예술로 만드는 일이었다. 나의 출발점은 언제나 당파성을, 곧 불의를 감지하는 데서부터다. 나는 앉아서 책을 쓸 때 스스로 에게 '예술 작품을 만들어내겠다'고 말하지 않는다. 내가 쓰는 건 폭로하고 싶은 어떤 거짓이나 주목을 이끌어내고 싶은 어떤 사실

이 있기 때문이며, 따라서 나의 우선적인 관심사는 남들이 들어
주는 것이다.

오웰의 『동물농장』이 내가 이해하고 받아들인 최초의 정치적
글이었던 셈이다. 안 그래도 한창 사회에 대한 문제의식을 키워
나가던 시절이었다. 시민단체에서 일하셨던 아버지께 받은 영향
도 있었지만, 대부분 교회의 형·누나들로부터 전해 받은 것이었
다. 우리 가족이 다니던 교회는 성도가 90명 남짓한 조그만 교
회였는데, 대부분 50~70대 정도 되는 어른들이 모여 있었다. 또
래 친구를 찾을 수 없었던 나의 유일한 낙은 청년부에 있는 형·
누나들, 그리고 전도사님을 졸졸 쫓아다니며 같이 축구도 하고,
아이스크림도 먹고, 재미있는 이야기를 듣기도 하는 것이었다.
여러 가지 중 가장 재미있었던 것은 바로 정치 이야기를 듣는
것이었다. 나름 신문을 읽으며 단편적으로 사회현상을 바라보
고 있던 나는 정치를 두고 벌어지는 갑론을박에 무척이나 흥미
를 느꼈다. 당시 대통령은 이명박이었고, 글로벌 금융위기, 4대
강 사업, 용산 참사, 촛불시위 등이 화제에 올랐다. 나는 한쪽 구
석에 앉아 다양한 이야기를 주워들으며 나름의 결론을 내렸다.
바로 이명박 정권은 사람을 죽이고 환경을 파괴하는 무시무시
한 일을 하고 있다는 것이었다. 사람이 살고 있는 나라에 일어나
서는 안 될 일들이었다.

때마침 그러한 나의 생각을 표현할 수 있는 절호의 기회가 찾아왔다. 교회에서 만드는 회지에 글을 써달라는 부탁이 들어온 것이다. 나중에 들은 이야기로는 당시 원고 모집에 어려움을 겪던 출판홍보위원회에서 아이들에게도 글을 쓰게 하자는 제안이 나왔고, 그 대표로 나를 추천했다는 것이다. 그렇게 해서 나는 얼마 전 읽은 『동물농장』의 독후감을 쓰게 되었다.

독후감을 쓰는 것은 나의 특기 중 하나였기 때문에 그다지 어려운 일이 아니었다. 나는 각기 다른 책들을 읽고도 매번 엇비슷한 독후감을 쓰곤 했는데, 우선 줄거리를 쭉 요약해놓은 뒤 항상 "나도 이제 착하게 살아야겠다"와 같은 교훈적인 마무리로 끝을 맺었다. 그러나 이번에는 나 자신을 반성하는 대신, 잘못한 사람들에게 반성을 촉구하는 내용을 집어넣기로 했다. 독후감의 결론은 이러했다.

지금 북한의 김정일도 나폴레옹과 비슷하다. 김정일은 나폴레옹 같은 독재 체제로 국민들을 고통스럽게 하면서, 그것도 모자라 3대 세습까지 시도하고 있다. (중략) 남한의 이명박 대통령도 약간 나폴레옹 같은 경향이 있다. 국민 의견을 무시하고 국민과 제대로 소통하지 않기 때문이다. 남한이나 북한이나, 나폴레옹 말고 스노볼과 같은 정치 지도자가 나타나면 좋겠다.

나의 글은 곧 회지에 실렸고, 몇몇 사람들의 주목을 받았다. 여느 때와 같이 즐거운 마음으로 교회에 갔던 나는 머지않아 이런 정치적인 글을 불편해하는 분들이 있다는 것을 알았다. 가장 먼저 불려 간 곳은 담임 목사님 방이었는데, 목사님은 내 생각에 동의하는 기색을 보이면서도 점잖게 타이르셨다. 정확히 무어라고 말씀하셨는지는 잘 기억나지 않는다. 목사님 방에서 나와 화장실에 갔는데, 이번에는 장로님이 나를 기다리고 계셨다. 나이가 지긋하신 장로님은 소변기 앞에 서서 이명박 대통령이 어째서 나폴레옹과 비슷하다는 것인지 물어보셨다. 나는 그 상황을 애매한 미소로 무마하며 재빨리 화장실에서 빠져나왔다.

그날 오후에는 어떤 의사 선생님이 드라이브를 제안하셨다. 나는 애처로운 눈길로 아버지를 쳐다보았지만, 아버지는 알 듯 말 듯한 눈빛을 지어 보일 뿐이었다. 속으로는 웃음을 참고 있음이 분명했다. 나는 꼼짝없이 앞자리에 앉았고, 의사 선생님은 운전을 하시며 못 미더운 표정으로 이것저것 묻기 시작하셨다. 지금 생각해보면 뭣도 모르는 어린아이가 대통령을 비판하니 얼마나 가소로우셨을까.

나는 대통령의 정책 중 4대강 사업이 가장 잘못된 것이라고 생각한다고 나름 열심히 답했다. 그러자 그분은 고개를 절레절레 저으며 4대강 사업은 기본적으로 환경을 살리기 위해 하는 것이고, 여러 의혹들은 오해와 억측일 뿐이라고 말씀하셨다. 나는 잠자코 침묵을 지킬 수밖에 없었다. 얼마간 어색한 시간이 계속된 후, 드라이브는 끝이 났다. 의사 선생님은 차에서 내리며 "세상을 벌써부터 그렇게 부정적으로 보아서는 안 돼!"라는 말을 남기셨다.

사람들의 따가운 시선은 무척이나 부담스러웠지만, 한번 물꼬가 터진 문제의식은 사그라질 기미를 보이지 않았다. 나는 몇 달 후 조선 시대에 살던 김종서라는 인물을 다룬 책을 읽고 또 한 편의 독후감을 썼는데, 거기에는 현재 우리나라의 지도자들을 더욱 격렬하게 규탄하는 표현들이 등장했다.

지금 우리나라에 김종서 같은 정치인이 한 명이라도 있었으면 어땠을까 생각해본다. 김종서는 조선 시대의 아주 올곧은 정치인이었다. 부패한 다른 벼슬아치들과는 달리 아무리 높은 고관들이라도 서슴없이 탄핵했고 불의를 굉장히 싫어했다. 자기 이익만을 챙기는 위정자들, 뇌물을 밥 먹듯이 받는 국회의원들, 역사의식이라고는 머리털 한 올만큼도 보이지 않는 대통령, 폭력과 최루탄, 분뇨 투척 등이 난무한 국회를 보면서, 한국 정치인들이 김종서의 성품과 정신을 많이 본받으면 좋겠다고 생각했다.

이 글은 몇몇 어른들의 반감을 사는 바람에 회지에 실리지 못했지만, 나의 펜은 이미 춤을 추기 시작했다. 내 인생의 정치적 글쓰기 역시 이때 본격적으로 시작된 것이 아니었을까?

도서관,
일상 속 작은 혁명

전셋값이 가파르게 상승하는 바람에, 우리 가족은 두어 번의 여름과 두어 번의 겨울을 지내고 나면 항상 이사를 다녀야 했다. 우리는 집을 옮기더라도 되도록 도시에서 멀리 떨어진, 산과 들이 있는 교외에 머무르려고 애썼다. 가족들이 즐겁게 텃밭을 일구고, 어머니는 불시에 집 안으로 쳐들어오는 생쥐나 벌레들 때문에 기겁을 하는 곳. 택배 아저씨가 며칠을 내리 찾아와 "한꺼번에 좀 주문해요! 한꺼번에!"라며 불평을 늘어놓는 그런 곳 말이다.

그러나 내가 열세 살이 되던 해, 우리는 적당한 주택을 찾을 수 없었고, 서울을 떠난 뒤 처음으로 조그만 읍내의 아파트에 살게 되었다. 아버지에게는 크나큰 슬픔이요, 어머니에게는 은근

한 기쁨이었다. 내 심정은 어머니와 더 가까웠는데, 좀 더 따뜻하게 겨울을 날 수 있다는 사실만으로도 무척이나 행복했다.

그러나 무엇보다 감격스러운 것은, 우리가 이사한 지 한 달 만에 아파트 바로 옆에 작은 도서관이 문을 열었다는 사실이었다. 전에는 도서관에 가려면 꼭 부모님께 부탁해 차를 타고 가야 했는데, 이제는 엎어지면 코 닿을 거리에 책을 보고 빌릴 수 있는 공간이 들어선 것이다. '이 도서관은 분명 나를 위해 준비된 곳이야!' 조리도서관에 첫 발걸음을 내디뎠을 때의 기분은 설렘과 흥분 그 자체였다.

조그만 도서관은 나의 조용한 일상 속에 작은 혁명을 일으켰다. 거의 매일 점심을 먹고 나면 곧장 그곳으로 달려갔는데, 도착해서 가장 먼저 하는 일은 신문 읽기였다. 조선일보, 중앙일보, 동아일보, 한국일보, 한겨레, 그리고 경향신문까지 다양한 신문들을 접할 수 있었는데, 주로 처음 부분은 쓱쓱 넘어가고 스포츠면에 실린 기사들은 한 글자도 빼놓지 않고 꼼꼼히 읽었다. 그렇게 꾸준히 읽다 보니 차츰 문화면과 사회면 기사도 눈에 들어오기 시작했고, 어느 날인가는 내가 스포츠면을 별 거리낌 없이 건너뛰고 있다는 사실을 발견하고 깜짝 놀라기도 했다. 관심을 두고 읽는 부분이 점점 뒤에서 앞으로 이동했던 것이다.

꾸준히 여러 종류의 신문을 읽다 보니 흥미로운 점을 발견할 수 있었다. 바로 각 신문마다 어떤 사건이나 이슈를 바라보는 관점에 차이가 있다는 것. 두 가지 상반되는 견해 중 과연 무엇이 옳은 것일까? 나는 공책을 한 권 장만해 흥미로운 사설을 옮겨 적고, 그 밑에다 짤막한 내 생각들을 덧붙이기 시작했다. 그러한 나의 모습을 목격한 아버지는 매일 저녁 온 가족이 사설을 읽고 이야기를 나누는 시간을 마련해주셨다. 우리는 주로 정반대 주장을 담은 사설 두 개를 읽으며 지금 사회에서 무슨 일이 벌어지고 있는지, 좌파와 우파의 생각은 어떻게 다른지, 여당과 야당은 어떻게 반응하는지 살펴보곤 했다. 이 시간을 통해 나는 청와대와 정치권, 시민단체, 그리고 언론의 역할이 무엇인지, 또 갑론을박이 벌어지는 상황 속에서 어떻게 균형 잡힌 시각을 유지해야 하는지 조금이나마 배울 수 있었다.

그런가 하면 도서관에서 신문을 대강 훑어본 다음에는, 2층 청소년 서가로 자리를 옮겨 소설책을 탐독할 차례였다. 나는 특히 판타지 소설을 좋아했는데, 『제로니모의 환상모험』, 『제임스와 슈퍼복숭아』, 『시간 도둑』 등이 내 마음을 사로잡은 작품이었다. 이후 어느 순간 판타지에 작별을 고하고 나는 본격적으로 문학작품을 읽기 시작했다. 베르베르의 『개미』를 읽으면서는 그동안 별 망설임 없이 재미 삼아 부수곤 했던 개미들의 세계가 방대하다는 사실에 깜짝 놀랐고, 아프리카까지 날아가 개미를 연구한 저자의 집요함에 감탄했다. 『올리버 트위스트』를 보면서는 산업혁명 당시 아이들의 비참했던 생활상을 엿볼 수 있었는데, 그래도 결국 나쁜 놈들이 벌을 받는 것을 보며 통쾌함을 느꼈다. 한창 셜록 홈즈를 따라 미궁에 빠진 사건을 해결하러 다닌 적도 있었고, 산티아고 노인과 함께 드넓은 바다를 누비기도 했다. 『15소년 표류기』, 『80일간의 세계일주』부터 시작해 『황제의 밀사』, 『인도 왕비의 유산』까지 며칠 밤을 새워가며 쥘 베른 전집에 심취했던 시절도 있었다.

나에게 '독서 근육'이 있다면, 바로 이때부터 본격적으로 단련되기 시작했을 것이다. 책을 읽어 내려가는 속도는 점점 빨라졌고, 한번 잡으면 그 자리에서 끝까지 읽는 습관도 생겼다. 두꺼운 책은 대번에 다 소화하지 못하는 경우도 있었는데, 그럴 때면 틀림없이 "얘들아~ 빨리 집에 가자!"라고 채근하는 사서의 목소리를 들어야 했다. 둘 다 집으로 향하는 발걸음은 똑같았지만 사서의 얼굴에는 기쁨이, 나의 마음속엔 안타까움이 잔뜩 배어 있었다. "아, 10분만 더요! 마저 읽고 가야 하는데." 집에 가면 곧바로 저녁을 먹어야 하기에 이야기의 흐름이 끊어지기 십상이었고, 그것은 너무나도 애석한 일이었다.

시간이 흘러 십 대 중반이 되자, 이번에는 이런 생각이 머릿속에 맴돌기 시작했다. '문학이 인생을 살아가는 데 얼마나 도움이 될까? 다 작가가 지어낸 이야기일 뿐인데. 차라리 성공해서 돈 많이 버는 법을 알려주는 책을 읽어봐야겠군!' 그때 눈에 확 들어온 것이 자기계발서였다. '그래, 내가 원하는 건 이런 실용적인 내용이었어!' 자기계발서들은 모두 엄청난 성공의 비밀을 담고 있는 듯 보였다. 어떤 책에서는 자기가 원하는 모습을 상상만 하면 그대로 이루어지고, 아무리 잠을 조금만 자더라도 피곤하지 않다고 했다. 나는 그 내용을 열심히 실생활에 적용했는데, 애꿎은 코피만 주르륵 흘러내릴 따름이었다.

별 효과가 없는 것 같아 다른 책을 집어 들었다. 거기에는 마음을 잘 다스리는 것이 중요하다고 적혀 있었다. 그러나 마음을 통제하려 애를 쓰면 쓸수록 우주의 기운이 모이기는커녕 머리만 아파졌다. 몇 권의 얄팍한 심리학 책을 읽고는 만나는 사람들을 유심히 관찰해보았다. 몸짓과 행동거지, 표정을 보면 그 사람이 어떤 속마음을 품고 있는지 알아낼 수 있다고 했기 때문이다. 그러나 그것도 생각처럼 쉽지만은 않았다. 책에서 가르쳐주는 대로 열심히 했지만 삶이 더 피곤해질 뿐 정작 나아지는 것은 별로 없었다. 결국 이런저런 책들이 던지는 가벼운 메시지에 놀아나고 말았다는 허탈한 기분과 함께 자기계발서 기행은 조용히 끝을 맺었다.

나의 보잘것없는 야망을 버리자 다른 사람들은 어떻게 사는지, 우리 사회는 어떻게 돌아가고 있는지 점점 궁금해졌다. 그때 읽게 된 책이 김어준의 『닥치고 정치』였다. 욕이 얼마나 자주 등장하던지 정말 화들짝 놀랐지만, 그 책은 정치에 대한 나의 관심에 박차를 가했다. 이후 문재인, 안철수, 정몽준 같은 정치인들의 책, 버락 오바마, 넬슨 만델라 같은 인물들의 자서전을 읽으며 정치란 무엇이며 사회를 어떻게 변화시킬 수 있는지 조금씩 알아갔다.

가장 인상 깊게 읽은 책은 『김대중 자서전』이었다. 그 두꺼운 책을 밥 먹을 때 빼놓고는 방에 틀어박혀 손에서 떼어놓지 않았다. 읽는 내내, 그리고 읽고 나서까지도 울렁거리는 마음을 가라앉힐 수 없었다. 그 삶의 무게와 깊이를 곱씹으며 며칠이고 인생에 대해 진지하게 생각해보았다. 김대중의 시대를 더 알고 싶은 마음에 집어 든 책이 한홍구의 『대한민국사』였다. 그러나 나오는 이야기마다 암울해서 그 시대를 더 이상 공부할 엄두가 나지 않았다. 좀 더 자랑스러운 역사를 알고 싶었기에 고조선과 고구려를 다룬 책들을 찾아 읽기 시작했다. 을지문덕, 대조영, 광개토대왕은 나의 영웅이 되었고, 그들이 오랑캐를 무찌를 때마다 덩달아 엄청난 희열을 느꼈다. 물론 그때는 오랑캐도 사람이라는 사실을 추호도 생각지 못했다.

이야기의 흐름에 따라 자연스럽게 고려와 조선을 공부하게 되었는데, 좀 더 가까이 와 닿았던 것은 조선 시대였다. 우연찮게 인터넷에서 도올 김용옥의 강의를 들은 것도 그 무렵이었다. 도올 선생님이 사자후를 내지르며 던지는 한마디 한마디는 나의 가슴에 불을 붙였다.

"우리는 서양의 근대사가 성취한 것을 아주 단시간에 성취했어요."

"오늘날 우리는 우리 자신에 대해서, 보다 깊은 자신감을 가져야 합니다."

"여러분은 링컨, 처칠, 이런 사람들이 세계적인 정치가라고 생각하시죠? 나는 삼봉 정도전이 그 자리에 있어야 한다고 생각합니다."

"우리 역사는 세계사에서 어느 민족도 부럽지 않은 도덕적인 이상을 구현한 민족의 역사입니다."

'아, 역시 우리나라는 위대한 나라였어. 왠지 그럴 것 같더라니!' 나는 한참 자긍심에 부풀어 지내며 아버지에게 이렇게 묻기도 했다.

"아빠, 우리 집에는 족보 없어요?"
"아마 할아버지 댁에 찾아보면 있을걸? 그런데 왜?"
"그냥, 혹시 누구 유명한 사람이 있나 해서요."
"그런 사람이 있었으면 좋겠어?"
"네, 훌륭한 장군이나 영의정 같은 사람."

'내가 이렇게 위대한 나라에 사는데, 위대한 가문에서 태어나기까지 했으면 얼마나 좋았을까. 그랬다면 친구들에게도 누구누구의 몇 대손이라고 뻐길 수 있었을 텐데.' 하지만 안타깝게도 우리 조상 중 그런 사람은 없는 것 같았다.

꽤 오랜 시간 동안 조선의 자취를 더듬어본 후에야 가까운 역사를 읽어볼 용기를 낼 수 있었다. 근현대사, 그것은 나에게 도망쳐버리고 싶은, 너무나도 무서운 단어였다. 일제강점기와 미군정, 그 후 이어진 기나긴 독재 시대는 정말이지 암울하기 짝이 없었다. 저녁에 이불을 펴고 누우면 낮에 읽은 끔찍한 장면들이 상상되어 쉽사리 잠을 이룰 수 없었다. 예전의 자긍심은 온데간데없이 사라졌고, 우리 민족이 세계 최고가 아니라는 사실도 받아들여야 했다. 그랬다. 우리는 문제투성이였다. 할아버지들의 시대는 불공평하고 부조리하고 혼란스러웠고, 그 누추한 모양새가 오늘날까지 여전히 이어지고 있었다.

어떻게든 문제를 해결하고 싶어 사회과학 서적들을 읽기 시작했다. 우리의 문제는 무엇이고, 어떻게 풀어나갈 수 있을까? 그를 위해 나는 무엇을 해야 할까? 기나긴 고민의 시간들이 이어졌다. 답을 찾아나가는 도중에 『생각의 좌표』와 『당신들의 대한민국』, 『국가란 무엇인가』, 그리고 하워드 진과 노엄 촘스키의 책들을 만났다. 지식인들의 비판적 사유를 접하며 사회를 바라보는 나의 시선은 더욱 날카롭게 벼려졌다.

'무엇하러 읽는가?' 이 간단한 질문으로 나의 짧은 독서 인생을 정리해볼 수 있을 것 같다. 우선 채우기 위해 읽는다. 끝없는 호기심을, 지적 갈급함을 충족시키기 위해 읽고 또 읽는다. 미처 깨닫지 못했던 사실을 배울 때마다 나의 뇌는 즐거움에 몸서리친다. 어려서부터 홈스쿨 가정에서 자라며 노는 것과 공부하는 것의 경계가 분명치 않은 삶을 살았던 탓에, 독서는 어느새 재미있는 놀이가 된 것이다. 또한 독서는 나 자신을 끊임없이 비우는 과정이기도 하다. 잘못 알고 있었던 것, 혹은 안다고 착각했던 것들을 비우며 다른 이들의 견해를 받아들이는 것이다. 비판적 시선과 함께 겸손한 자세를 견지해야 하는 것은 바로 이 같은 이유에서다.

한편 읽는다는 것은 무언가를 끊임없이 생각하고 고민해야 한다는 점에서 매우 고통스러운 노동이기도 하다. 특히 무겁고 깊은 책을 읽었을 때의 버거움은 이루 다 말할 수 없다. 숨이 턱 밑까지 차오르는데 계속 달려야 한다면 그런 기분일까. 때로는 비틀거리며 주저앉기도 한다. 이러한 과정이 힘겨운 이유는 답이 보이지 않기 때문일 것이다. 그러나 답이란 애초에 존재하지 않았던 것일지도 모른다. 달리고 또 달려도 제자리에 서 있을 뿐. 그 막막함에 겁을 먹고 지레 책장을 덮을 때면 독서가 참으로 힘겨운 것임을 느끼곤 한다.

앞으로 무슨 책을 읽고 어떤 삶을 살아야 할지 여전히 잘 알지 못한다. 그러나 계속 개울에 몸을 적시다 보면 언젠가 바다에 뛰어들어야 할 때가 오지 않을까? 그날을 위해 더 넉넉히 채우고 과감히 비우고, 때론 크게 무너져도 또다시 차곡차곡 쌓아 올릴 수 있는, 그런 삶을 살고 싶다.

책 100권 읽고
주식 투자에 뛰어들다

동생이 플루트를 배우면서, 나도 몇 년간 함께 색소폰을 배운 적이 있었다. 선생님은 같은 교회에 다니던 집사님이었는데, 일주일에 한 번씩 연습실에 가서 소리 내는 법을 익히곤 했다. 그날도 레슨이 끝나고 잠시 휴식을 취하고 있는데, 선생님이 아주 특이한 제목의 책을 선물로 주셨다. 바로 『부자 아빠 가난한 아빠』. 이 강렬한 문구는 내가 오래전부터 품어왔던 '왜 우리 아빠는 이렇게 가난한 것일까?'라는 질문과 맞물리며 강한 호기심을 불러일으켰고, 나는 그 책을 집어 단숨에 읽어 내려가기 시작했다. 이윽고 마지막 책장을 덮으며 이렇게 생각했다. '그래, 우리 아빠가 가난한 데는 다 이유가 있었던 거야. 빨리 가서 부자가 되는 법을 알려드려야겠다.' 그리고 곧장 안방으로 달려갔다.

로버트 기요사키의 책을 읽고 깊은 감명을 받은 나는 아버지에게 어떻게 하면 부자가 될 수 있는지 열변을 토하기 시작했다. "아빠가 돈을 위해서 일하는 게 아니라, 돈이 아빠를 위해서 일하게 해야 한다고요. 그러려면 청구서는 가장 나중에 처리해야 하고, 자산을 사야 해요. 아빠는 주식, 어음, 채권, 이런 거 하나도 없죠? 자산을 많이 만들면 그 자산이 저절로 아빠를 위해 돈을 만들어준다니까요?" 그러나 안타깝게도 아버지는 시큰둥한 표정을 지으며 별 관심을 보이지 않았다. 나는 아버지가 기요사키의 책에 등장하는 '가난한 아빠'와 판박이라고 생각했다. 가난한 아빠는 항상 이렇게 말한다.

"돈을 좋아하는 것은 모든 악의 근원이다."
"나는 부자가 되는 것에는 별로 관심이 없단다."
"돈은 안전하게 사용하고 위험은 피해야지."
반면 부자 아빠는 이렇게 이야기한다.
"돈이 부족하다는 게 모든 악의 근원이다."
"돈에 관심이 없다면 왜 일을 하겠니? 그건 진실을 거부하는 거다."
"돈이 있으면 투자를 하고, 대신 위험을 관리하는 법을 배워야지."

나는 이런 '가난한 아빠'와 한집에 사는 것이 무척이나 답답할 따름이었다. 그래서 단단히 결심했다. '아버지가 하지 않으면 내가 하는 거야! 나는 꼭 부자가 되고야 말겠어!' 그와 동시에 나만의 사업을 벌일 수는 없을까 열심히 고민해보기 시작했다. 그러나 현실은 녹록지 않았다. 실제로 내가 팔 만한 물건이 보이지 않았을뿐더러, 설령 있다 하더라도 마케팅에는 정말 자신이 없었다. 게다가 몇 년 전 장수풍뎅이 사업으로 맛본 씁쓸한 결과는 다시 생각만 해도 울적해졌다.

비관에 젖어 있던 바로 그때, 한 가지 생각이 번뜩 머릿속을 스쳤다. 무언가를 직접 사고팔지 않아도 돈을 벌 수 있는 방법, 바로 주식 투자였다. '평범한 사람도 주식으로 돈을 번다는데, 그렇다면 나도 가능하지 않을까? 게다가 『부자 아빠 가난한 아빠』에도 주식이 자산이라고 적혀 있지 않았던가!' 열다섯 살 생일이 지나고, 나는 부모님과 의논한 끝에 어머니와 함께 은행에 가서 증권 계좌를 만들었다.

실제 계좌에 넣을 돈은 없었지만, 일단 모의 투자라도 시작해보자는 생각으로 도서관에 있는 주식 관련 책들을 모조리 빌려 읽기 시작했다. 그러나 그것으로는 충분치 않아 새로운 책들을 신청해야 했다. 당시 파주시 도서관에서는 한 사람당 일주일에 두 권씩 책을 신청할 수 있었는데, 나는 온 가족의 이름으로 일주일에 여덟 권의 책을 새로 신청했다. 그렇게 몇 달이 지나자 도서관에 주식 투자에 관련된 책이 100권도 넘게 비치되는 사태가 발생했고, 사서들이 나에게 이렇게 부탁해야 할 지경에 이르렀다. "임하영 학생, 이제 주식 관련된 책은 제발 그만 신청해 주세요!" 중학생짜리가 허구한 날 도서관에 와서 주식 책만 들여다보고 또 신청까지 하니 사서들도 얼마나 당황스러웠을까? 아직 더 읽고 싶은 책들이 많았지만, 이미 비치된 책들에 만족하는 수밖에 없었다.

내가 접한 수많은 책들은 하나같이 '기업 분석'이 가장 중요하다고 말하고 있었다. 그래서 책에 나오는 대로 재무제표와 대차대조표를 보며 나름 열심히 기업들을 분석했고, 업계 지도를 읽으며 무슨 업종이 전도유망한지를 알아내려 애썼다. 그렇게 얼마간의 시간이 지나자 주식시장에 상장된 많고 많은 기업 중 마음에 드는 회사를 몇 군데 찾아낼 수 있었다.

문제는 실제로 주식을 살 돈이 없었다는 것인데, 이를 해결할 기회가 정말 생각지도 못한 곳에서 찾아왔다. 당시 나는 바이올린을 배우고 있었는데, 주변 사람들과 선생님, 심지어 나 자신까지도 어쩌면 전공할 가능성을 내다보고 있었다. 내가 사용하던 악기는 연습용 바이올린으로, 아는 누나가 사용하다 물려준 것이었다. 그러나 악기 소리는 그리 좋지 못했고, 실력만큼 악기가 받쳐주지 못하니 항상 답답했다. 이 딱한 사연은 곧 외갓집에도 전해졌고, 손주들이 악기를 연주하는 모습을 너무나도 좋아하시는 할아버지 귀에까지 들어갔다. 할아버지는 안타까우셨는지 외갓집에 간 어느 날, 몇 곡을 연주하고 악기를 정리하고 있는데 이렇게 말씀하셨다.

"하영이 악기가 많이 안 좋냐?"
"네, 좀 안 좋아요."
"그 악기로 연습하느라 힘들겠구나!"
"네, 조금요."

할아버지는 내가 엉거주춤 서 있는 사이 봉투를 건네주시며 이렇게 이야기하셨다. "더 좋은 악기를 사는 데 보태 쓰거라." 나는 웃음이 터져 나오려는 것을 간신히 참으며 "네 고맙습니다, 할아버지!"라고 대답했다. 집으로 돌아오는 길에 봉투를 열어보니 노란색 지폐가 자그마치 열 장이나 들어 있었다. '아니 이럴수가! 50만 원이면 책을 거의 50권이나 살 수 있는데!' 지금까지 손에 쥐어본 가장 큰 액수의 돈이었다. 나는 일단 돈을 통장에 넣어두고 곰곰이 생각해보았다. '이 돈으로 바이올린을 사면 한 순간에 사라져버리겠지? 그런데 주식에 투자하면 새로운 수익을 얻을 수도 있잖아! 물론 몽땅 다 잃을 수도 있긴 한데……. 좋은 바이올린은 나중에도 살 수 있잖아.' 한참 고민한 끝에 결국 모험을 저질러보기로 했다. (물론 부모님이 허락하신 일이다. 할아버지께는 비밀이지만.)

그때부터 나의 일상은 조금씩 달라지기 시작했다. 일단 매일 정오가 되면 노트북 앞에 앉아서 주식 시세를 확인했다. 그 전까지는 공부든 책이든 잘 손에 잡히지 않았다. 내가 산 주식이 오늘은 올랐을까, 내렸을까? 좀이 쑤셔 견딜 수가 없었던 것이다. 처음에는 몇 년을 내다보고 가치 투자를 하겠다고 마음먹었지만 인내심을 발휘하는 것은 생각처럼 쉬운 일이 아니었다. 게다가 50만 원이라는 상대적으로 적은 금액으로는 오래 간직할 우량주를 사기도 힘들었다. 몇십만 원은 물론 백만 원을 넘어가는 주식도 많았기 때문이다.

그래서 초반에는 주로 ETF(Exchange Traded Funds, 상장지수펀드)를 샀다. ETF는 펀드지만 주식시장에서 자유롭게 사고팔 수 있고, 종목도 채권, 원자재, 해외지수 등으로 다양하다는 장점이 있었다. 등락 폭도 크지 않아 위험 부담이 적었는데, 바로 그 점 때문에 시간이 갈수록 슬슬 지겨워지기 시작했다. '아니 좀 팍 오르든지, 팍 내리든지, 스펙터클한 맛이 있어야 하는데 이게 뭐야!' 그리하여 순전히 내가 분석하고 판단하여 결정하는 위험한 (?) 투자가 시작되었다. 주가가 그리 비싸지 않은 식품회사, 연예 기획사, 재생에너지 회사 등의 주식을 샀는데, 생각보다 예상이 잘 들어맞아 적지만 꾸준한 수익을 올릴 수 있었다. 그러던 와중 내가 산 회사의 주식이 며칠이나 상한가를 치는 일이 벌어지기도 했다. 사흘째 상한가를 치던 날, 나는 몹시 흥분한 상태로 어머니에게 달려갔다.

"엄마, 나 주식 천재인가 봐요!"

"그래?"

"네, 얼마 전에 산 주식이 계속 상한가를 치고 있어요. 역시 공부를 좀 했더니."

"오, 아들 대단한데?"

그러나 며칠이 지나자 슬슬 불안해지기 시작했다. '뭔가 이상하긴 한데. 그냥 팔아버릴까? 아니면 계속 가지고 있을까? 그래도 아깝긴 한데.' 한참을 고민하다 결국 '매도' 버튼을 눌렀다. 아니나 다를까 그 주식은 얼마 후 거래 정지가 되었고, 결국 상장 폐지가 되었다. 뉴스를 검색해보니 주가가 비정상적으로 널뛴 이유는 작전 세력이 개입해 주가 조작을 했기 때문이라고 했다. 기사를 다 읽으니 머리끝이 쭈뼛 서며 등골이 오싹해졌다. 내가 가진 돈의 삼분의 일을 허공에 날릴 뻔하다니! 이 엄청난 위기를 넘기며 앞으로는 좀 더 신중하게 종목을 선택해야겠다고 생각했다.

이 같은 주식 투자는 그 뒤로도 계속 이어졌다. 이따금 '매수' 혹은 '매도' 주문을 입력하면서 짜릿한 희열을 느꼈고, 주주총회에 참석하라는 편지가 날아올 때면 내가 중요한 사람이라도 된 것처럼 뿌듯했다. 이렇게 갖게 된 경제에 대한 관심 덕분에 『만화로 읽는 알콩달콩 경제학』, 『나쁜 사마리아인들』, 『화폐전쟁』 같은 책들을 재미있게 읽었다. 내가 직접 행위자가 되어보니 경제가 어떻게 돌아가는지도 좀 더 실감 나게 이해할 수 있었다.

그렇게 2년이 지난 어느 날, 나는 통장 잔고를 들여다보며 고민에 빠져들었다. 처음의 50만 원은 70만 원으로 불어났고, 경제가 어떻게 돌아가는지도 살펴보았으니 나름 성공한 투자라 칭할 만했다. 수시로 뉴스를 확인하며 주가가 내릴까 전전긍긍하고, 회사에 좋은 소식이라도 있으면 날아갈 듯 기뻐하며 보낸 세월이 적지 않았다. 그러나 주가의 상승이 과연 나에게 진정한 행복을 가져다주었을까? 내 인생에서 최고로 우선시되어야 하는 가치는 과연 돈이었을까? 아차 싶었다. 내가 진정 원하는 것인지 아닌지도 진지하게 고민해보지 않은 채, 꽤 오랜 기간을 돈에 매여 살아왔던 것이다. 결국 잃어버린 자유를 다시 찾아 나설 수밖에 없었다.

한참을 고민하다 문득 깨달았다. 사실 부모님은 그 자유를 이미 누리고 있는지도 몰랐다. 많은 사람들이 같이 돈을 벌어보자고, 영어 학원을 차리자고, 독서 아카데미를 만들어보자고 제안했지만 별 관심이 없다던 두 분. 가끔 "나중에는 뭐 하고 사실 거예요?"라고 물어보면 "시골에 내려가서 농사나 지어야지"라고 답하던 아버지. 그래서 많은 사람들, 특히 양가 어른들의 걱정을 사곤 했지만 정작 두 사람은 자유 속에서 살고 있었던 것이다. 결코 넉넉한 형편은 아니지만, 가끔 좋은 영화를 감상하고, 도서관에서 실컷 책을 빌려보며, 좋은 친구들과 교제하고, 온 가족이 둘러앉아 삼시 세끼를 함께할 수 있는 소박한 기쁨을 누리며 말이다.

본인들의 미래, 즉 노후에 대한 두려움을 내던졌기에 자녀들에게도 자신의 욕망을 투영시키지 않고 '참다운 나'로 자라나도록 지켜봐 줄 수 있었던 것이 아닐까. 만약 두 사람이 내가 좋은 대학에 가기를 바랐다면, 돈을 많이 벌기를 바랐다면, 아주 높은 자리에 오르길 바랐다면, 나의 좌충우돌 발걸음을 묵묵히 기다려줄 수는 없었을 것이다. 대신 하루가 멀다 하고 재촉하고 닦달하지 않았을까. 그런 모든 욕망을 내려놓았기에, 부모님은 온전한 자유를 누리고 있었던 것이다.

대체 나를 이끌어온, 내가 욕망했던 것은 무엇일까? 넓고 아늑한 집, 먹을거리로 가득한 냉장고, 아니면 아름답고 화려한 정원? 아쉽지만 모두 내려놓기로 했다. 나의 인생이 내가 모은 돈, 내가 사는 집, 내가 소유한 물건으로 평가되기보다는 내가 남긴 글, 내가 만난 사람, 내가 지향했던 가치로 기억된다면, 그것이 더욱 살아봄 직한 인생이 아닐까. 한 달에 열 권 정도 읽고 싶은 책을 구입할 수 있고, 일주일에 한 번 정도 좋은 강의를 들을 수 있고, 부모님께 꼬박꼬박 용돈을 드릴 수 있고, 매일 건강한 밥상을 차릴 여유가 있다면, 그것만으로도 내 개인적인 삶은 충분히 성공이라고 생각했다. 그래서 돈 버는 기술을 익히는 것은 잠시 접어두고 나 자신의 내면을 가다듬는 일에 집중하기로 했다. 나중에 이웃과 사회를 위한 더 가치 있는 일을 하기 위해.

첫 모험:
여수 엑스포, 세상을 맛보다

독일 월드컵이 열리던 2006년은 내 인생에서 가장 뜨거운 한 해였다. 당시 아홉 살이던 나는 월드컵이 개막하기 몇 달 전부터 선수들의 이름을 외우고 경기 결과를 예측하며 한껏 들떠 있었다. 기나긴 기다림의 시간이 끝나고 본선이 시작된 것은 6월. 딕 아드보카트 감독이 이끄는 한국 대표 팀은 토고를 상대로 역전승을 거두며 산뜻한 출발을 보였지만, 이후 프랑스와 무승부를 거두고 스위스와의 경기에서 패하며 16강 진출에 실패하고 말았다. 다음 날 심판의 판정에 문제가 있었다는 기사가 신문을 뒤덮었고, 다른 열성팬들과 마찬가지로 나는 그 소식에 분노하며 밤잠을 이루지 못했다. 그렇게 월드컵이 끝났다.

월드컵이 나에게 미친 긍정적인 영향이 있다면, 바로 스포츠

기사 한편에 등장하는 국기들에 새롭게 관심을 가지게 되었다는 것이다. 특히 눈길을 사로잡은 나라는 우리의 첫 상대 토고였다. '토고? 토고~ 토고! 나라 이름도 참 특이하네. 게다가 국기까지 독특하잖아!' 내가 알던 중국, 일본, 미국 같은 나라들과는 달리, 토고 국기에는 노란색이 들어 있어 색다른 느낌을 주었다. 그렇게 토고의 신기한 국기를 알게 된 이후, 나는 백과사전을 펼쳐 다른 나라들의 국기도 들여다보았고, 그중 멋있는 것은 종이에 따라 그리기 시작했다. 가장 마음에 들었던 스리랑카의 국기에는 칼을 든 사자가 있었는데, 그대로 그리기가 여간 어려운 것이 아니었다. 결국 며칠을 낑낑거린 후에야 그럭저럭 괜찮은 작품을 만들어낼 수 있었다. 방문객들의 눈길을 사로잡은 우리 집 거실의 국기 전시장도 이렇게 해서 탄생했다.

한참 국기에 빠져 있을 무렵, 아는 삼촌에게 큼지막한 세계지도를 선물로 받았다. 나는 그 지도를 방 한편에 붙여놓고 내가 아는 국기들이 어디쯤에서 펄럭이고 있을지 찾아보았다. '어, 세이셸공화국은 어디에 있지? 부르키나파소는 토고 바로 위에 있구나!' 또 심심할 때는 지도를 하염없이 바라보며 생각했다. '나도 언젠가 저 나라들에 가볼 수 있겠지? 다는 아니더라도 몇 나라 정도는?' 그렇게 몇 년이 흐르자 거의 모든 나라들의 국기와 지도상의 위치가 자연스럽게 머릿속에 아로새겨졌다.

그런 나에게 2012년 엑스포가 우리나라에서 열린다는 소식은 정말이지 감격 그 자체였다. '아니 그럼 지도에서만 보던 나라 사람들이 다 한국으로 온다는 거 아니야! 그 먼 곳에 사는 사람들이! 그렇다면 외국 화폐도 더 많이 모을 수 있겠는데?' 당시 나의 화폐 수집은 오랜 기간 동안 정체 상태에 머물러 있었는데, 이미 웬만한 주변 사람들에게는 거의 다 이야기를 한 까닭에 더 이상 부탁할 만한 사람이 남지 않았기 때문이다. 이번 엑스포는 틀림없이 더 많은 화폐를 모을 좋은 기회가 될 것 같았다.

그래서 일단 가기로 마음을 먹었다. 그런데 막상 가기로 결정을 하고 나니 썩 내키지 않았다. 이때만 해도 아직 집을 떠나 혼자서 어디론가 여행을 해본 적이 전혀 없었기 때문이다. '혹시 길을 잃으면 어떡하지? 노란 봉고차가 다니면서 아이들을 납치하기도 한다는데 집에는 무사히 돌아올 수 있을까?' 바로 그때 좋은 생각이 떠올랐다. '그래, 함께 갈 친구를 찾아야겠군!' 머리에 떠오르는 사람이 몇몇 있었지만, 먼저 교회에 있는 단 하나뿐인 친구에게 제안을 해보기로 했다.

"민철아, 너 나랑 같이 엑스포 안 갈래?"

"엑스포? 그게 뭔데?"

"아, 그건 말이야, 전 세계 사람들이 다 모여서 뭘 하는 건데, 한번 가보면 재미있을 것 같아."

"글쎄…… 나 바쁜데."

민철이는 아무래도 시큰둥한 기색이었다. 그래도 몇 주 동안 똑같은 이야기를 반복하니 귀찮았는지 결국 내가 원하던 그 한마디를 내뱉었다.

"알았어, 같이 갈게. 간다고!"

'오케이, 그럼 파트너는 구했고!' 나는 곧이어 필요한 비용을 따져보고 예산 마련에 나섰다.

"이모부, 제가 엑스포에 좀 가려고 하는데요."

"응, 그런데?"

"돈이 모자란데, 좀 도와주세요."

"음, 그렇구나, 알았다!"

이모부는 지갑에서 5만 원짜리 두 장을 꺼내 건네주셨다. '오예, 10만 원 확보!' 그리고 며칠 뒤에는 민철이의 아버지가 우리 둘에게 각각 10만 원씩 보태주시겠다는 좋은 소식이 들려왔다. 여행 경비가 어느 정도 마련되자 나는 본격적인 채비에 나섰다. 민철이의 돈까지 송금받아 입장권을 구하고, 기차표를 사고, 숙소를 마련하는 등 모든 일을 도맡아 했는데, 모두 태어나서 처음 해보는 것들이었다. 복잡한 절차에 골머리를 앓기도 했지만, 내가 준비하고 계획한 첫 여행이 곧 시작된다는 사실에 흥분을 억누를 수 없었다. 그렇게 2012년 어느 여름날 새벽, 우리는 여수행 기차에 몸을 실었다.

시간이 얼마나 흘렀을까. 여수에 도착했을 때는 어느덧 날이 환하게 밝아 있었다. 우리는 박람회장에 발을 디딘 순간 그 엄청난 크기와 어마어마한 넓이에 그만 넋을 잃고 말았다. 그러나 감격도 잠시, 민철이와 나 사이에는 불꽃 튀는 설전이 벌어졌다. 문제의 발단은 내가 완벽하게 계획해놓은 오늘의 일정이었다.

"자, 오늘은 먼저 국제관 A, B에 갔다가 과테말라 국가의 날 행사에 참석할 거고, 중간에 점심으로 짜장면을 먹고, 해양문명도시관을 관람하고 난 다음에 숙소로 돌아가는 거야. 알았지?"
그러나 민철이는 별로 내키지 않는 표정이었다.

"내가 왜 네 말대로만 해야 되는데? 나는 내가 보고 싶은 걸 보러 온 거거든."

"아니, 잘 들어봐. 내가 짜놓은 일정대로 움직여야 정해진 시간 안에 엑스포장 전체를 훑어볼 수 있다니깐? 너처럼 그렇게 즉흥적으로 다니면 줄만 서고 제대로 보지도 못할걸?"

"상관없어. 그때그때 보고 싶은 거 보면 되지, 다 보는 게 뭐가 그리 중요한데?"

"그럼 너는 너 좋을 대로 해! 나는 내 계획대로 볼 테니까."

"그래, 나도 뭐 너랑 그렇게 같이 다니고 싶지는 않았거든!"

결국 우리의 전략적 동반자 관계는 여행을 시작한 지 몇 시간

만에 파탄에 이르고 말았다. 우리 둘은 너무나도 다른 유형의 여행자였던 것이다. 한편 민철이와 헤어진 후 나는 치밀한 스케줄에 따라 계속 움직였다. 먼저 국제관 곳곳을 돌아다니며 전시를 관람했는데, 가장 인상 깊었던 곳은 리투아니아관이었다. 리투아니아관은 여수 엑스포의 주제 '살아 있는 바다, 숨 쉬는 연안'에 걸맞지 않게 호박 보석으로 가득 차 있었지만, 세상에 별별 멋진 호박이 다 있다는 사실을 그때 알게 되었다. 아랍에미리트관에서는 바다 환경에 관한 감명 깊은 영상을 틀어주었고, 오만관에서는 사방으로 물이 튀기고 의자가 춤을 추는 4D 영화를 생전 처음으로 감상할 수 있었다. 나는 전시를 관람하는 틈틈이 그곳에서 일하는 사람들에게도 말을 걸었다.

"헬로! 웨얼 얼 유 프롬?" (딱히 할 말이 없어 꼭 이 이야기로 대화를 시작한다.)

"아하! 아임 프롬 스윗?랜드!"(스위스관이니 당연히 그렇겠지!)

"어, 제 취미가 외국 화폐 모으는 건데 혹시 스위스 돈 있어요?"(머뭇머뭇, 눈치를 살피며.)

"아니, 없는데?"(아이고, 아쉽군!)

"그럼 우리 사진 한 장 같이 찍어요. 내가 나중에 이메일로 보내줄게요."

"오케이!"

찰칵!

"땡큐, 해브 어 굿데이!"

"바이!"

이렇게 별다른 수확을 얻지 못하는 때도 있었지만, 대부분의
경우 사람들은 어설픈 영어로 어떻게든 말을 붙여보려 애쓰는
용감한 꼬마에게 미소를 지으며 친절을 베풀었다. 나의 부탁인
화폐를 선물로 주는 것은 물론, 본인의 명함을 건네며 혹시 자기
네 나라에 방문할 계획이 있으면 연락하라고 덧붙이기도 했다.
더욱 놀라운 것은 그들 대부분이 정부에서 일하는 고위 관료라
는 사실이었다. 해외에 모국을 알리기 위해 고군분투하는 사람
들인 것이다.

첫째 날에 거둔 성공에 용기를 얻어 둘째 날부터는 더욱 열심
히 사람들에게 말을 걸기 시작했다. 그리하여 더 많은 사람들에
게 재미있는 이야기를 듣고 다양한 화폐도 수집할 수 있었는데,
단 한 번의 예외가 있었다. 바로 예멘 부스에 있던 잘생긴 아저씨
였다. 그리 달갑지 않은 표정을 지으며 책상에 앉아 있던 그 아
저씨는, 혹시 예멘 화폐가 있냐는 나의 질문에 퉁명스럽게 그렇
다고 답했다. 내가 평소대로 열심히 나의 취미에 대해 설명하자,
화폐를 그냥 줄 수는 없으니 예멘 지폐 한 장을 한국 돈 만 원에
팔겠다고 했다. 이는 돈을 주고 화폐를 사지 않는다는 나의 원칙

에 위배되는 일이었지만, 이번만큼은 예외를 두기로 하고 기쁜 마음으로 돈을 지불했다. 내 돈 만 원을 건네받는 순간 아저씨는 의미심장한 미소를 지어 보였다. 그 미소가 왠지 마음에 계속 걸렸기에 그날 저녁 숙소로 돌아와 환율을 검색해보았다. 그런데 아뿔싸! 그것은 한국 돈으로 50원밖에 안 되는 지폐였다.

이튿날 나는 다시 예멘 부스에 가보았다. 잘생긴 아저씨가 여전히 그곳에 있었다. 곧장 다가가 막 따지고 싶었지만, 짧은 영어로는 그게 가능하지 않았다. 그는 나를 보고 다시 의미심장한 미소를 지었고, 나는 떨떠름한 기분으로 발걸음을 돌리는 수밖에 없었다. 눈 뜨고 코 베인 격으로, 그 돈이 그렇게 아까울 수가 없었다. 내 만 원을 돌리도!

그러나 그 사건을 제외하고는 계속 즐거운 시간이 이어졌다. 아쿠아리움에 가서 펭귄과 물고기들을 보고, 기업들의 전시 공간도 열심히 둘러보았다. 좀처럼 관심이 없었던 팝 페스티벌에도 참가하고, 빅오Big-O쇼도 관람했다. 사진작가 배병우 선생님의 강연을 들으면서는 더 많은 책을 읽고 더 많이 여행해야겠다고 결심했다. "예술은 절대로 교육될 수 없는 것입니다. 만 개의 길을 여행하고 만 권의 책을 읽으면 예술가가 될 수 있습니다"라는 멋진 말씀이 가슴에 와 닿았기 때문이다.

비록 함께 간 친구와 마음을 맞추지 못한 점이 못내 아쉬웠지만, 나의 여수 엑스포 기행은 나름 성공적으로 마무리되었다. 혼자 멀리까지 떠날 수 있다는 자신감을 갖게 되었고, 외국 사람들과 스스럼없이 소통할 수 있는 용기를 얻었으며, 세계 각국의 언어와 문화와 전통을 좀 더 세밀하게 살펴보고 이해하게 되었다.

그리하여 4박 5일의 일정을 마치고 집으로 돌아와 방문을 열고 한쪽 벽에 붙어 있는 세계지도를 본 순간, 더 이상 다른 나라들이 까마득하게 느껴지지 않았다. 바로 어제, 혹은 그제 만난 사람들의 집이 지도에 그려져 있었고, 이제는 세상 모든 나라들이 정겨운 이웃처럼 느껴졌다. 그때부터 영어 공부에 대한 열의가 불타오른 것은 물론이요, 세계가 돌아가는 상황에도 더욱 깊은 관심을 가지게 되었다. 세계 각지의 소식을 받아들이는 이해의 폭도 전보다 훨씬 넓어졌다. 물리적으로 멀리 떨어진 곳에서 벌어지는 일이라 할지라도 정서적으로는 무척 가깝게 느껴졌던 것이다. 이 짧은 여행은 나의 삶에 작지만 커다란 변화를 가져왔다. 열다섯 살에 세계를 조금이나마 맛볼 수 있었다는 것은 얼마나 큰 행운이었던가. 언제 다시 우리나라에서 엑스포가 열릴지, 문득 궁금해진다.

수학과 과감하게
결별할 자유

내가 일곱 살이 될 무렵, 아직 온 식구가 거실에 모여 오손도손 이부자리를 펴던 시절, 우리 가족은 매일 밤 자리에 누워 잠들기 전까지 다양한 방법으로 시간을 보내곤 했다. 끝말잇기나 노래 부르기, 기도하기, 이야기 들려주기 등등. 이 모든 과정이 끝나도 정신이 말똥말똥할 경우, 마지막으로 나 혼자 숫자를 세며 잠을 청해야 했다. 1, 2, 3, 4, 5, 6, 7, 8, 9, 10…… 보통 백까지 가기 전에 잠이 들곤 했지만, 나는 마음만 먹으면 천, 만, 그리고 십만까지 셀 수도 있었다. 그건 어머니가 일찍이 십진법의 원리를 알려주신 덕분이었다.

내가 점점 숫자에 흥미를 보이자 어머니는 이때다 싶으셨는지 이런저런 수의 용도를 자세히 설명해주셨다. "자, 엄마가 사과를 반으로 잘라볼게. 이 사과가 원래 하나였는데 이제 두 개로 쪼개졌지? 그럼 이 반쪽은 숫자로 어떻게 표시할까? 그걸 바로 분수라고 하는 거야. 위에 1을 쓴 다음 중간에 선을 하나 긋고 밑에 2를 적는 거지. 사과 하나를 위에서 아래로 반을 딱 자르면 두 조각이 된다는 뜻이야." 내가 고개를 끄덕이며 이해했다는 기색을 보이자 어머니는 아주 기뻐하며 다른 개념들도 설명해주시기 시작했다. "그럼 1보다 작은 수는 뭐라고 할까? 아까 분수랑 비슷한데, 이거는 소수라고 하는 거야. 사과 반쪽은 소수점을 찍어 0.5라고 적는 거지. 그럼 0보다 작은 수는 어떻게 쓰는지 알아? 그건 앞에 마이너스가 붙어.-1, -2, -3 이렇게 말이야. 어렵다고? 그래, 그러면 이건 다음에 배우자!" 나는 정성껏 가르쳐주시는 어머니에게 차마 지루하다는 이야기를 할 수가 없어 열심히 듣고 있었다.

그로부터 며칠 후, 친구들 몇 명이 우리 집에 놀러 온 날이었다. 오랜만에 만나 신이 난 아이들은 방 안에 둘러앉아 재미있는 놀이를 시작했다. 친구들 중 한 명이 가져온 장난감은 '탑블레이드'라는 팽이 세트로, 당시 모든 아이들의 관심을 한눈에 사로잡았다. 우리는 편을 나누어 경기를 시작했다. 팽이가 '탕, 탕!' 부딪치며 소리를 낼 때면 우리 가슴에도 찌릿찌릿 전류가 흘렀다. 우리는 서로 자기 팀을 응원하느라 목청껏 소리를 질러댔다.

소동이 어느 정도 마무리되고 주변이 조용해졌을 바로 그때,

어머니에게는 무슨 영문인지 모를 아들의 또랑또랑한 목소리가 들려왔다고 한다. "나는 이 세상에서 수학이 제일 싫어. 정말 재미가 없거든!" 이 두 문장이 귀에 전해진 순간, 어머니는 흠칫 당황하셨다고 한다. '아차, 내가 너무 앞서간 나머지 흥미도 없는 아이를 괴롭게 만든 모양이구나!' 친구들이 다 돌아간 그날 저녁, 어머니는 슬쩍 내 눈치를 보며 물어보셨다.

"하영아, 아까 친구들한테 수학이 재미없다고 말하는 것 같던데, 정말이니?"
"네, 재미없어요."
"진짜? 엄마는 하영이가 좋아서 열심히 하는 줄 알았지!"
나는 어깨를 으쓱해 보였다.
"엄마가 착각했구나. 미안해, 아들. 이제 수학은 궁금하거나 다시 하고 싶을 때 하자."

그 뒤로 나는 수학에서 자유를 누리게 되었다. 그럼에도 종종 몸무게의 단위인 킬로그램(kg)이나 키를 잴 때의 미터(m), 센티미터(cm), 그리고 시골 할머니 댁에 가려면 몇 킬로미터(km)를 달려야 하는지, 마트에서 우유를 살 때 만 원을 내면 얼마를 거슬러 받아야 하는지 생각해보아야 하는 일들이 생겼고, 자연스럽게 일상 속에서 숫자를 접할 수 있었다.

그렇게 몇 년이 흘렀지만, 나는 여전히 수학에 대한 관심도, 하고 싶다는 생각도 전혀 들지 않았다. 그러다 열한 살이 되었을 때, 친구들과 우연히 이런 이야기를 나누게 되었다.

"너는 요즘 수학 어디 해? 나는 4학년 거 풀고 있어."
"그래? 나는 벌써 다 끝내고 이제 5학년 책 시작했는데."
"하영아, 너는?"
"나? 음, 글쎄……."

그러니까 나를 제외한 모든 친구들, 그리고 동생들까지도 열심히 수학 공부를 하고 있었던 것이다! 그 사실을 알게 된 이상 나도 가만히 있을 수는 없었다. 나는 부모님께 이제부터라도 수학을 공부하겠다고 선언했다. 아버지는 인터넷 서점을 검색해보시고는 과감하게 초등 전 학년 문제집을 세트로 사주셨다. 1, 2학년 문제집은 너무 쉬웠기 때문에 곧바로 3학년부터 시작해 하루에 일정 분량씩 문제집을 풀어나갔다. 그리고 5학년 나이가 되던 해에는 결국 6학년 교과까지 마칠 수 있었다. 대개 연산 위주로 반복되는 수학은 여전히 지루하기 짝이 없었다. 그나마 흥미로운 부분이 있다면 바로 도형. 도형 문제들은 거의 틀리지 않고 척척 풀어냈기에, 채점을 해주시는 어머니에게도 곧잘 칭찬을 받곤 했다.

꽤 이른 시기에 초등 수학을 마친 나는 자신감에 부풀어 중등 수학을 시작했다. 이번에는 문제집도 직접 서점에 가서 마음에 드는 것으로 골랐다. 겉표지에 수학자 존 벤이 그려져 있고 수록된 문제 유형만 200개가 넘는다는, 당시 꽤 높은 인기를 누리던 책이었다. 그러나 막상 첫 단원을 풀어보니 난이도가 만만치 않았다. 기본 개념도 잘 정리되지 않은 채로 심화 문제들을 풀려니 정말 힘들었고, 결국 집합과 명제, 함수 따위를 공부하는 한 학기 과정을 1년 만에야 겨우 마칠 수 있었다.

한바탕 수학과의 씨름을 끝낸 뒤 고민에 빠졌다. '차라리 수학을 붙들고 있는 시간에 다른 것을 했더라면 정말 재미있었을 텐데. 그래, 이럴 바엔 그냥 수학을 그만두자!' 그리고 한동안 다음 진도의 문제집을 풀지 않았다. 계속해야 한다는 부담감은 여전히 마음 한구석에 자리 잡고 있었지만, 딱히 하고 싶다는 마음은 좀처럼 생기지 않았던 것이다. 가끔 어린이 잡지에서 수학을 사랑한다는 아이들을 보면 정말 이해할 수 없었다. '아니 어떻게 수학을 사랑한다는 거야! 그 머리 아프고 복잡하고 시간도 오래 걸리는 것을!' 그러나 그 친구들도 나 같은 사람을 이해하지 못할 것이라고 생각하며 그나마 위안을 삼았다.

그렇게 또 몇 년이 흘러 중학교 3학년 나이가 되었다. 키도 이제 아버지를 넘어서고 얼굴도 앳된 티를 벗자, 만나는 어른들마다 걱정스러운 눈길로 물어보셨다.

"하영이, 검정고시는 봤니?"

"아니요!"

그러면 "에헴" 하고 헛기침을 한 다음 못마땅한 표정으로 고개를 절레절레 저으셨다. 그런 일이 몇 번 반복되자 이참에 검정고시라는 것을 확 끝내버려야겠다고 생각했다. 그래서 4월에 초등학교 졸업, 8월에 중학교 졸업 검정고시를 보기로 마음을 먹었다.

본격적으로 공부를 시작하니 역시 수학이라는 복병은 여기에서도 나를 기다리고 있었다. 그래서 한 분의 특급 도우미, EBS 수학 선생님을 노트북에 모셨다. 그리고 기초부터 차근차근 공부해나갔다. 검정고시는 문제가 쉬웠기에 공부도 비교적 수월했지만, 여전히 재미가 없는 것은 어쩔 수 없었다. '내가 공부한 게 과연 실생활에 도움이 되기나 할까? 어차피 시험을 보고 나면 그다지 필요한 일도 많지 않을 것 같은데……' 이듬해 고등학교 졸업 검정고시까지 끝내고 난 다음, 나는 수학한테 말끔히 작별을 고했다. 흔히 이야기하는 '수포자'가 되고 만 것이다. 수학과 가까워지려는 몇 차례의 시도는 이렇게 모두 불행한 결말을 맞고 말았다.

이제 와서 생각해보면 아쉬움이 많이 남는다. '수학을 공부하면 끈기와 사고의 정확성을 더 기를 수 있었을 텐데! 이다음에 경제나 통계를 공부할 때도 분명 더 유용할 텐데!' 어쩌면 내가 지루함을 참고 몇 년만 더 시간을 투자했더라면 수학이 재미있게 다가왔을지도 모르겠다. 그러나 이미 엎질러진 물. 언젠가 다시 공부할 기회가 있을 테지만 쉽지는 않을 것 같다.

열여섯, 대학에서
사회학과 정치학 강의를 듣다

'이게 다 뭔 말이람?' 2013년 2월의 어느 날, 나는 '강의계획서'라는 제목의 이상한 문서를 보며 머리를 긁적였다. 가장 첫머리에는 '과학기술의 사회학'이라고 큼지막하게 적혀 있었고, '수업 목표'란에는 다음 세 가지 항목이 기재되어 있었다.

 1. 과학기술의 발전은 그 자체 동력에 의하여 작동하는가 아니면 사회와의 관계 속에서 형성/수정/폐기되는가라는 물음에 대한 사회학적 질문과 그에 대한 이론적 탐구
 2. 역사적으로 주요한 과학기술의 발전과 그에 상응한 사회적 변화에 관한 실증적 연구
 3. 구체적 사례를 통한 과학기술의 사회적 수용과 거부에 관

한 공부

　그 밑의 '주별 진도'에도 역시 생소한 단어와 개념들이 잔뜩 나열되어 있었다. '아니 왜 갑자기 이런 이해하기도 어려운 강의계획서를 보내주셨지? 완전 미스터리네, 미스터리야.' 이렇게 이른 아침부터 나를 혼란에 빠뜨린 주인공은 바로 김홍열 선생님이었다.

　김홍열 선생님은 교회에서 알게 된 분으로, 주일학교 꼬마들 사이에서는 '무서운 아저씨'로 통했다. 어른들에게 예의 없이 굴거나, 예배 시간에 시끄럽게 떠들거나, 다락방에서 몰래 컵라면을 가져다 먹은 것이 들통날 경우 엄한 꾸중을 각오해야 했는데, 나는 한 번도 크게 야단을 맞은 적은 없었다. 들키지 않고 완전범죄를 저질렀는지, 아니면 차마 그런 일을 벌일 용기가 없었던 것인지 지금은 잘 생각나지 않는다.

　김홍열 선생님이 기억에 뚜렷이 남아 있는 이유는 교회의 몇몇 아이들을 모아 한국사와 글쓰기를 가르쳐주셨기 때문이다. 매주 일요일 오후 우리는 선사시대와 역사시대를 배우고, 고구려·백제·신라에 관한 이야기를 들었다. 고려와 조선이 어떻게 건국되었는지 살펴보고, 대한제국과 일제강점기의 역사도 후루룩 훑어보았다. 그다음에는 글쓰기 수업이 이어졌다. 선생님은 먼저 『섬진강 작은 학교 김용택 선생님이 챙겨주신 책가방 동화』를 함께 읽으며 이야기가 어떤 구조로 이루어지는지 알려주신 다음, 우리에게 자신만의 소설을 써 오라고 숙제를 내주셨다.

나는 당시 「펭귄:위대한 모험」이라는 다큐멘터리를 감명 깊게 본 터라 펭귄을 주인공으로 삼아 글을 써보기로 결심했다. 이야기도 나름 치밀하게 구성해서 착한 펭귄 펫과 나쁜 펭귄 브라이트가 권력 암투를 벌이기도 하고, 중간에 기상이변으로 빙하가 쩍 갈라져 목숨을 잃는 펭귄들도 등장시켰다. 그 와중에 틈틈이 등장하는 도둑 갈매기 킬러리는 펭귄들의 알을 훔쳐가는 역할을 맡았다.

이윽고 몇 주에 걸쳐 조금씩 써 내려간 이야기가 마무리될 즈음에 선생님이 말씀하셨다. "뭐, 구체적이고, 좋아. 펭귄에 대한 공부도 좀 한 것 같네. 근데 이건 스토리가 그냥 「라이온 킹」이잖아. 펭귄판 「라이온 킹」."

한편 내 동생이 쓴 글을 보고는 이렇게 평가하셨다. "마음씨좋은 할아버지도 나오고, 주인공도 착하고, 이야기도 아름답고, 다 좋아. 그런데 재미가 없어. 재미가." 우리는 기분이 썩 좋지는 않았지만, 따끔한 충고를 받아 계속 수정 작업을 해나갔다. 그렇게 한 주가 흘렀고, 한 달이 흘렀고, 얼마인지 알 수 없는 시간이 흘렀다.

그리고 내가 열여섯이 되던 해, 선생님에게서 강의계획서와 함께 이런 간단한 메시지가 도착한 것이다. '첨부 파일 열어서 읽어보고 문자 보내라. 그러면 내가 전화할게.' 나는 고개를 갸우 뚱하며 선생님께 전화를 걸었다.

"어, 그래, 하영아, 아저씬데, 네가 내 수업을 한번 청강해보면 어떨까 해서."
"네?"
"너라면 들을 수 있을 것도 같다. 강의계획서는 읽어봤니?"
"네, 읽어보긴 했는데요."
"그래, 잘 생각해보고 다시 연락해라!"
"네……."

전화기를 내려놓고 한동안 멍하게 서 있었다. '대학교 강의라 니! 지금 나보고 대학교 수업을 들으라고 하신 건가? 가만 있어 봐. 내가 지금 몇 살이지? 그래, 열여섯. 그런데 대학교는 스무 살 에나 가는 건데!' 과연 수업 내용을 이해할 수나 있을까 의심스 러웠지만, 며칠간 고민하고 또 부모님과 상의한 뒤 청강을 해보 겠다는 결심을 굳혔다.

"선생님, 어렵겠지만 한번 청강해볼게요. 그런데 저희 집에서 성공회대까지 가려면 두 시간 반도 넘게 걸리거든요. 수업을 하 나만 듣기에는 오가는 시간이 아까우니 혹시 하나 더 들을 수 있을까요?"

그러자 선생님은 학사정보시스템에서 마음에 드는 수업을 골라보라고 하셨다. 나는 같은 날 오후에 있는 '국제정치의 이해'라는 수업을 선택했는데, 특별한 이유는 없었다. 그저 국제정치라는 단어가 멋들어져 보였을 뿐. 이후 김홍열 선생님이 담당 교수님께 사정을 전해주신 덕분에 매주 화요일, 성공회대학교에서 두 개의 수업을 들을 수 있게 되었다. 그렇게 얼떨결에 나의 '대학 생활'이 시작되었다.

사회학 수업은 초반부터 녹록지 않았다. 로버트 머턴의 과학 사회학, 로즈 부부의 급진과학운동, 허버트 스펜서의 사회진화론 등 듣기만 해도 머리가 터져버릴 것 같은 개념들이 연달아 등장하는 데다, 설상가상으로 수업 내용은 갈수록 더 어려워졌다. 국제정치 수업은 사정이 조금 나았지만 크게 다른 점은 없었다. 여기서나 저기서나 대학생들은 나를 힐끔힐끔 쳐다봤는데, 그때마다 왠지 와서는 안 될 곳에 온 것 같은 자격지심이 느껴졌다. 외모도, 지식의 깊이도 판이한 사람들과 같은 공간에서 공부한다는 것은 정말이지 쉽지 않은 일이었다.

그 무렵 김홍열 선생님이 한 가지 제안을 하셨다. 바로 파주에서 일산까지 오면 학교까지 태워주시겠다는 것. 그래서 아침 일찍 버스에 올라 잠시 쪽잠을 잔 다음, 선생님과 함께 차를 타고 가며 수업 중 이해가 되지 않는 부분, 일주일 동안 읽은 책의 내용, 혹은 신문을 보며 궁금했던 점들을 모조리 여쭤봤다. 선생님은 나의 질문에 답변을 못 하시는 법이 없었다. 대신 뚜렷한 답을 주시기보다는 문제에 대해 더 깊이 생각해볼 수 있는 새로운 질문거리를 던져주셨다.

선생님은 종종 말씀하셨다. "나는 하영이가 수업 내용은 다 까먹어도 좋으니 사회의 맥락을 이해하는 법, 이 한 가지만 배웠으면 좋겠어. 무슨 일이 벌어졌을 때 그 현상만을 바라보면 안 되고 맥락을 들여다봐야 하거든. 그게 바로 사회학적인 사고방식이야."

이윽고 학교에 도착하면 강의실 맨 앞에 앉아 열심히 수업을 들었다. 그러나 두 시간 반쯤 지나면 수업 내용은 하나도 귀에 들어오지 않고 목구멍 너머로 침이 꼴깍꼴깍 넘어가기 시작했다. '오늘은 점심 메뉴로 뭐가 나올까? 돈까스? 카레? 우동? 아니면 볶음밥?' 그러다 퍼뜩 정신을 차리곤 했다. '아니야, 좀 더 참아야 해. 그래도 30분만 더 기다리면 먹을 수 있다!' 한동안 점심을 기다리는 것은 나의 커다란 기쁨이자 즐거움이었다. 사실 학생들은 학식에 불만이 많았지만, 나에게는 매주 등장하는 색다른 메뉴가 거의 신세계나 다름없었던 것이다. 나는 아주머니에게 언제나 미소를 지으며 말씀드렸다. "조금만 더 주세요!" 물론 식판은 남김없이 비웠다.

점심을 먹고 나면 김흥열 선생님이 계신 대학원 연구실의 빈 책상에 앉아 수업 내용을 복습하거나 책을 읽다가 3시에 시작되는 국제정치 수업에 들어갔다. 담당 교수님은 오랫동안 기자로 일하신 분이었는데, 종종 나를 지목하여 이렇게 말씀하시곤 했다. "어이, 막내! 이리 와서 출석 좀 불러!" 그러면 나는 꼼짝없이 단상에 올라가 새빨개진 얼굴로 출석을 불러야 했다. 수십 명의 이름을 부르고 자리로 돌아갈 때면 그 한 걸음 한 걸음이 어찌나 무겁게 느껴지던지. 구석에 파묻혀 있는 나를 굳이 앞으로 불러내 사방팔방에서 '쟤는 뭐지?' 하는 눈초리를 받게 만든 교수님이 참 원망스러웠다.

그렇게 몇 달이 흘러 학기가 중반에 이르자 본격적으로 조별 과제가 시작되었다. 사회학 수업에서는 과학기술이 어떤 과정을 거쳐 사회에 수용되는지 살펴보기 위해 천안함에 관련된 사례연구를 진행해야 했다. 학생들은 총 네 조로 나뉘었는데, 나는 그중 2조에 끼어서 과제를 하게 되었다. 인터넷 기사를 검색하는 비교적 비중이 적은 일을 맡았지만, 형·누나들의 어깨너머로 '팀플'이 어떻게 이루어지는지 보고 배울 수 있었다. 인터넷에서 부지런히 오가는 게시글과 답글, 의견 충돌과 눈치 싸움, PPT가 만들어지기까지 과정, 그리고 꼭 하는 사람만 하게 된다는 무서운 진실까지! 그래도 다행히 우리 조는 기말시험 직전 진행된 발표에서 2등을 차지했다.

여름방학이 끝나고 2학기에 접어들면서 김홍열 선생님의 정보사회학 수업과 다른 두 개의 경제학 수업을 새롭게 청강하게 되었다. 한 가지 달라진 점이 있다면 이제 아침마다 혼자 학교까지 가야 한다는 것이었다. 그때부터 일주일에 두 번, 다섯 시 반에 알람이 울리면 벌떡 일어나 허겁지겁 씻고 재빨리 아침을 먹은 뒤 정류장으로 달려가 버스를 탔다. 버스는 그때쯤이면 항상 출근하는 사람들로 만원을 이루었다. 다행히 우리 집은 종점에서 가까운 곳이라 편하게 앉아서 갈 수 있었는데, 나는 머리카락이 젖는 것도 모른 채 성에가 낀 창문에 머리를 대고 곯아떨어지곤 했다. 한 시간 반이 흘러 영등포역이라는 안내방송이 들리면 부리나케 지하철로 갈아타야 했다. 그렇게 다섯 정거장을 지나 온수역에 도착해 10분여를 서둘러 걸어가면 마침내 '성공회대학교'라고 적힌 표지석을 볼 수 있었다. 날이 추워지면서 학교까지 가는 머나먼 여정도 점점 고단해졌다.

수업들은 여전히 어려웠지만 흥미롭기도 했다. 그중 가장 인상 깊었던 수업은 역시 김수행 교수님의 '정치경제학'이었다. 교수님은 수업 내내 학생들에게 열변을 토하셨다. "자네들이 지금 취업 걱정을 하고 있을 때가 아니야! 혁명을 일으켜서 자본가 계급을 다 뒤집어엎어야 해! 그렇게 일자리는 쟁취해야 하는 거라고." 누군가의 책상 위에 놓인 『맨큐의 경제학』을 보고는 이렇게 말씀하셨다. "아니 맨큐의 경제학은, 그거 다 가짜야! 다 거짓말하고 있는 거라고!" 가끔 쉬는 시간에는 나에게 오셔서 특유의 사투리로 "자네는 이해가 되는가?"라고 물어보시곤 했다. 나는 조그만 목소리로 "네"라고 대답했다. 실제로 교수님의 내공 덕분인지 다른 수업보다는 비교적 수월하게 이해할 수 있었다.

하지만 모르는 점이 있더라도 차마 질문은 하지 못했는데, 그것은 지난 몇 개월에 걸쳐 하나의 질문이 얼마나 큰 후폭풍을 몰고 오는지 똑똑히 목격했기 때문이었다. 보통은 교수님이 강의를 마치고 "질문 있는 사람?"이라고 물으면 아무도 손을 들지 않는다. 그러면 곧바로 수업이 마무리된다. 이것이 가장 자연스럽고 바람직한 상황이다. 그러나 누군가가 손을 드는 순간, 이 같은 평화로운 질서에 균열이 가기 시작한다. 가방을 싸는 학생들의 동작이 일시 정지되고 강의실 전체에 고요한 적막이 흐른다. 그리고 손을 든 학생이 질문을 시작하면 이곳저곳에서 원망스러운 시선이 쏟아진다. 그 질문이 몇 번의 문답으로 이어지기라도 하면 분위기는 더욱 싸해지는데, 참을성에 한계가 온 뒷자리의 학생들이 하나둘 자리를 뜨기 시작한다. 그렇게 질문하는 학생은 공공의 적이 되고야 마는 것이다.

나는 강의실 한편에 앉아 대학이란 무엇인지 곰곰이 생각해보았다. 내가 원하는 공부는 무엇인가? 그런 공부를 과연 대학에서 할 수 있을까? 질문이 없는 대학교는 과연 정상인 걸까? 나는 차선책으로 교수님들께 따로 이메일을 보내곤 했는데, 한 분도 빠짐없이 친절하게 답변해주셨다.

수업을 마치고 돌아오는 길은 모처럼 발걸음이 가벼웠다. 이따금 영등포에 있는 교보문고에 들러 몇 시간이고 책을 읽곤 했는데, 바로 그때 박노자의 『당신들의 대한민국』, 하워드 진의 『살아 있는 미국 역사』 등 사회를 바라보는 시선에 커다란 영향을 미친 책들을 처음 접했다. 공부와 맞닿아 있는 독서를 해나가며 나의 사고는 조금씩 깊어지고, 또 정교해졌다.

사실 지금은 잘 기억나지 않는다. 성공회대학교에서 정확히 무엇을 배웠는지, 무슨 생각을 했는지, 또 다른 사람들과 무슨 이야기를 나누었는지. 그러나 김홍열 선생님이 강조하신 한마디는 아직 마음속 깊이 또렷이 남아 있다. 바로 사회의 맥락을 짚어낼 수 있어야 한다는 것. 그곳에서 나는 사회의 맥락을 이해해보고자 하는 첫 발걸음을 뗀 것이었다. 그러한 노력은 지금도 계속되고 있고, 앞으로도 쭉 이어질 것이다. 나의 미약한 출발을 지지해주시고 격려해주신 김홍열 선생님께 큰 감사의 인사를 올린다.

조금은 불순한 의도로
시작한 글쓰기

언제였을까? 내가 글을 쓰기 시작한 것은. 아마 꽤 오래전이었을 것이다. 이제껏 살아온 인생의 반나절이 채 지나기도 전. 바래고 바랜 기억을 되짚어 올라가다 보면 그 최초의 순간에 다다른다. 기어이 글자를 떼고 단어를 익혀, 이제 막 몇 개의 문장과 그림으로 이루어진 책이라는 것에 재미를 붙이기 시작했을 무렵⋯⋯. 하루는 어머니가 나와 동생에게 백지로 묶인 스프링 노트를 건네주며 말씀하셨다.

"자, 이제부터 하루에 한 페이지씩 엄마가 정해주는 제목으로 글을 써보는 거야, 알았지?"

우리는 공책을 들고 어안이 벙벙한 채로 서 있었다. '글을 쓰라고? 날마다? 그것도 한 페이지씩?'

우리가 썩 내키지 않는 기색을 보이자 어머니는 얼른 타협안을 내놓았다.

"그럼 이렇게 하자. 꼭 한 페이지를 글로 다 채울 필요 없이 쓸게 없으면 나머지는 그림을 그리는 거야. 제목을 바꿔도 상관없고. 그리고 매일 저녁 자기가 쓴 글을 같이 읽고 이야기하는 시간을 갖는 거지. 어때, 이 정도면 괜찮겠어?"

"네, 알았어요."

그렇게 내 생각을 글로 적어보는 생애 최초의 경험이 시작되었다. 연필을 손에 쥐긴 했지만, 막상 무언가를 쓰려 하니 눈앞이 캄캄해졌다. '아니, 읽는 건 쉬운데 쓰는 건 왜 이렇게 어렵지?' 처음 얼마간은 그저 한숨을 쉬며 연필만 굴려댔다. 그러나 시간이 지나자 신기하게도 글감이 하나둘씩 떠오르기 시작했다. 오늘 나에게 일어난 일이라든지, 할머니나 할아버지에 대한 소개, 내가 좋아하는 동물 등, 주로 그날그날의 일상과 관련된 이야기를 공책에 적었다. 이를테면 '동생'이라는 제목의 글은 이런 내용을 담고 있다.

동생

동생은 떼 부리기도 하고 같이 친하게 놀기도 한다.

그리고 동생이랑 나랑 장난치기도 하고 싸우기도 한다.

그리고 동생은 좋을 때도 있고 싫을 때도 있다.

그리고 무엇을 같이할 때도 있고 동생이 뭘 갖다 줄 때도 있다.

그리고 동생은 나랑 다투기도 하고 친하게 놀 때는 뭘 나눠 먹기도 하고 게임하기도 한다.

그리고 동생이 나한테 도움이 되는 부분도 많다.

그리고 나한테는 형하고 누나하고 동생이 너무너무 필요하다.

그리고 만약 동생이 없었더라면, 나 혼자 무엇이든지 다 해야 되고 힘들었을 것이다.

그리고 동생은 떼 부릴 때도 있지만 좋다.

반면 조금 추상적인 주제를 놓고 글을 쓸 때도 있었다. 이를테면 '자유'와 같은 것이었다.

자유

자유는 모든 걸 아무 명령 없이 그냥 자유롭게 하는 것이다.

그리고 모든 걸 평화롭게 하는 것이다.

그리고 예를 들자면 잠도 그냥 아무 데서나 자고 그러는 것이다.

자유롭게 살자. 자유♡ 자유♡

그러면 곧바로 어머니에게 질문이 들어왔다.

"하영아, 잠을 아무 데서나 자는 게 과연 자유일까? 길거리에는 노숙자들도 있고 그렇잖아. 그 사람들이 과연 자유로운 삶을 살고 있는 걸까?"

나는 잠시 생각에 잠겼다.

"음, 그런데 감옥에 갇힌 사람들이 나와서 잘 수 있으면 그건 자유잖아요?"

"정말 그렇긴 하네?"

"그러니까 하고 싶은 대로 하는 게 자유라는 거죠."

이런 짧은 대화가 매일 저녁 반복되었다.

한편 십 대가 되고 나서부터는 주로 위인전과 문학 작품들을 읽고 느낀 점을 적기 시작했다. 특히 라이트 형제, 장영실, 마틴 루서 킹, 그리고 허클베리 핀의 일대기를 감명 깊게 읽었고, 나도 이다음에 훌륭한 사람이 되어 세상에 기여해야겠다고 굳게 다짐했다. 당시 썼던 글에도 그러한 일념이 조금씩 엿보인다.

　　내가 마틴 루서 킹 목사님에게 가장 배우고 싶은 것은
　　어떤 일을 하려면 어떤 어려움이 있어도 끈기 있고 최선을 다해서 그 일을 끝까지 해내고야 마는 것이다.

만일 내가 흑인이라면 백인들을 패주고 싶은 마음이 들었을
것 같다.

(중략)

나는 마틴 루서 킹 목사님이 신학대학교를 나오고도
대학원까지 가는 것을 보고 참 공부를 많이 한다고 생각했다.
그래서 나도 공부를 열심히 해야겠다고 생각했다.

2007년 1월 20일

－『마틴 루서 킹 위인전』을 읽고

나는 이 책을 읽으면서 허클베리 핀의 아버지처럼 불친절한
아버지가 아니라 링컨처럼 자상한 아버지가 되어야겠다고 생각
했다.

그리고 나는 허클베리 핀처럼 모험과 탐험을 좋아하는데,

허클베리 핀이나 톰 소여 같은 사람이 실제로 있으면 한번 만
나보고 싶다.

아니면 내가 그런 사람이 되어서 카누도 타보고
아프리카 깊숙이 탐험도 해보고 다른 사람들도 만나보고 싶다.
그리고 리빙스턴처럼 탐험가도 되어보고 싶다.

2007년 5월 20일

－『허클베리 핀』을 읽고

보통 인재들은 다 어릴 적부터 뛰어났고, 탁월한 재능이 있었다.

장영실도 마찬가지였다.

나도 유명해지고 훌륭해지고 싶지만

나에게는 그런 재능이 있기도 하고 없기도 한 것 같다.

장영실은 세종대왕 덕분에 훌륭해졌고

세종대왕도 장영실 덕분에 많은 업적을 남길 수 있었다.

그런 것처럼 서로 도움을 주고받는 일은 멋진 일인 것 같다.

나도 도움을 주고받을 수 있는 사람이 있으면 좋겠다.

2007년 7월 22일

- 『장영실 위인전』을 읽고

그때 마침 참여하게 된 홈스쿨 친구들과 함께한 독서 수업은 나의 창작욕에 결정적으로 불을 지폈다. 어쩌면 승부욕이었는지도 모르겠다. 나는 수업에 참여한 아이들 중 군계일학이 되고 싶었기에 글도 아주 정성스레 써 갔고, 글씨도 될 수 있으면 삐뚤빼뚤하게 쓰지 않으려 노력했다. 그러나 뛰는 놈 위에는 나는 놈이 있는 법. 항상 내가 보지 못한 점을 보고, 생각하지 못한 점을 생각해내는 친구들이 있었다. 그들과 함께한 짧은 시간 동안 한 가지 깨달음을 얻었다. '역시 글은 잘 쓰고 싶다고 해서 잘 쓸 수 있는 것이 아니구나!' 그러나 문제는 잘 쓰고 싶은 마음이 없으면 더 쓰기가 힘들다는 것이었다. 수업이 끝나고 경쟁자들이 사라지자 애써 글을 쓰고 싶은 마음 또한 자취를 감췄고, 그 후 오래도록 읽기의 외로운 독주가 이어졌다.

글쓰기는 우연찮은 계기로 다시 시작되었다. 중학교 2학년 나이가 되던 해, 교회에서 마주친 종찬이 형이 나의 글을 읽었다며 이렇게 제안한 것이다. "하영이, 글 잘 쓰던데? 일주일에 하나씩 책이나 글을 읽고 독후감을 써 오면 내가 봐줄 수 있는 데까지 봐줄게!" '에이, 글을 써 오라고? 그것도 매주? 그래도 종찬이 형이 봐준다니까 해볼까!' 나는 그리 오래 망설이지 않고 그러겠다고 답했다. 종찬이 형은 지적으로나 인간적으로나 좋아하고 또 존경하는 형이었기 때문이다.

바로 다음 주부터 우리는 예배가 끝나면 복도에 놓인 의자에 걸터앉아 이야기를 나누기 시작했다. 그때 백범 김구의 『나의 소원』, 『정의란 무엇인가』, 그리고 『노무현이 만난 링컨』 같은 책들을 읽고 독후감을 써 갔다. 종찬이 형은 주로 단어나 문장구조에 대해, "여기는 이런 표현이 더 좋을 것 같은데?" "이 문단은 맨 뒤로 옮기자"와 같은 기술적 조언을 해주었고, 그러면 다음 주일날 그 조언을 바탕으로 작성한 수정본과 또 다른 책의 독후감을 들고 교회로 향했다. 그 전까지 책을 무지막지한 속도로 읽어치우고 또 다른 책으로 넘어가기에 바빴던 나는, 책의 내용을 글로 정리하며 더 깊이 곱씹어보는 기회를 가질 수 있었다.

그러나 글쓰기 수업은 그리 오래가지 못했다. 각자의 사정으로 교회를 옮기게 되면서 더 이상 꾸준히 만나기가 불가능해졌던 것이다. 이후에도 종종 독후감을 쓰곤 했지만, 써야 한다는 의무감이 없으니 생각처럼 잘 써지지 않았다. 그러던 어느 날, 별생각 없이 인터넷을 돌아다니던 중 눈이 휘둥그레지는 광고 문구를 목격했다.

제23회 영광독서감상문 현상공모

공모대상: 전국 학생 및 일반인
응모요령: (주)영광도서와 (사)청목문화회 (사)목요학술회에서 선정한 20권의 도서 중 1권을 읽고 독서감상문을 제출
시상내용: 학생부 대상 500,000원 금상 300,000원 은상 200,000원 동상 150,000원 장려상 100,000원

기한을 보니 바로 이튿날이 마감이었다. 나는 서둘러 도서관에 가서 대상 도서 중 한 권을 빌렸다. 그리고 후다닥 읽은 뒤 가까스로 독후감을 썼고, 꼼꼼히 검토해볼 틈도 없이 메일로 원고를 발송했다.

몇 주 뒤 초조한 마음으로 결과를 기다리고 있던 바로 그때, 어머니의 휴대전화로 문자 한 통이 도착했다. '임하영 님, 독서감 상문 동상에 당선되셨습니다. 문학부로 전화 한 통 부탁드립니

다.' 나는 문자를 몇 번이고 보고 또 보았다. 얼마나 기쁘던지! 떨리는 마음으로 전화를 걸자 담당자가 친절하게 시상식 일정을 안내해주었다. 그러나 안타깝게도 장소가 머나먼 부산이었기에 직접 상장을 수여받는 기쁨은 누릴 수 없었다.

그러나 아쉬움도 잠시, 시상식이 끝난 지 얼마 되지 않아 소포가 하나 도착했다. 잘 포장된 서류 봉투 안에는 꼿꼿한 상장과 함께 봉투가 들어 있었는데, 그 속에는 만 원짜리 지폐 15장이 있었다. 빳빳한 새 지폐를 손에 쥔 그 심정은 정말 감격스럽기 그지없었다. '단 몇 시간 만에 쓴 글로 15만 원을 벌다니! 돈 버는 것이 그리 어려운 일이 아니었구나!' 나는 미소가 귀에 걸린 채 어머니에게 말했다. "엄마, 나 이제부터 그냥 글이나 쓸까 봐요!"

그 뒤로 매일 공모전 사이트에 접속해 새로운 소식을 확인하는 것이 중요한 일과가 되었다. 혹여 어떤 글쓰기 공모전이라도 발견할 경우, 곧바로 도서관에 가서 대상 도서를 빌려 읽고 매우 공들여 독후감을 썼다. 글 한 편을 완성하기까지 며칠이 걸릴 때도 있고, 일주일이 걸릴 때도 있었다. 그리고 마감 10분 전에야 겨우 보낼 때도 있었다. 물론 창작의 어려움은 쉽게 극복할 수 없었지만, 15만 원의 짜릿함은 마치 마약과도 같아서 무언가에 홀린 듯 쓰고 또 쓰게 만들었다.

그러나 행운의 여신은 더 이상 내 손을 들어주지 않았다. 기다리고 또 기다렸던 발표 당일 수상자 명단에서는 나의 이름을 찾아볼 수 없었고, 그런 일이 한 번, 두 번, 그리고 열 번도 넘게 계속되자 점점 자신감을 잃어갔다. '역시 나는 글을 잘 쓰는 게 아니었구나. 실은 정말 못 쓰는 거였어. 지난번에는 소가 뒷걸음치다 얼떨결에 쥐를 잡은 셈이었나 보네.' 하지만 포기하지 않았다. 아니, 포기할 수 없었다. 처음에 맛보았던 그 달콤함이 아직 내 기억 깊숙한 곳에 짙게 남아 있었기 때문이다. '아, 나의 15만 원이여!' 그것은 일종의 희망 고문에 가까웠다.

그렇게 1년여의 암울한 시간을 견뎌내자 놀랍게도 다시 기쁨의 순간이 찾아왔다. 이제 별 기대도 없이 자포자기 심정으로 결과를 기다렸는데, 쓰는 글마다 줄줄이 수상작 명단에 오르기 시작한 것이다. 그것도 처음에는 주로 장려상을 탔는데, 나중에는 우수상, 그리고 최우수상까지 수상하게 되었다. 물론 운이 좋았던 측면도 있었지만, 실패에 실패를 거듭하며 내 글이 한층 깊어지고, 또 정교해진 것이 그 이유가 아니었을까. 덕분에 통장 잔고도 생애 최대치를 기록하게 되었다.

지금까지 받은 상들이 모두 각각의 사연을 지녔지만, 그중에도 유독 특별한 의미가 담긴 상이 하나 있다. 이야기는 지금으로부터 몇 년 전으로 거슬러 올라간다. 때는 유난히도 눈이 많이 내린 크리스마스였다. 웬일인지 교회에 가지 못했던 나는 그날 저녁 어머니에게 선물을 하나 전해 받았다. 궁금한 마음에 포장을 뜯어보니 표지를 드러낸 한 권의 책. 그 맨 앞 장에는 조그만 글씨로 이렇게 적혀 있었다.

내가 이 책을 처음 접했을 때 조금만 더 일찍 알았더라면 싶었어. 그만큼 울림이 있는 삶이자 책인 것 같아. ― 하영이에게 종찬 형이. 2012. 12.

『전태일 평전』을 처음 만나던 순간이었다. 그날 밤 책을 집어 들자마자, 무언가에 홀린 듯 순식간에 책장을 넘기기 시작했다. 책을 든 두 손은 부르르 떨렸고, 눈시울은 어느새 붉어졌다. 전태일, 그가 살아야 했던 그리고 살기로 했던 삶은 강렬하고 또 충격적이었다. 그 삶의 무게와 깊이를 목도하며 한없이 가벼운 나의 삶을 반성했다. 과연 전태일의 삶을 이끌어온 가치는 무엇이었을까. 그것은 사랑이었는지도 모르겠다. 인간에 대한 사랑. 사람이 사람답게 살 수 없는 사회를 바라보며 그는 분노하고 또 고뇌했다. 그 처절한 고뇌의 단 한 조각이라도 나는 과연 삶으로 살아낼 수 있을까. 부끄러움에 잠을 이룰 수 없었다.

이윽고 해가 바뀌어 중학교 3학년 나이가 되었을 때, 나는 전태일의 삶이 내 삶에 남긴 흔적을 적어 내려가기 시작했다. 그 글은 전태일청소년문학상 독후감 부문에 당선되었다. 시상식은 경향신문사에서 열렸다. 시상식장의 분위기는 더할 나위 없이 차분했지만, 그래도 전태일을 기리는 상을 받는다는 사실에 얼마나 가슴이 벅차오르던지! 드디어 내 차례가 오자 나는 수상 소감을 말하고, 상장을 받고, 부상으로 또 한 권의 『전태일 평전』을 받았다.

지금도 크리스마스를 맞이할 때면 생각에 잠긴다. 『전태일 평전』을 누구한테 선물하는 것이 좋을까? 안타깝게도 몇 년이 지나도록 맞춤한 사람을 찾지 못해 그대로 책꽂이에 꽂혀 있다. 그래도 한번 기분 좋은 상상을 해본다. 나보다 손아래인 누군가가 나에게 선물 받은 『전태일 평전』을 읽고 인생을 다시 되돌아본다면, 또 독후감을 써서 상까지 받는다면, 그리고 그 친구가 부상으로 받은 또 한 권의 『전태일 평전』을 자기보다 어린 친구에게 크리스마스에 선물한다면. 그런 일이 언제까지고 계속 이어질 수 있다면 더없이 행복할 것 같다.

이제 와서 생각해본다. 과연 상금이 먼저였을까, 아니면 글쓰기가 먼저였을까. 한참을 고민하다 결론을 내렸다. 아마 상금이 없었다면 내가 쓴 수많은 글들도 존재하지 않았을 것이다. 꾸준히 생각을 정리해보는 경험도 하기 어려웠을 테고, 신문에 글을 써볼 생각은 더더욱 하지 못했을 테다. 읽기와 달리 쓰기는 오래전부터 줄곧 나를 좌절에 빠트린 앙숙이기 때문이다. 한 페이지를 읽기는 쉽지만 쓰기는 얼마나 어렵던지. 읽기의 열 배, 아니면 수십 배의 시간과 노력을 들여도 만족스러운 결과를 얻을 수 없는 것이 쓰기였다. 그럼에도 즐거운 기억으로 남아 있는 것은 누군가의 강요로 지속된 것이 아니었기 때문이리라. 조금은 불순한(?) 의도로 시작된 글쓰기였지만 알게 모르게 내 삶과 생각을 빚어온 셈이다.

공모전 인생은 한 해가 더 흘러 막을 내렸지만, 글을 쓰는 습관만은 꾸준히 이어졌다. 몇 년이 지난 지금도 글쓰기는 나의 삶을 지탱하는 가장 중요한 요소 가운데 하나로 자리한다. 그렇기에 오늘도 나는 읽고, 또 쓴다.

내가 만난 전태일

『전태일 평전』을 처음 접한 건 지난 2012년, 유난히도 눈이 많이 내리던 성탄절 저녁이었다. 온 세상은 온통 하얀색으로 물들고 있었는데, 산자락에 있던 우리 교회도 마찬가지였다. 성탄 예배를 끝내고, 나는 정말 특별한 분에게 아주 특별한 선물을 받았다. 집에 돌아오자마자 떨리는 마음으로 포장지를 열어보았더니, 그곳에는 짧은 편지와 함께 『전태일 평전』이 들어 있었다. 밤늦은 시간이었지만 『전태일 평전』과의 만남을 더 이상 지체할 수 없어서, 첫 페이지를 펼쳐 단숨에 끝까지 읽어 내려가기 시작했고, 읽으면 읽을수록 거기서 흘러나오는 무언가에 내 인생이 크게 흔들리고 있음을 어렴풋이 느낄 수 있었다. 짧고도 강렬했던 전태일과의 첫 만남이었다. 며칠이 흘러 2013년 새해가 되어서도 그 여운은 가시지 않은 채로 계속해서 마음속을 맴돌았다.

사실 『전태일 평전』을 읽기 전까지, 그동안 내가 전태일이라는 인물에 대해 나름 잘 알고 있다고 생각했던 것 같다. 그러나 지금 돌이켜보면 여태껏 전태일의 '죽음'에 대해서만 알고 있었지, 그 '삶'에 대해서는 하나도 알고 있지 못했다. 전태일의 생애를 제대로 이해하려면 그 삶을 먼저 읽어야 함에도 말이다. 『전태일 평전』을 읽으면서, 그 당시의 상황은 어떠했고 전태일이 왜 죽어야 했는지, 왜 자기 몸을 불살라야만 했는지 명확하게 이해할 수 있었다. 마지막 책장을 덮자 이런 생각이 들었다. '내가 왜 이 책을 이제야 만났지?' '1년만 더 일찍 읽었더라면 내 인생이 달라졌을 텐데……' 이제라도 이 주옥같은 책을 읽을 수 있다니 정말 다행이라고 생각했다. 전태일의 생애가 나에게 주었던 울림은 그만큼 컸다.

이처럼 첫 만남 때 받았던 느낌이 너무 강렬하고 충격적이었던 탓인지, 그 후로 얼마간 『전태일 평전』을 손에 들 엄두를 내지 못했다. 마음을 진정시키는 데 걸린 시간만 얼추 몇 달. 그만큼 시간을 보낸 후에야 다시 『전태일 평전』을 읽을 수 있었다. 처음에는 단숨에 읽어 내려갔던 것과 달리, 이번에는 천천히 정독했다. 첫 만남에서는 노동자들을 위해 싸우는 '투사'라는 느낌을 많이 받았다면, 두 번째 만남에서는 정말 따뜻하고 인간적인 모습의 전태일을 만날 수 있었다.

그런데 주변의 가족, 친구들을 비롯해서 많은 사람들은 아직도 전태일을 '불의를 참지 못하고, 희생적이고도 열정적인 투사'라고만 생각하고 있는 듯했다. 물론 전태일에게는 이런 부분도 있었지만, 이 모든 것의 중심에는 따뜻한 '사랑'이 자리 잡고 있었다. 가족에 대한 사랑, 동료에 대한 사랑, 나아가서 소외받고 억압받는 모든 사람들을 향한 사랑. 전태일이 특별했던 것은, 자신이 처한 환경도 힘들고 어려운 상황임에도 불구하고, 가족들, 같이 일하는 동료들, 자신보다 못하고 열악한 환경에서도 소리 없이 묵묵히 일하는 꽃다운 나이의 소년·소녀들을 자신보다 더 많이 아끼고 사랑했기 때문일 것이다. 이 사랑은 전태일이 지칠 때마다 다시 기운을 내고, 꿋꿋이 일어설 수 있게 만드는 힘의 원천이었다.

전태일이 이렇게 다른 사람들만 사랑한 것은 아니었다. 전태일의 일생을 보면, 자기 자신도 무척 사랑했음을 알 수 있다. 자기 자신을 사랑했기에 더더욱 배우고자 하는 꿈을 끝까지 포기할 수 없었던 것이다. 전태일은 청옥고등공민학교에서 보낸 1년도 채 안 되는 시절을 '내 생애에서 가장 행복하였던 시절'이라고 회상한다. 아침에 일어나면 친구들과 운동을 하고, 낮에는 아버지의 재봉틀 일을 도우면서 영어 단어를 외우고, 또 밤에는 학교로 달려가는 이런 치열한 일상이 반복되었다. 얼마나 열심히 살았으면, 아침에 세수할 때마다 코피로 세숫대야가 벌겋게 물들 정도였다고 일기장에 적고 있다. 나중에 재단사가 되어서도 전태일은 손에서 책을 떼는 일이 거의 없었다. 몇 푼 되지도 않는 석유곤로와 입던 바지를 팔아 통신강의 교재를 구입해서 대학 입시를 준비하기도 했다. 배움에 대한 열망이 활활 타오르고 있었던 것이다.

이런 전태일을 보면서 나 자신이 참 부끄러웠다. 주저 없이 청옥고등공민학교에서 공부할 수 있었던 시절을 인생에서 가장 행복했던 기억으로 꼽은 전태일. 나는 그런 전태일에 비해 공부할 수 있는 기회를 수백 배, 아니 수천 배 더 많이 누리고 있음에도 배움의 열정을 잃은 채 하루하루 살아가고 있었다. 전태일이 만약 지금 내 자리에 있고 내가 그 당시 전태일의 자리에 있다면 어떠했을까? 전태일은 아마 지금의 대한민국에서 태어났더라도 열심히 공부해서 근로자들의 열악한 노동환경을 개선하기 위해 싸우고 있을 것이다. 만약 내가 지금 1960년대로 돌아간다면 전태일과 같이 담대하게 투쟁할 자신이 없다. 그러나 지금 이 자리에서 내가 할 일을 충실하게 감당한다면, 전태일 열사께서 하늘에서 보고 기뻐하지 않을까!

그렇다면 지금 내가 해야 할 일은 무엇일까? 우리 청소년들이 해야 할 일은 전태일이 못다 이룬 꿈을 이루기 위해 자기 자리에서 더 열심히 노력하는 것이 아닐까 생각해보았다. 전태일이 근로기준법 책을 가슴에 품고 "내 죽음을 헛되이 하지 말라!"고

외치며 자기 몸을 불사른 지도 벌써 43년이 흘렀다. 그동안 많은 것들이 바뀌었다. 전태일과 여공들이 일하던 평화시장은 이제 청계천이 흐르는 거리로 탈바꿈하였고, 그 주변에는 전태일 동상과 전태일 다리도 생겨났다. 노동자들의 처지도 비교적 많이 나아졌다. 그럼에도 그때나 지금이나 달라지지 않은 것들도 많다. 오늘날에도 여전히 노동자들은 비정규직 정규직화, 정리해고 노동자 복직 같은 문제를 둘러싸고 치열하게 투쟁하는 중이고, 지금 이 순간에도 곳곳에서 무고한 노동자들이 죽어 나가고 있다. 한진중공업, 쌍용자동차 같은 문제가 사회 곳곳에서 터져 나오고 있지만, 아직 해결될 기미조차 보이지 않는다. 벌써 쌍용자동차에서는 구조조정 이후에 무려 24명의 노동자와 그 가족들이 목숨을 끊었고, 마찬가지로 KT에서도 올해에만 벌써 24명의 노동자가 세상을 버렸다. OECD 국가들 중 자살률 1위에다 하루 평균 42명이 자살하는 자살왕국 대한민국. 아마 이 중에 대다수는 계속되는 기업주들의 정리해고, 월급 삭감으로 말미암은 경제적인 압박에 시달리다가 스스로 목숨을 끊은 사람들이 아닐까?

사실 전태일이 살던 당시에도 그렇고 지금도 그렇지만, 노동자들의 요구는 그다지 달라지지 않았다. 43년 전 전태일의 요구는 "근로기준법을 지켜달라"는 너무도 소박한 것이었다. 지금은 어떨까? 얼마 전에 철도 민영화 반대 투쟁을 벌이는 철도노조

위원장의 이야기를 들어볼 기회가 있었는데, 그분들의 요구도 43년 전 전태일이 요구했던 것과 마찬가지로 매우 소박했다. 그분들의 가장 큰 요구는 "우리에게 노동기본권을 보장해달라"는 것이었고, 이 말은 곧 "우리는 기계가 아니다", "우리도 좀 사람답게 살자"라는 말과 일맥상통한다. 이처럼 노동자들이 기본적인 권리를 얻기 위해 목숨까지 걸어야 하는 상황은 아직도 바뀌지 않았고, 그것이 나에게는 큰 충격으로 다가왔다. 43년 전 전태일은 이런 세상을 꿈꾸었다. 인간이 인간을 착취하지 않는 세상, 누구나 차별받지 않고 살아가는 평등한 세상. 그러나 이런 세상은 아직 오지 않았고 전태일의 꿈은 현재진행형이다.

나도 이 사회의 불합리한 구조를 파헤쳐보려고 나름대로 애쓰며 공부하던 시절이 있었다. 애덤 스미스, 카를 마르크스 같은 사상가들의 책을 읽어보면서 도대체 자본주의 사회의 문제점이 무엇일까 생각해보기도 하였다. 여기에는 자본주의 사회에 대한 이 두 학자들의 이론은 있었지만, 이 사회를 바꿔나가고자 하는 실질적인 노력이나 해결 방안이 빠져 있는 것 같았다. 이런 와중에 읽은 책이 바로 『전태일 평전』이었다. 대한민국에서 고통받고 억압받는 모든 노동자들을 사랑했고, 그 사랑을 자기 한 몸 다 바쳐 보여주었던 전태일. 그 생애를 다룬 책만큼 위대한 책이 또 있을까 다시금 생각해본다. 전태일은 생각에만 그치는 것은 해결책이 아니라고 이야기한다. 인간에 대한 사랑, 그리고 그 사랑을 구체적으로 실천하는 것만이 더 나은 사회를 만들 수 있다는 교훈을 배운 소중한 시간이었다.

근로기준법 책을 가슴에 품고 인간 해방을 외치며 자신을 불태운 전태일. 다시 한번 전태일 열사께서 못다 이룬 꿈을 조금씩이라도 이뤄나가기 위해, 지금 이 자리에서 한 걸음 한 걸음 용감하게 발자국을 내딛겠다고 스스로 다짐해본다.

어쩌자고
이 무시무시한 미국에 온 걸까

미국에 간다는 것은 정말 상상하지도 못하던 일이었다. 항상 신
문 1면이나 2면, 3면, 아니면 4면에 등장하는 가깝고도 먼 나라.
에이브러햄 링컨과 프랭클린 루스벨트의 나라. 기회의 땅인 동
시에 가장 절망스러운 땅. 지극히 위대한, 그러나 참을 수 없을
만큼 추악한 사회. 이라크 전쟁, 관타나모 수용소, 마이클 무어,
그리고 오바마 대통령. 여러모로 선망의 대상이자 원망의 대상
이었던 미국. 살면서 한 번쯤은 가볼 수 있겠지 생각했는데 그때
가 열일곱 살일 줄이야…….

　나는 부모님과 작별 인사를 나눈 뒤 조그만 벤치에 멍하니 앉
아 있었다. '그래 이제 떠나는 거야. 밖에 비행기가 보이잖아. 미
국에 가는 거라고! 그런데 이게 진짜인 걸까?' 살짝 허벅지를 꼬

집어보니 곧바로 아릿한 느낌이 뇌에 전해졌다. 그렇다. 이것은 현실이었다. 나는 몇 분 뒤면 샌프란시스코행 비행기에 오르게 될 것이었다.

모든 일은 바로 직전 여름에 시작되었다. 유난히도 무더웠던 그해 여름, 몇몇 홈스쿨 가정들이 강원도에 모인 적이 있었다. 서로 안부를 물으며 오붓한 시간을 보내고 있을 무렵, 갑자기 피부가 허여멀건 사람들이 등장했다. '아이고, 이게 대체 무슨 일이야. 영어는 생각나지도 않는데.' 순간 도망치고 싶은 충동이 솟아올랐지만, 한국에 대해 좋은 인상을 심어줘야 한다는 생각이 엉덩이를 무겁게 짓눌렀다. 결국 미소를 지으며 얌전히 앉아 있는 수밖에 없었다.

타테오시안 부부에게는 아들이 세 명 있었는데, 그중 첫째인 매튜와 가장 먼저 친해졌다. 우리는 꽤 많은 공통점을 가지고 있었다. 우선 둘 다 클래식 음악을 좋아했고, 바이올린을 연주했다. 취미로 화폐를 수집하고 정치에 관심이 있다는 점도 비슷했다. 나는 무언가 말을 하고는 싶었지만, 그 말이 입 밖으로 나오지 않았다. 그것은 한국어 수업을 들었던 매튜도 마찬가지여서 서로 상대방의 언어로 단어 몇 개만 주고받을 뿐이었다. 나머지는 몸으로, 혹은 눈빛으로 소통해야 했지만, 나름 재미있는 시간을 보냈기에 헤어질 때는 아쉽다는 생각마저 들었다.

우리는 이후에도 종종 연락을 주고받았다. 좋아하는 바이올리니스트가 새 앨범을 내거나, 공들여 쓴 글에 교정이 필요하거나, "싫어!"가 영어로 뭔지 궁금할 때였다. 그러는 사이 시간은 쏜살같이 흘러 낙엽이 떨어지고 겨울이 왔다. 그날도 시린 손을 비벼가며 노트북 앞에 앉았는데 매튜에게 온 메시지가 눈에 띄었다.

"하영, 혹시 한국에도 겨울방학이 있어?"

"당연히 있지! 그런데 왜?"

"우리 가족이 올겨울에 너를 초대하기로 결정했거든, 너만 괜찮다면 말이야."

"진짜? 나야 당연히 좋지. 우선 부모님께 물어보고 알려줄게."

나는 서둘러 부모님께 이 기쁜 소식을 전했다. 두 분 다 조금 놀란 표정이었는데, 일단 생각해보자고 했다. 사실 미국에 가는데 가장 걸림돌이 되는 문제는 우리 가족의 경제 사정이었다. 비행기 표, 식비, 생활비, 의료보험료 등 적잖은 돈이 필요할 텐데 쉽게 결정하기에는 좀 부담되는 금액이었던 것이다. 나는 매튜에게 답장을 보냈다. "초대해줘서 고맙지만 못 갈 수도 있을 것 같아. 사실 우리 집 형편이 그리 여의치 않거든. 좀 더 생각해보고 알려줄게."

그로부터 얼마간 쉽지 않은 고민이 계속되었다. 당장 내일이라도 떠나고 싶은 마음이 간절했지만 부모님은 좀 더 시간을 두고 신중하게 생각해보자고 했다. 시간은 계속 흘러가는데 좀이 쑤셔 도무지 견딜 수가 없었다. 눈을 감으면 자유의 여신상이 코앞에 보이는 듯했고, 의회에서 연설하는 오바마 대통령의 모습이 떠올랐다. 여태까지 받은 상금을 모아보니 비행깃값의 2/3 정도는 마련할 수 있을 것 같았다. 그러나 문제는, 그 나머지를 무슨 수로 해결한단 말인가?

한참 머리를 싸매고 있을 때 매튜의 어머니, 캐롤린에게 이메일이 왔다. 미국에 오려면 무엇을 준비해야 하는지, 얼마나 머무를 수 있는지 등 여러 자세한 이야기가 적혀 있는데 메일의 마지막 한 문장이 눈에 번쩍 띄었다. 'It is free to come to our house.' '세상에 이런 일이! 감사합니다, 캐롤린 아주머니 흑흑.'

나머지 경비를 두고 계속 고민하던 중 또 좋은 소식이 하나 들려왔다. 바로 아버지의 오랜 친구 분들이 격려차 용돈을 보태주시겠다는 것이었다. 불가능할 것만 같았던 미국 방문은 그렇게 현실이 되었다.

나는 샌프란시스코로 가는 비행기에 앉아 창문 덮개를 올렸다. 드넓은 하늘에 새하얀 뭉게구름이 내다보였지만 마음속은 복잡하기 짝이 없었다. '입국 심사는 잘 마칠 수 있을까? 휴스턴으로 가는 국내선 비행기는 제시간에 탈 수 있을까?' 원래 항공

사마다 비동반 소아서비스가 있기 마련이지만, 나는 가장 저렴한 비행 편을 선택했기에 모든 것을 알아서 해야만 했다. 점점 걱정은 커져만 갔고, 극도로 긴장한 탓에 열 시간 동안 한숨도 눈을 붙이지 못했다.

아니나 다를까, 나의 악몽은 얼마 후 현실이 되었다. 비행기에서 내려 두 시간 동안 줄을 선 끝에 입국심사대에 도착하자, 깐깐해 보이는 백인 아주머니가 몇 분간 내 여권과 나를 번갈아 노려보기 시작했다. 나는 초조한 마음으로 안절부절못하며 서 있었는데, 그것은 얼마 지나지 않아 시작된 속사포 질문 공세의 예고편에 불과했다.

"만 15세밖에 되지 않았는데, 지금 여기서 뭐 하는 거죠?"
"부모님은 어디 계신가요?"
"가출한 건 아니죠?"
"그러니까 미국엔 도대체 왜 온 거예요?"
너무 당황한 나머지 말이 제대로 나오지 않았다.
"어, 저기, 그게…… 저는, 친구네 집에서 지내러 오긴 했는데요."

입국 심사관은 나를 몇 초간 더 노려보더니 어딘가에 전화를 걸었다. 그리고 잠시 후 덩치가 우람한 흑인 아저씨가 와서 나를 이상하고 퀴퀴한 방에다 집어넣었다. 거기에는 이미 수십 명의 사람들이 앉아 있었는데, 모두 수심에 찬 표정을 하고 있었다. 아무래도 입국 심사에서 문제가 생긴 사람들만 모아놓는 곳 같았다. 나는 문을 지키고 있는 험상궂은 인상의 대머리 아저씨를 상대로 대화를 시도했다.

"저기요, 저는 빨리 다음 비행기를 타야 한다니까요? 지금 안 가면 놓칠 수도 있어요!"

그 아저씨는 눈을 부라리며 차갑게 답했다.

"조용히 하고 가서 가만히 앉아 있어요!"

자리로 돌아가려는데 하마터면 눈물이 나올 뻔했다. '내가 어쩌자고 이 무시무시한 데 온다고 한 걸까? 그냥 집에서 조용히 책이나 볼걸.' 불안, 초조, 절망, 좌절이 한꺼번에 몰려왔다. 다 포기하고 한국으로 돌아가고 싶었다. "하융 림?" 그때 어디선가 나를 부르는 소리가 들려왔다. 이후 책상 앞에 앉아 두 시간 동안 조사를 받고 풀려났는데, 다음 비행기를 놓친 것이 확실한 터라 무척이나 망연자실했다. '아, 비행기를 놓치고 말았구나. 이제 샌프란시스코에서 어떻게 살아남아야 하지? 에휴.' 그러나 탑승구에 도착해보니 다행스럽게도 비행기는 한 시간 정도 연착되었고, 잠시 뒤 기내에서 오렌지 주스를 홀짝이며 놀란 가슴을 진정시킬 수 있었다.

휴스턴에 도착했을 때는 거리에 어둠이 짙게 드리워 있었다. 타테오시안 가족과 간단히 인사를 나눈 뒤 욕조에 앉아 오늘 일어난 일들에 대해 생각해보았다. 그렇다. '그럼에도 불구하고' 나는 미국에 오고야 만 것이었다!

미국은 나에게 젖과 꿀이 흐르는 멋진 신세계였다. 사람들은 친절했고, 맛있는 것도 정말 많았다. 특히 타테오시안 가족의 냉장고에는 정말 없는 것이 없었다. 새콤달콤한 각종 과일주스, 유기농 요플레, 프랑스 초콜릿, 아몬드를 비롯한 각종 견과류, 바나나, 아보카도, 자몽 같은 과일, 또 날이면 날마다 먹을 수 있는 고기, 생선, 치즈, 샐러드까지. 풍성한 먹을거리들에 매번 눈이 휘둥그레지곤 했다.

타테오시안 가족은 삼층집에 살고 있었는데, 그렇게 넓은 집에 머무르는 것 또한 태어나서 처음이었다. 룸메이트인 티모시는 98년생 동갑내기였지만, 관심사만큼은 전혀 달랐다. 나는 정치에 흥미가 있었고, 티모시는 분자생물학에 푹 빠져 있었다. 우리는 서로의 분야에 대해 거의 아는 것이 없었지만 가끔 이런 대화를 나누곤 했다.

"하영, 너는 철학이 왜 이 세상에 필요하다고 생각해?"

"철학이 왜 필요하다니, 갑자기 그게 무슨 소리야?"

"내가 생각을 해봤는데, 철학은 별 쓸모가 없는 것 같아서."

"아니, 왜? 우리가 사는 데 철학이 얼마나 중요한데!"

"생각을 해봐. 철학에는 답이 없잖아. 철학 수업에서는 모두가 답이 없는 고민을 하면서 몇 시간이고 가만히 앉아만 있다는 거지. 완전 시간 낭비 아니야? 더군다나 혹시 답이 나온다고 하더라도 각자의 답이 다 다르잖아. 그러니까 별로 효율적이지도 않고."

"물론 철학이 어려운 질문들을 다루고 있긴 하지. 그런데 나는 그게 너무나도 중요한 문제이기에 손쉽게 결론을 내릴 수 없는 거라고 생각해."

"그래, 그렇다고 치자. 그러면 철학이 인류에 기여하는 게 뭔데? 과학은 불치병을 치료할 수도 있고 신기술을 만들어 생활을 편리하게 만들 수도 있는데 철학은 별로 하는 게 없잖아."

"음, 철학은 대신 인간이 어떻게 살아야 하는지, 어떤 사회를 만들 수 있는지 고민해볼 수 있는 학문인 것 같아. 예를 들어 핵폭탄을 만든 건 과학자지. 그런데 그걸 어떻게 사용할지 여부를 결정하는 건 과학자들이 아니었단 말이야. 또 우리가 민주주의를 할지 공산주의를 할지 사회주의를 할지, 이런 문제들도 과학이 해결할 수 있는 게 아니고."

"그렇다고 그걸 철학이 해결해주나?"

"물론 그건 아니지만…… 음, 나도 모르겠다. 정확히 철학이 뭔지."

이렇게 대화는 항상 흐지부지 마무리되고 말았다.

하루 종일 같은 공간에서 생활하며 시간을 보내다 보니, 우리는 머지않아 찰떡궁합이 되었다. 공부, 숙제, 운동 등 하루 일과의 대부분을 함께했고, 외출할 때도 꼭 붙어 다녔다. 특히 한국 드라마를 볼 때는 더욱 죽이 잘 맞았다. 당시 캐롤린과 티모시는 한국 문화를 배운다는 구실로 사극을 보고 있었는데 거기에 나까지 합류하게 된 것이다. 캐롤린은 스케줄이 바빠 함께하지 못하는 때가 많았지만 우리 둘은 곧 열혈 시청자가 되었다.

매 주말 저녁이 오면 우리는 조그만 램프를 켜놓고 이층 침대에 납작 엎드려 드라마를 시청했다. 당시 우리가 재미있게 보던 「뿌리깊은 나무」는 조선 시대를 배경으로 한 사극이었다. 세종대왕 역을 맡은 한석규 아저씨가 '우라질'을 외치며 물건을 집어 던질 무렵이면 꼭 어디선가 쿵쿵거리는 소리가 들려왔다. 그와 동시에 우리 둘 사이에는 한바탕 소동이 벌어졌다.

"지금 누구 오는 거야?"

"어, 그런 것 같은데?"

"야, 야, 불 꺼! 그리고 빨리 밑으로 내려가, 빨리!"

"알았어, 알았어!"

우리는 서둘러 이불 속으로 들어가 눈을 감았다. 아니나 다를까 잠시 후 브루노 아저씨가 방문을 열고 들어왔다.

"혹시 내 갤럭시탭 본 사람 있니?"

"음, 저는 못 봤는데요. 하영, 넌 봤어?"

"아니, 나도 본 적 없는데?"

"그래? 그럼 잘 자거라."

드라마 시청은 밤늦게까지 계속되었고, 다음 날 아침이면 브루노 아저씨는 자신의 침대 옆에 놓인 갤럭시탭을 보며 머리를 긁적였다. "내가 이걸 여기다 뒀었나?"

즐거운 날들이 계속되었고, 불법체류자가 되어도 좋으니 이대로 눌러앉고 싶다는 생각도 들었다. '이제 며칠이나 남았지?' 매일 달력을 볼 때마다 아쉬운 마음이 가득 차올랐다. 왠지 한국에 돌아가면 내 인생이 후퇴할 것 같은 생각이 들었고, 그래서 다시 비행기에 오르는 것만은 피하고 싶었다. 그러나 점점 시간이 지남에 따라 미국이라는 나라에 대해 다시 생각해볼 수 있는 계기가 하나둘씩 등장하기 시작했다.

첫 번째 문화 충격은 매튜와 함께 다닌 스피치 수업에서 찾아왔다. 수업 시간 10분 전쯤 주차장에 도착하면 집채만 한 포드 트럭을 여러 대 볼 수 있었는데, 운전석에서 내리는 아이들이 대부분 고등학생이었다. 게다가 외모는 또 얼마나 나이가 들어 보이던지. 웬만한 여자아이들은 짙은 화장에 키가 훤칠하고, 남자아이들도 벌써 턱수염을 기르는 경우도 있었다. 몸집도 왜소하고 영어도 잘 못하는 나는 그런 광경을 바라보며 잔뜩 위축되고 말았다.

 다행스럽게도 수업은 내가 생각했던 것보다 훨씬 재미있었다. 주제를 정해 토론을 하기도 하고, 실제로 회사에 가서 면접을 보기도 하는 등, 그야말로 '스피치'의 범주에 속하는 모든 것을 포괄하는 수업이었다. 그러나 즐거움도 잠시, 곧이어 나를 엄청난 충격에 빠뜨린 사건이 발생했다. 당시 오바마케어에 관심이 많았던 나는 같이 수업을 듣는 친구들에게도 그에 대해 곧잘 물어보곤 했는데, 아주 놀라운 답변이 돌아온 것이다. "우리가 열심히 일해서 돈을 벌었는데 그걸 왜 가난한 사람들에게 나눠줘야 하는데?"부터 "그 사람들은 게을러서 가난한 거야", "돈을 벌려면 노력을 해야지!"라는 훈수까지. 가난을 개인의 잘못으로만 몰아가는 그들을 보며 한 대 얻어맞은 것처럼 머리가 띵해졌다. 더욱 안타까운 사실은 이 아이들이 단 한 명도 빠짐없이 모두 기독교인이라는 것이었다.

 비슷한 상황이 조지 W. 부시가 주지사 시절 종종 들르곤 했다는 교회에서도 반복되었다. 휴스턴 인구의 30% 이상을 차지하는 흑인이나 유색인종은 거의 찾아볼 수 없었고, 열심히 찬양을 부르는 대부분이 보수적인 남부 백인들로 자신들은 하나님께 축복받았다는 생각에 사로잡혀 있었다. 이것은 내가 믿었던 예수님, 내가 배워온 신앙의 가치와는 전혀 배치되는 것이 아닌가!

 나는 소리치고 싶었다. '아니야, 그건 옳지 않아! 가난을 개인의 잘못으로 몰아갈 수는 없어. 그리고 하나님은 누구든지 공평하게 사랑하신다고!' 그러나 친구들의 이야기에 간단히 대꾸할 수조차 없는 것이 현실이었다. 아직도 영어를 할 때면 다리가 덜덜 떨리는 열다섯 살 소년에 불과했던 것이다. 항상 자기들끼리 어울리며 자기들의 삶에만 열심인 자기들만의 세계에 갇힌 사람들. 더할 나위 없이 행복해 보였지만, 그것을 지켜보고 있자니 왠지 씁쓸했다.

하루는 차를 타고 가다 어떤 젊은 흑인 남자가 길거리에서 노래를 부르며 막춤을 추고 있는 것을 보았다. 조그만 피켓을 하나 들고. 나는 그 모습이 너무나도 우스워 배꼽을 잡고 깔깔 웃었다.

"저 사람은 왜 저래요?"

캐롤린 아주머니는 무심한 표정을 지으며 답했다.

"어, 저거는 광고하는 거야. 돈 조금 받고."

그러면서 힐끗 달갑잖은 눈길을 보내고 다시 운전대를 잡았다.

바로 그 순간 나에게는 한 가지 의문이 생겼다. 저 사람에게는 노력이 부족했던 것일까, 아니면 그런 처지에 있었기에 저렇게 될 수밖에 없었던 것일까? 고민해보았다. 나는 나중에 저런 사람을 무시하며 업신여길 것인가, 아니면 저들을 위해 사회를 바꾸는 편에 설 것인가.

그런가 하면 하루는 휴스턴 애스트로스의 메이저리그 야구 경기를 보러 간 적이 있었다. 나는 경기장 근처의 노숙자들을 몇 번이고 쳐다보고 또 쳐다봤다. 브루노 아저씨가 "왜 자꾸 노숙자들만 뚫어지게 보고 있니?"라고 물어왔다. 나는 모르겠다고 대답했다. 그곳 노숙자들은 눈동자에 힘이 풀려 있었다. 그리고 그런 사람들이 엄연히 존재하는 곳이 바로 미국이었다.

내가 떠나기로 되어 있던 전날 저녁에는 매튜의 친구네 집에서 파티가 열렸다. 휴스턴 교외에 위치한, 그야말로 대저택이었다. 가족 전용 수영장이 따로 있고, 집에는 온갖 고급스러운 소품들이 차고 넘쳤다. 차고는 빌 게이츠, 스티브 잡스, 마크 저커버그가 모여 창업을 해도 될 만큼 넓었고, 오로지 영화를 보기 위해 따로 꾸며진 방도 있었다. 교회에서도 몇 번 본 적이 있는 그 집 첫째는, 매년 키우는 개의 생일마다 프라이팬에 스테이크를 구워준다고 자랑스럽게 이야기했다. 순간 헛구역질이 나왔다. 거리에서 본 사람들의 초췌한 모습과 스테이크를 먹는 개의 모습이 대비되면서 현기증이 몰려왔다. 그 자리에서, 인간됨이 돈으로 측정되는, 즉 돈이 없으면 인간이 될 수 없는 사회의 추한 단면을 목격하고야 만 것이다.

결국 여러 복잡한 감정이 뒤얽힌 채 미국을 떠났다. 내가 본 것은 거대한 나라의 지극히 일부분이었지만, 그 한 장면 한 장면은 마음속 깊숙한 곳에 또렷이 새겨졌다. 한국에 돌아온 뒤로 고민이 더욱 깊어졌다. '나는 무엇을 하고 살아야 하지? 누구를 위해 살아야 하지?' 그 답을 찾기 위한 여정이 본격적으로 닻을 올렸다.

4.
일등이 아닌
부끄러움을 아는 공부

열일곱 살의 불안:
노예가 될 것인가, 자유인이 될 것인가

여러모로 힘에 겨운 시간이었다. 왜 공부하는지, 무엇을 이루고 싶은지, 어떻게 살아야 하는지 고민하고 또 고민해도 답을 찾을 수 없던 시절. 곧 스무 살이 된다는 두려움, 어떻게든 눈에 보이는 결과를 만들어내야 한다는 압박감에 잠 못 이루던 나날들. 다른 친구들은 몇 수 앞을 내다보며 전력 질주하고 있는데 나는 수풀이 무성한 밀림에서 길을 잃은 것만 같은 좌절감. 열일곱의 내가 마주한 것은 거대한 불안이었다.

앞으로 무엇을 공부해야 하지? 대학에 가야 하나? 아니, 그 전에 대학에 들어갈 수는 있으려나? 군대는 어떻게 해결해야 하지? 학벌, 연줄 없이 한국 사회에서 살아남을 수 있을까? 수많은 의문이 머릿속을 맴돌았지만 모두 공허한 메아리일 뿐이었다.

어느 비 오는 날 저녁, 현관문 앞에 털썩 주저앉아 생각했다. 차라리 학교에 다녔으면 어땠을까. 나에게도 정해진 길이 있으면 어땠을까. 곁에서 누군가 명확한 답을 제시해준다면 얼마나 좋을까. 소용없는 한숨을 푹푹 내쉬었다.

그 한숨은 머지않아 눈물로 변했다. 나와 동갑이거나 고작 한두 살 많은 학생들이 차디찬 바다에 가라앉았던 그해 봄. 내가 할 수 있는 건 그 참혹한 장면을 지켜보며 발을 동동 구르는 것밖에 없었다. 2014년 4월 16일, 그리고 연이은 하루하루. 나는 똑똑히 보았다. 더 이상 국민의 생명을 책임질 의지도, 능력도 없는 국가. 진상 규명은커녕 사건 은폐에 급급한 권력자들. 그리고 시간이 지날수록 더욱 거세지는 망각의 물결. 그동안 우리 사회에 존재하리라 여겨왔던 최소한의 가치들조차 무너져 내리자 허탈감과 무력감이 엄습했다. 광화문 광장에 주저앉아 다시금 생각해보았다. 나는 왜 이곳에 있는가. 내 삶의 의미는 무엇이고, 또 목적은 무엇인가.

공허한 마음을 안고 도서관으로 향했다. 우리 사회는 왜 이 모양인지, 나는 도대체 무엇을 해야 하는지, 그 실마리를 찾고 싶었다. 그때 만난 것이 손때로 거뭇거뭇해진 홍세화 선생님의 책들이었다. 『나는 빠리의 택시운전사』부터 『쎄느강은 좌우를 나누고 한강은 남북을 가른다』, 『악역을 맡은 자의 슬픔』, 『빨간 신호등』, 그리고 『생각의 좌표』까지. 젊은 날엔 민주화운동가,

회사원, 택시운전사, 귀국 후에는 신문사와 정당에 몸담으신 홍세화 선생님의 글 곳곳에는 '어떻게 살아야 하는가'에 대한 단서가 고스란히 담겨 있었다.

그중 가장 인상 깊었던 대목은 청소년들에게 전하는 당부의 한마디였다. 홍세화 선생님은 불합리한 사회에 맞서 싸우려면 두 가지 노력이 필요하다고 강조한다. 먼저 이 사회가 요구하는 능력을 갖추는 것. 사회가 원하는 실력이 없으면 이 사회에 맞서 발언하고 행동할 기회 자체를 얻을 수 없기 때문이다. 이에 더해 유념해야 할 한 가지는 사회가 인정한 본인의 능력이 당연히 보잘것없다는 점을 인식하고 그 '보잘것없음'에서 벗어나기 위해 끊임없이 노력해야 한다는 것이다. 홍세화 선생님은 이것이 쉽지 않은 싸움이라고 말한다. 사회가 요구하는 능력을 갖추면 안주할 수 있고, 안주하려는 자신을 합리화하다 보면 사회에 대한 시각 또한 비판적이기보다 긍정하는 쪽으로 기울게 되기 때문이다. 그리고 마침내 초심을 망각한 채 그저 현실에 순응하며 개인의 안위만을 위해 살아가게 된다.

그렇다면 어떻게 이 지난한 싸움을 버텨낼 수 있단 말인가? 홍 선생님의 충고는 계속 이어진다.

그래서 지금 젊은이들에게 당부하고 싶은 말은 무엇보다 이 사회를 지배하는 물신物神에 저항할 수 있는 인간성의 항체를 기르라는 것이다. 그대의 탓은 아니지만 우리 사회의 인간성은 너무 오염되었다. 물신은 밀물처럼 일상적으로 그대를 압박해올 것이며, 그대는 앞으로 살아가면서 끊임없이 물질의 크기로 비교당할 것이다. 그것에 늠름하게 맞설 수 있으려면 일상적 성찰이 담보한 탄탄한 가치관이 요구된다. 그리고 자기 성숙의 모색을 게을리하지 말라. 자아실현을 위한 능력을 갖추기 위해서다. 그리고 성찰이성의 성숙 단계가 낮은 사회에서 그대는 자칫 의식이 깨어났다는 이유만으로 인간에 대한 연민에 앞서 오만함으로 무장하기 쉽다. 만약 그대가 진정한 자유인이 되려고 한다면 죽는 순간까지 자기 성숙의 긴장을 놓지 않아야 한다.

그것은 쉽지 않은 일이다. 그래서 모두 쉬운 길을 택한다. 그러나 삶은 단 한 번밖에 오지 않는다. 그 소중한 삶을 어떻게 꾸릴 것인가. 그것은 그대에게 달려 있다. 자유인이 될 것인가, 아니면 물신의 품에 안주할 것인가. 다시금 강조하건대, 그것은 일상적으로 그대를 유혹하는 물신에 맞설 수 있는 가치관을 형성하는가와 자기 성숙을 위해 끝없이 긴장하는가에 달려 있다.

—『생각의 좌표』중에서

이제 나는 선택해야만 했다. 이 보잘것없는 사회를 바꾸기 위해 몸부림칠 것인가, 아니면 그저 안주하여 주저앉고 말 것인가. 물질을 추구할 것인가, 아니면 내면을 더욱 갈고닦을 것인가. 노예가 될 것인가, 아니면 자유인이 될 것인가. 물론 쉽지만은 않겠지만 나는 이 사회를 변화시키는 데 조금이라도 힘을 보태고 싶었다. 그것만이 세월호 친구들에게 진 마음의 빚을 조금이나마 갚을 수 있는 길이라고 생각했다.

그를 위해선 먼저 '이 사회가 요구하는 능력'을 갖추어야 한다. 그래야만 이 사회에 맞서 발언하고 행동할 수 있을 테니 말이다. 그러나 한편으로는 걱정이 앞섰다. 고지에 도달하려고 안간힘을 쓰다 결국 타협하게 되는 건 아닐까, 그 능력을 다 갖추기까지 긴장의 끈을 놓지 않을 수 있을까, 두려웠다. 결국 답은 하나뿐이었다. 인간성의 항체를 기르는 것. 능력을 갖추기 위한 부단한 노력에는 끝없는 자기 성찰과 회의가 뒷받침되어야 한다. 이 두 가지를 동시에 가꿔나갈 수 있는 곳은 어디일까. 홍 선생님의 책에서 마주한 프랑스의 대학 입시 장면이 머리를 스쳤다. 같은 또래인 나의 숨을 턱 막히게 만든, 그런 광경이었다.

프랑스의 고교 3학년 학생에겐 프랑스어 시간이 없어지고 철학 시간으로 대체된다(바칼로레아의 프랑스어 시험은 다른 과목에 비해 1년 앞당겨 2학년 말에 치른다). 바칼로레아에서 철학의 배점은 프랑스어와 같거나 큰 차이가 없으며, 문과 학생의 경우에는 옵션으로 철학을 선택하면 전 과목 중에서 가장 높은 배점을 차지하게 된다. 그만큼 철학 교육을 중요하게 생각하는 것이다.

학생들은 고3 일 년 동안 플라톤부터 데카르트, 로크, 흄, 몽테스키외, 루소, 볼테르, 칸트, 헤겔, 니체, 프로이트 등을 파악해야 한다. 우리처럼 시기 연대를 암기하고 저작명이나 주의 주장의 단순한 내용을 대충 알고 넘어가는 것과는 차원이 다르다. 그 차이는 시험문제로 출제되는 논제의 몇 가지 예를 보면 곧 알 수 있을 것이다. 예컨대 "망각이란 무엇인가?" "신이 없다면 모든 것이 허락되는가?" "지혜는 혁명적일 수 있는가?" "좋은 편견은 있는가?" "과학의 발전은 인간을 행복하게 하는가?" "데모크라시는 꼭 가장 좋은 체제인가?" "역사에 방향이 있는가?" 등으로 추상론부터 사회철학, 역사철학의 중요한 문제까지 등장한다. 시험은 세 가지 논제 중에서 하나를 골라 네 시간 동안 논술하게 되어 있다.

— 『쎄느강은 좌우를 나누고 한강은 남북을 가른다』 중에서

불현듯 가슴이 뛰었다. 사유하는 인간을 길러내는 나라, 노동자들이 카페에 앉아 정치를 논하는 나라, 끊임없이 연대하고 또 연대하는 나라, 그리고 똘레랑스의 나라. 나의 청춘을 이런 곳에서 보낸다면 얼마나 좋을까. 그 사회의 구성원이 되어 사유하고 토론하며 학문을 닦을 수 있다면 얼마나 좋을까. 홍세화 선생님을 만나 직접 조언을 구해보고 싶었다.

나는 용기를 내어 홍세화 선생님께 보낼 메일을 적었다.

선생님, 안녕하세요!

저는 올해로 고등학교 1학년이 되는 임하영이라고 합니다. 여태까지 학교를 다니지 않고 홈스쿨링으로 자라왔기 때문에 실제로 고등학교 1학년이 아닌 고등학교 1학년 나이가 되었다고 말씀드리는 것이 더 정확하겠네요. (중략)

공부를 하면 할수록 가장 크게 깨닫는 것은 제가 아는 것이 정말 아무것도 없다는 사실인 것 같습니다. 공부해야 할 것은 끝도 없고, 여러 이상들을 접하지만 그럴수록 머릿속은 복잡해지고, 요즘 벌어지는 일들을 보고 있자면 '내가 공부하는 것들이 과연 실현이나 될 수 있을까' 회의감이 들기도 합니다. 또 개인적으로는 이제 차츰 진로를 결정해나가야 한다는 고민과 압박감에 밤잠을 이루지 못하기도 합니다.

혹시 시간이 허락되신다면 선생님을 직접 뵙고 이야기를 들을 수 있는 기회를 갖길 원합니다. 불러만 주신다면 제가 어디든지 달려가도록 할게요! 선생님께서 제 인생의 멘토가 되어주셨으면 하는 정말 간절한 바람이에요.

너무 두서없이 많은 이야기들을 적어 죄송하고, 또 감사합니다!

임하영 드림

그러자 놀랍게도, 얼마 지나지 않아 답신이 도착했다.

　안녕하세요?

　보내주신 글, 기쁘고 반가운 마음으로 읽었습니다. 임하영 님 스스로 말씀하셨듯이 임하영 님은 훌륭한 부모님 아래 엄청난 행운을 누리셨고 또 누리고 있습니다. 제가 임하영 님의 멘토가 되기에는 부족할 듯싶고, (실은 제가 멘토라는 말 자체에 거부감이 좀 있어요. 제가 감히 누구의 멘토가 될 수 있다는 생각도 하지 않고요. 자신의 삶에 대한 최종 책임자, 최종 평가자는 결국 자기 자신이어야 하기 때문에.) 멘토의 자격이 아니라 동시대를 살아가는 동반자로서, 또는 한국 사회를 나름대로 열심히 살아보려고 했던 한 선배로서, 앞으로 한국 사회를 열심히 살아갈 후배와 만나는 자리라면 제게도 즐거운 만남의 자리가 될 것 같아요.

　그럼, 연락 기다리고 있겠습니다. 연대의 인사드리며 이만 줄입니다. 늘 건강하세요.

홍세화 드림

답신을 읽어 내려가던 그 몇 초간, 숨이 멎을 것만 같았다. 동반자, 동시대를 살아가는 동반자라고 하셨다. 홍세화 선생님이 직접 이런 메일을 보내주시다니! 정말이지 감격스러웠다. 홍세화 선생님을 만난 것은 가을이 막바지에 달하던 10월의 어느 날이었다. 긴 코트에 목도리를 두르고 나타나신 홍 선생님은 내내 담배를 태우며 잠자코 나의 고민을 들어주셨다. 가끔 동네 할아버지처럼 눈웃음을 지으시며. 그리고 중간중간 말씀하셨다.

"조급해하지 말아야 돼. 초조함은 남과의 비교에서 비롯되는 거야. 남은 중요하지 않아. 어제의 나와 오늘의 내가 얼마나 다른지, 또 내일은 얼마나 발전할 것인지 나 자신을 비교하고 성찰하는 것이 중요하지."

"실패하는 것이 중요해. 실패하고 또 실패하고. 아주 멋지게 실패하는 거야. 더 멋들어지게 실패하기 위해서는 더 많이 부딪쳐보아야겠지?"

"프랑스 좋지! 그런데 공부를 아주 열심히 해야 할 거야. 글도 열심히 써야 하고. 내가 알기로 프랑스에서 학부부터 차근차근 공부하고 돌아온 사람은 별로 없을 거야."

"자본주의가 이 상태로 지속된다면 마지막에는 자연이 반란을 일으키지 않을까? 그럼 지구는 파국에 이르고 말 테고. 그때에서야 사람들은 자본주의와 환경을 돌아보기 시작하겠지……."

시간이 얼마나 지났을까. 반쯤 열린 창문으로 서늘한 공기가 밀려왔다. 홍 선생님은 앞으로도 종종 얼굴을 보자며 자리에서 일어나셨다. 나는 사라져가는 '선배님'의 뒷모습을 물끄러미 바라보았다. 그리고 주섬주섬 웃옷을 챙겨 발걸음을 옮겼다.

그날 밤 홍 선생님은 나의 가슴에 자그마한 불씨를 던져주셨다. 나 자신을 끝없이 태워야 내리 타오를 수 있는, 그런 불씨. 불안과 좌절, 절망과 분노가 여전히 가슴 한구석에 남아 있었지만, 이제 용기와 확신을 가지고 마땅히 걸어야 할 길을 걷기로 했다. 그 불씨를 살려 이 사회를 좀 더 따뜻하게 만드는 데 이바지할 수 있도록. 변화의 불꽃이 더욱 활활 타오르는 데 기여할 수 있도록 말이다.

어디서부터 출발해야 할까. 다음 날 아침, 나는 홍 선생님이 이사장으로 계신 학습협동조합 '가장자리'에 전화를 걸어 초급 프랑스어 수업을 신청했다. 사회가 요구하는 능력, 그리고 인간성의 항체를 기르기 위한 첫 발걸음은 그렇게 시작되었다.

손미나 선생님,
어떻게 가슴 뛰는 직업을 찾나요?

살아온 나날이 그리 길지 않지만, 돌이켜보면 내 인생에는 수많은 만남의 순간들이 존재했다. 자연과의 만남, 책과의 만남, 예술과의 만남, 그리고 종교와의 만남. 그중에서도 가장 기억에 남는 것은 역시 인연, 즉 사람과의 만남이다. 특히 나보다 앞서 인생을 경험하신 선배님들과의 만남은, 내가 좌표를 잃고 흔들릴 때마다 다시금 나아갈 방향을 점검해볼 수 있는 나침반이 되어주었다. 그분들께 나는 인생을 대하는 자세를 배웠고, 사회를 바라보는 따뜻한 시선을 배웠다. 끝없이 타오르는 열정을 배웠고, 한쪽에 치우치지 않는 균형을 배웠다. 또한 어려운 일에 도전하는 용기를 배웠고, 난관에 부딪혀도 포기하지 않는 끈기를 배웠다. 그렇게 조금씩 성장해갔다.

요즈음 만난 선배님 중 가장 기억에 남는 분은 바로 손미나 선생님이다. 작가이자 언론인, 사업가이자 인생학교 서울의 교장 선생님. 수많은 청년과 여성들의 멘토이자 롤모델. 하루하루 눈코 뜰 새 없이 바쁜 일정을 소화하고 계시지만, 그렇게 분주한 와중에도 항상 '자기다움'을 잃지 않으시는 분. 이렇게 멋지게 살고 계신 선배님을 스승 삼을 수 있다는 것은 정말 커다란 행운이었다.

내가 '손미나'라는 이름을 처음 알게 된 것은 열세 살 무렵, 도서관에서 우연히 한 권의 책을 발견하면서였다. 구름이 가득한 하늘 배경에 멋진 소 한 마리가 그려진 표지, 그리고 '스페인, 너는 자유다'라는 강렬한 제목. 무언가에 홀린 듯 책을 집어 단숨에 읽어 내려가기 시작했다. 그때만 해도 스페인은 굉장히 생소한 나라였기에 책에 묘사된 장면 하나하나가 무척 인상적이었다. 살아 있는 소와 벌이는 투우 경기라든가, 클럽에서 밤새 플라멩코를 추는 사람들. 그리고 프랑코, 히틀러, 가우디 등 책 곳곳에 등장하는 인물 이야기까지. 그때 처음으로 생각해보았다. '아, 나도 언젠가 외국에 살면서 공부할 수 있다면 얼마나 좋을까!' 아쉬움 가득한 마음을 뒤로하며 마지막 책장을 덮었다. 이후에도 『다시 가슴이 뜨거워져라』, 『파리에선 그대가 꽃이다』를 재미있게 읽으며 작가 손미나의 팬이 되었다.

그리고 2015년 어느 날, 『페루, 내 영혼에 바람이 분다』를 읽으며, 문뜩 손미나 선생님을 한번 만나보고 싶다는 생각이 들었다. 때마침 인터넷 서점에 올라온 작가와의 만남 이벤트가 눈에 띄어 신청했고, 얼마 뒤 합정동 어느 조용한 카페에서 두 시간 동안 재미난 페루 여행 이야기를 들을 수 있었다. 행사가 마무리된 후에는 곧바로 사인회가 이어졌다. 오랜 기다림 끝에 내 차례가 다가왔는데, 나는 사인을 요청하는 대신 이메일 주소를 여쭤보았다. 손미나 선생님은 흔쾌히 주소를 적어주시고는 이렇게 말씀하셨다. "또 만나요!" 그때는 정말 또 만나게 될 줄 꿈에도 몰랐다. 집으로 돌아온 나는 그동안 궁금했던 점들을 모아 정성껏 이메일을 적었다.

　　손미나 선생님, 안녕하세요, 저는 임하영이라고 합니다.

　　그제 빨간책방에서 선생님 말씀하실 때 맨 앞자리에서 듣고 있다가 글쓰기에 대해 질문한 학생이에요! 끝나고 여러 가지 여쭤보고 싶은 것이 많았는데 그러지 못해 이렇게 메일을 적어봅니다.

　　아, 궁금한 것을 여쭤보기 전에 제 소개부터 간단히 하는 것이 좋겠네요! 저는 지금 고등학교 2학년 나이지만, 학교에 다니지 않고 홈스쿨링을 하고 있어요. 제 스스로 내린 결정이라기보다 부모님의 결정이었죠. 두 분이 결혼 전부터 그런 생각을 가지고 계셨으니깐요. 아마 유럽의 여러 공동체를 방문해서, 그곳의 아이들이 어떻게 자라는지 보시고 그런 결정을 내리신 것 같아요. 덕분에 저는 태어나서 한 번도 학교에 다니지 않고 홈스쿨링으로 자라왔습니다. 어렸을 때 저희 집에는 TV도 없고 컴퓨터도 없어서 책을 많이 읽으며 지냈습니다. 중학교 때는 주로 사회과학 서적을 많이 읽으면서, 대학교 수업을 청강도 해보고 강연회에도 다니며 재미있게 지낸 것 같네요.

그런데 십 대 후반이 된 이후로 마음이 많이 무거워졌어요. 특히 고등학교 1학년 나이가 되던 해 터진 세월호 사건을 보며 정말 안타까운 마음을 지울 수가 없었습니다. 생명을 존중하지 않는 권력자들에 분노하기도 했고요. 딱 제 나이만 한 학생들이 그렇게 죽어갔는데……. 내 삶은 도대체 무슨 의미가 있을까, 나는 어떻게 살아온 것일까 회의가 밀려들더군요. 그와 동시에 제 주변을, 그리고 한국 사회를 돌아보게 되었어요. 그런데 다들 정말 지쳐서 쓰러지기 직전에 있더라고요. 물론 제 자신은 제도권 교육밖에 있었지만 바로 옆의 친구들은 대부분 그 속에서 주입식 교육으로 고통받고 있었고, 사회 전체로 시선을 넓혀도 부의 양극화, 비정규직, 자살, 스트레스 등 정말 여러 가지 문제가 보였습니다. 이런 문제를 해결해나가는 데 제가 앞으로 어떻게 기여할 수 있을까 고민하면서 개인적인 진로에 대한 생각도 한층 깊어졌지요.

딱 그 시점에서 올해 여름에 저도 유럽으로 3개월 동안 여행을 다녀오게 되었습니다. 가정 형편이 어려웠는데, 열심히 일해서 돈을 벌고 또 주위 분들이 도와주신 덕분에 갔다 올 수 있었습니다. 유럽을 선택한 이유는 사회 안전망이 잘 되어 있을 것 같다는 막연한 기대감 때문이었어요. 결국 우리가 한국에서 이렇게 살고 있는 것은 한 사람 개개인의 '국민성'보다는 사회 전체가 나아가는 '방향성'의 차이에서 비롯되는 것 같았거든요. 실제로 저는 그 3개월 동안 상당히 많은 것을 느끼고 돌아왔습니다. 지금 돌아보면 제가 너무 미숙한 여행자가 아니었나 하는 후회도 있지만 말이에요. 여행을 떠나기 전에는, 단순히 여러 관광지를 돌아다니며 그곳에서 일어나는 서툰 감정만을 소비하는 관광객이 아니라, 끊임없이 물음을 던지며, 사색하고, 현지인들과 부대끼며 그들의 문화와 삶의 터전을 이해하는 데 목적을 두자고 그렇게 다짐했건만, 그게 그리 쉬운 일은 아니더군요.

결국 돌이켜보면 끝없는 물음들을 해소하기 위해 여행을 떠났는데, 그 물음들이 해결되기는커녕 더 많은 물음들을 얻어서 돌아온 것 같아요. 갔다 와서 더욱 고민이 깊어진 셈이죠. 그래서 선생님께 이것저것 여쭤보고 싶었어요. 그럼 제가 궁금했던 것들을 적어볼게요.

우선 여행에 대해서 말인데요, 선생님께선 여행에 많은 초점을 두고 활동하고 계신 것 같고, 실제로 여행이라는 것이 자기 자신을 돌아볼 수 있는 훌륭한 도구이기도 하지만, 하루하루 절박한 생존 전선에 놓인 사람들에게는 허무맹랑한 이야기가 아닐까 생각해요. 여행도 말하자면 자기 돈을 들여 스스로를 위해 하는 것인데, 돈 없고 가난한 이들은 아예 할 수조차 없잖아요. 혹여 여행을 떠날 수 있다 해도 여행 중 자기 자신에 대한 치열한 성찰이 없다면 갔다 와서 한낱 즐거웠던 추억으로만 남게 되지 않을까요? 요즘 사람들이 "힐링, 힐링" 하지만, 여행에서의 힐링은 대부분 감정에서 비롯되고 치열한 현실 속으로 돌아오면 그 감정은 사라지기 마련이니까요. 그 점에서 여행이 지친 사람들을 위한 근본적인 해결책은 되지 않을 것 같아요. 결국 문제는 한국 사회에 있을 가능성이 크니까요. 이렇게 말하면 너무 전체주의처럼 들리나요? 선생님께서는 어떻게 생각하시는지 궁금해요.

그리고 강연 도중에 고등학교 때 주입식 교육의 폐해를 많이 느꼈다고 말씀하셨는데, 혹시 그것을 바꿔야겠다고 생각하신 적은 없는지 궁금해요. 물론 인생학교의 교장이 되신 것도 선생님께서 택하신 방법 중 하나라고 생각하는데요, 그것이 과연 이 사회를 바꾸는 대안이 될 수 있을까요? 저는 아직도 이 사회에서 성공했다고 평가받는 분들이 "우리도 다 힘들었어", "열심히 노력하면 할 수 있어" 이런 말씀을 하시면 너무 무책임한 것 같아 화가 날 때도 있거든요. 선생님은 어떠한 문제의식을 가지고 인생학교를 운영하고 계시나요? 손미나 선생님도 나름 한국 사회에서 성공한 부류에 속하실 텐데 말이지요. 교육을 비롯하여 사회를 근본적으로 바꾸어나가는 것은 과연 정치만의 영역일까요?

마지막으로 방송인, 작가, 선생님, 그리고 공인으로서 사회에 어떻게 기여할 수 있는지, 선생님은 어떻게 해오셨는지 궁금해요. 제가 요즘 진로에 대해 너무 고민이 많아서요. 공익과 사익이라는 부분을 놓고 고민했는데, 결국 모든 공익적인 일에도 사익적인 요소가 있고 모든 사익적인 일에도 공익적인 요소가 있다는 결론에 이르게 되었어요. 여태 제 자신을 너무 공익적인 테두리 안에만 가두어놓았던 것도 같고, 거시적인 안목만 가지고 있었던 것도 같아요. 어떻게 자신이 잘하고 좋아하는 일을 할 수 있는지, 또 그러한 일을 하면서 사회에 어떻게 기여할 수 있는지 궁금해요.

아, 그리고 글쓰기에 대해서는 제가 책을 한 권 준비하고 있어서 여쭤본 것이었어요. 올여름에 여행 다녀온 이야기를 책으로 정리해보려고 하거든요. 정말 걱정이 태산 같은데, 선생님은 어떻게 긴 호흡으로 글을 쓰시는지, 그것도 궁금하네요.

너무 두서없이 많은 이야기들을 적어 죄송해요! 혹시 시간이 허락되신다면 인생학교에 직접 찾아가 선생님 이야기를 들을 수 있을까요?

긴 글 읽어주셔서 감사합니다. 그럼 항상 평안하시고요.

임하영 드림

그리고 며칠 뒤 이번에도 메일함을 열어본 나는 깜짝 놀랐다. 메일을 보낸 지 얼마 되지도 않아 답신이 도착해 있었던 것이다.

하영 학생

진심 넘치고 진지한 이메일 받고 한 대 얻어맞은 기분으로 이틀을 보냈어요. 이렇게 멋진 사람이 내 글을 읽고 이메일도 보내주다니. 감동이고 감사할 일이에요. 하고 싶은 말이 많은데 연말에 밀린 일이 너무 많아서 일단 메일 잘 받았다는 인사만 전하도록 할게요. 연초에 우리 회사에 한번 놀러 오면 어때요? 내가 우리 직원들하고 얘기해서 꼭 초대할게요. 그때 우리 맛있는 차 한 잔 혹은 밥 한 끼 하면서 많은 얘기 나누어요.

그럼 건강하고 마음 따뜻한 연말 보내세요. 고마워요.

손미나 드림

그로부터 한 달 뒤, 나는 이태원에서 손미나 선생님과 만나 이런저런 이야기를 나눌 수 있었다. 그중 가장 흥미로웠던 것은 역시 인생학교에 관한 이야기. '왜 학교에서는 인생을 어떻게 살아야 하는지 가르쳐주지 않을까?', '매일같이 맞닥뜨리는 소소한 문제를 해결하는 법은 왜 아무 데서도 배울 수 없는 것일까?' 인생학교는 바로 이러한 문제의식을 토대로 런던에서 시작되어, 지난 2015년 세계에서 열 번째로 서울에 문을 열었다. 비록 수업

료가 만만치 않긴 하지만, 손미나 선생님은 앞으로 더 많은 사람들, 특히 젊은이들이 일, 사람, 관계, 돈, 죽음 등에 대해 고민해볼 수 있도록 기회를 확대해나갈 계획이라고 말씀하셨다.

나에게도 얼마 지나지 않아 '가슴 뛰는 직업을 찾는 법'이라는 수업을 청강할 기회가 찾아왔다. 2월의 어느 이른 저녁, 손미나 선생님 그리고 서른 명 남짓의 사람들과 한자리에 모여 치열하게 고민했다. 직업의 흐름은 역사적으로 어떻게 변화해왔는가? 직업을 선택할 때 영향을 미치는 요소들은 무엇인가? 의미 있는 직업은 어떻게 찾을 수 있는가? 그 직업을 현실화하기 위해선 과연 무엇을 해야 하는가?

손미나 선생님은 가슴 뛰는 직업을 찾는 일이 얼마나 중요한지 설명하며 이렇게 말씀하셨다. "무엇보다 열정을 잃지 않아야 합니다. 열정에는 지속성이 있어야 의미가 있죠. 지속성이 있어야 신념이 생기고, 신념이 있어야 어떤 결과든 도출해낼 수 있을 겁니다. 그러기 위해선 결국 가슴 뛰는 직업을 찾는 수밖에 없죠."

가슴 뛰는 직업을 찾는 데 있어 가장 중요한 것은 바로 나 자신을 온전히 아는 일이다. 나에게는 돈이 최우선인가, 아니면 경제적으로 군색하더라도 가치 있는 일이 중요한가? 나는 사람들의 존경을 갈구하는가, 아니면 목표가 있다면 명예 따위는 신경 쓰지 않는가? 가족들의 기대, 혹은 압력은 나의 선택에 어떤 방식으로 작용하는가? 내가 받은 교육은 나의 진로에 어떤 영향을 미치는가? 이 모든 물음을 충분히 고민해보며, 비로소 우리는 조금의 단서를 발견할 수 있었다. 새로운 지식이나 당장 사용할 수 있는 기술을 가르쳐주기보다는, 끊임없이 질문을 던지며 본 인만의 실마리를 찾아낼 수 있도록 도와주는 것. 이것이야말로 인생학교가 이 세상에 존재하는 이유였던 것이다. 이런 멋진 곳 의 주인이 되었으니 얼마나 가슴이 뛰실까! 인생의 고비마다 후 회 없는 선택을 해오신 손미나 선생님이 진심으로 부러웠다.

수업을 들으며 생각해보았다. 나는 내 인생을 어떻게 디자인 할 수 있을까? 직업을 여러 번 바꿔야 하는 시대에 첫 직업으로 는 무엇을 선택해야 할까? 아직 추상적이긴 하지만 대략적인 계 획을 세워보았다. 일단 가까운 미래에는 인턴십을 하며 부족한 경험을 쌓고, 공부를 위해 필요한 경비를 모으기로 했다. 그다음 에는 잠시 군대에 다녀온 뒤 유학을 떠나는 것이 일차적인 목표. 그리하여 서른 살까지 내공을 단단히 쌓은 다음 한국 사회를 더 낫게 만드는 일에 기여하는 것. 나의 노력을 통해 사람들이 더 나은 삶을 누릴 수 있다면, 그것이야말로 진정한 가슴 뛰는 직업 이 아닐까. 골몰히 생각에 잠긴 사이 어느덧 거리에는 어둠이 짙 게 드리워 있었다.

88일간의 유럽 여행 1:

바이올린으로 돈 벌고, 카우치서핑으로 숙박하고

2014년 겨울 어느 토요일 저녁, 프랑스어 수업을 마치고 집으로 돌아가려는 길이었다. 서둘러 지하철역에 들어선 순간, 부모님께 전화가 걸려왔다. "하영아, 우리도 밖에 나와 있으니까 좀 기다렸다 같이 들어가자. 아직 끝나려면 시간이 좀 남았거든. 괜찮겠어?" 나는 그러겠다고 대답한 뒤 남는 시간을 어떻게 보내야 할까, 고민 끝에 다시 역 밖으로 나왔다. 그러고는 근처 카페에 자리를 잡고 가방에서 프랑스어책을 꺼내 들었다.

내가 가장 골머리를 앓고 있던 부분은 바로 동사 변화. 인칭과 시제에 따라 100여 개의 형태로 바뀌는 바람에, 동사 하나를 배울 때마다 그 복잡한 모양들도 함께 익혀야 했다. 그날의 목표는 동사 10개를 외우는 것이었지만, 아무리 보고 또 봐도 머릿속에 들어오지 않아 자괴감이 들려던 참이었다.

그때 어디선가 프랑스어가 들려왔다. 처음에는 잘못 들었겠지 싶어 관심을 기울이지 않았지만, 머지않아 또다시 귀에 들려왔다. 이는 분명 같은 공간에 있는 누군가가 프랑스어로 말하고 있다는 것. 나는 흠칫 놀랐지만, 동시에 호기심이 발동했다. 그래서 소리의 정체를 찾아보기로 결심했다.

자리에서 일어나 둘러보니 카페에 앉아 있는 외국인은 총 네명. 그중 가장 프랑스인처럼 생긴 사람에게 다가가 말을 걸었다.

"저기, 혹시 프랑스에서 오셨나요?"

"네, 맞는데요?"

예감은 틀리지 않았다. 나는 이 기회를 틈타 주절주절 이야기를 늘어놓았다. 왜 프랑스어를 배우는지, 어떻게 시작하게 되었는지, 그리고 나중에 파리에서 공부하고 싶어 준비하는 중이라는 것 등등. 고려대학교 교환학생으로 와 있다는 그 친구는, 나에게 이런저런 조언을 해주고 이메일 주소도 알려주었다.

잠시 후 집으로 돌아와 만나서 반가웠다고 이메일을 보내려던 순간 깨달았다. 정작 그 친구의 이름을 물어보지 못했다는 사실을. 그래서 메일 제목을 간단히 "헬로!"라고 적을 수밖에 없었다. 다행히 며칠 뒤 답장이 도착했고, 그녀의 이름은 나탈리로 밝혀졌다. 그렇게 시작된 인연은 이후 몇 번의 만남으로 이어졌다. 한번은 한국에 놀러 온 나탈리의 친구와 함께 차를 마셨는데, 두 사람이 유대인 역사에 대해 토론을 벌이기 시작했다. 모국어도 아닌 영어로 장장 여섯 시간 동안 이야기를 이끌어가는 장면을 지켜보며, 정말 숨이 턱 막힐 것만 같았다. '아, 이래서 프랑스가 프랑스구나.' 새삼 깨닫는 순간이었다.

나탈리를 마지막으로 만난 것은 그녀의 프랑스 귀국을 며칠 앞둔 크리스마스 무렵이었다. 마침 휴가를 나오신 나탈리의 부모님도 그 자리에 같이 계셨다. 작별 인사를 나누며 나탈리는 이렇게 말했다.

"혹시 파리에 오게 되면 연락해. 아마 우리 부모님이 며칠은 재워주실 수 있을 거야!"

"그래, 고마워, 조심히 돌아가고! 파리에 가게 되면 꼭 연락할게!"

그렇게 우리는 처음 만났던 그 카페 앞에서 헤어졌다.

그리고 새해가 밝았다. 서른세 번, 어김없이 보신각에서 종이 울렸지만 들려오는 이야기는 더없이 암울했다. 헬조선, 인구론, N포세대, 금수저, 그리고 흙수저. 친구들을 보니 다들 학교에 학원에, 숨 돌릴 여유도 없이 하루하루 고단한 인생길을 걷고 있었다. 혹여 경쟁에서 도태되진 않을까, 루저가 되지는 않을까 불안에 떨며 아등바등 살아가고 있었다. 사회 전체로 시선을 넓혀도 마찬가지였다. 이곳저곳에서 연이어 사건·사고가 터지면서 조금이나마 마음 놓을 틈마저 사라진 것 같았다. 지하철을 타도 버스를 타도, 어디에 가도 누구를 만나도, 그 얼굴에서 힘들다는 메시지를 읽을 수 있었다.

사회에 희망이 사라진 가운데, 나 자신의 미래도 쉽사리 내다볼 수 없었다. 이제 열여덟, 곧 있으면 스물. 나이를 먹어감에 있어 짜릿함보다는 두려움이 앞섰다. 성인이 된다는 것은 곧 지금까지 몸담아왔던 부모님의 그늘 아래서 독립한다는 것. 그리고 여기에는 경제적, 사회적, 정신적 독립이 모두 포함될 터. '과연 나는 2년 내에 부모님으로부터 이 세 가지 독립을 이루어낼 수 있을까' 생각해보았을 때 선뜻 '그렇다'는 답이 떠오르지 않았다. 앞길은 막연하고 또 막막했다.

어디론가 떠나야겠다고 생각했다. 나를 괴롭히는 의문에 대한 답을 찾고 싶었다. 우리는 더 열심히 공부하는데 왜 미래가 보이지 않는 것일까? 더 치열하게 노력하는데 왜 더 나은 삶을 살 수 없는 것일까? 더 열심히 일하는데 왜 더 가난해지기만 할까? 과연 누구를 탓해야 한단 말인가? '다 누구 때문이야'라며 한 개인에게만 책임을 전가할 수 있을까? 그것이 1인칭의 '나'이든, 2인칭의 '너'이든, 3인칭의 '그'이든 말이다.

그렇지 않다고 생각했다. 이것은 어느 개인의 탓이라기보다는 사회 전체가 나아가는 방향의 차이에서 비롯되는 것이었다. 그래서 유럽을 택했다. 사회 안전망을 잘 갖추고 있는 나라들이기에. 지금 그들의 모습 속에서 더 나은 대한민국의 미래를 찾고 싶었다.

　얼마 전 나탈리가 남긴 한마디가 번뜩 머릿속에 떠올랐다. '맞아, 파리에 오면 연락하라고 했었지!' 서둘러 이메일을 보냈다. '혹시 이번 여름에 파리에 가면 너희 부모님이 재워주실 수 있을까?' 몇 차례 이야기가 오간 후, 얼마간 머물러도 된다는 확답을 받을 수 있었다. '야호! 일단 파리는 해결됐고! 그런데 유럽에 또 아는 사람이 없을까?' 부지런히 머리를 굴린 끝에 또 한 사람을 찾아낼 수 있었다. 바로 예전에 같은 교회에 다녔던 지휘자 선생님. 얼마 전 한국을 떠나 라이프치히로 유학을 떠나셨던 것이다. 나는 곧바로 이메일을 보냈다. '쌤, 저 좀 재워주실 수 있을까요?' '어 그래, 와서 자!' 그렇게 해서 여행의 처음과 마지막이 정해졌다. 파리 IN, 라이프치히 OUT. 2015년 4월의 어느 날, 마침내 비행기 표를 끊었다.

　그동안 장난꾸러기 친척 동생과 그 단짝 친구에게 바이올린을 가르쳐서 모은 돈, 설날에 받은 용돈, 그리고 통장에 얼마 남지 않은 잔고를 탈탈 털어 비행기 표를 샀다. 그러나 문제는 그다음이었다. 나는 무일푼이 되고 말았던 것이다. 출발하기까지 남은 시간은 고작 2개월. 그때까지 어떻게든 최소한의 경비를 모아야 했다. 감사하게도 친구들, 그리고 지인들이 햄버거라도 사 먹으라며 십시일반 여비를 보태주셨다. 보험을 들고, 배낭을 사고, 옷을 몇 벌 장만한 뒤, 비상금을 통장에 남겨둔 채, 285유로, 한국 돈으로 35만 원가량 되는 현금을 가지고 파리행 비행기에 몸을 실었다. 88일간의 유럽 여행이 그렇게 막을 올렸다.

가난한 여행자였던 나에게는 두 가지 생존 전략이 있었다. 첫째는 최대한 돈을 아끼는 것. 그래서 무료로 숙박할 수 있는 곳을 찾아다녔다. 내가 즐겨 이용한 사이트는 소파를 찾아다닌다는 뜻의 '카우치서핑couch surfing'으로, 현지인들이 집을 열어주고, 여행자들이 며칠 밤을 묵어가는 플랫폼이었다. 원래는 만 18세 미만이 가입할 수 없도록 되어 있지만, 나는 일단 가입을 한 다음 정성 들여 메시지를 적었다. '저는 아직 열여섯밖에 되지 않았는데, 이러이러한 이유로 여행을 하고 있습니다. 혹시 사흘 밤만 머물 수 있을까요? 부탁이에요!' 놀랍게도 많은 사람들에게서 'Yes!'라는 답이 돌아왔다. 그렇게 대부분 숙소를 카우치서핑으로 해결할 수 있었다. 하루는 친절한 셰프 아저씨의 집에 머물며 진수성찬을 맛본 적도 있었고, 까칠한 호스트를 만나 눈치를 보며 지낸 적도 있었다. 넓고 푹신한 침대를 만끽한 적도 있었고, 차가운 바닥에 스티로폼을 깔고 잠을 청한 적도 있었다. 호강도 많이 했고, 고생도 수없이 했다. 참으로 다행스러운 점은, 그 와중에 아주 이상한 사람은 만나지 않았다는 것, 노숙만큼은 하지 않았다는 것이다.

또 다른 비장의 무기는 바로 바이올린이었다. 생존 수단으로써 바이올린. 나의 첫 길거리 연주는 파리 3구의 어느 좁은 골목

길이었다. 나는 조그만 벤치에 앉아 자그마치 한 시간을 망설였다. 쓸쓸하고 또 무섭기도 했다. 그 짧은 찰나에 이곳까지 걸어오면서 봐야 했던 수많은 거지들을 떠올렸다. '거지는 과연 창피함을 느낄까. 처음엔 그랬을 수도 있지. 그러나 지금은 무뎌진 것일 거야. 그래, 나도 무뎌지면 되는 거다.' 케이스를 발 앞에 내려놓고 음정을 맞춘 다음 드디어 연주를 시작했다.

첫 곡은 바흐의 「파르티타 2번」이었다. 총 다섯 부분으로 이루어진 이 곡은 맨 마지막의 샤콘Ciaccona으로 유명하지만 정작 나는 샤콘을 배우지 못했다. 알르망드Allemanda를 끝내고 쿠랑트Corrente의 중간쯤 연주했을 무렵, 한 신사분이 지나가며 1유로를 던져주셨다. 계속할 수 있는 용기를 얻은 것은 다 그분 덕분이다. 곡이 끝날 때까지 한 푼도 벌지 못했다면 지레 포기해버렸을지도 모르겠다. 결국 그 자리에 서서 한 시간도 넘게 바이올린을 연주했다. 첫날 수입은 33유로. 이 정도면 나쁘지 않았다.

스위스에 머물던 기간에는 한 시간에 100프랑, 한국 돈으로 10만 원도 넘는 액수를 벌어들이곤 했다. 나를 재워주시던 아저씨는 이 소식에 화들짝 놀라 직접 연주를 보러 오신 적도 있었다. 그리고 이렇게 말씀하셨다. "내가 보니 너는 거리의 악사가 아니라 취리히 음대에 유학 온 동양 학생 같더라고. 그런데 월세 낼 돈이 없어 거리에서 바이올린을 켜는 거지. 그래서 사람들이 돈을 많이 주는 것 같아."

물론 스위스에서 번 돈은 대부분 스위스에서 써버리고 말았다. 기차를 세 시간 타는 데 13만 원도 넘게 드니, 한마디로 '가난한 여행자의 지옥'이라고 할 정도였다.

생존을 위한 노력은 계속되었다. 나는 여행 초반부터 꾸준히 글을 써서 오마이뉴스에 연재하기 시작했다. 그러나 끝내 마침표는 찍지 못했다. 낮에는 도시를 둘러보며 거리 연주를 하고, 밤에는 글을 쓰는 생활을 몇 주간 지속하자 체력이 바닥에 다다른 것이다. 글쓰기와 여행의 호흡을 도저히 맞출 수 없어 결국 하나를 그만두어야만 했다.

여행은 과연 나에게 무엇이었을까? 그것은 짜릿한 흥분과 기대감, 설렘의 연속이었다. 그러나 어떻게 보면 끊임없는 긴장과 스트레스의 연속이기도 했다. 미지의 세계를 탐험하며 생각지도 못한 경관을 접하고, 어제까지만 해도 생면부지였던 사람을 만나 서로를 알아가는 과정. 이 모든 것이 정말 아름다운 일이지만, 익숙지 않은 환경과 시시각각 돌변하는 상황에 매번 새롭고 신속하게 대처해야 한다는 점을 생각해보면 한순간도 긴장을 놓을 수 없었다.

그곳은 또한 삶의 최전선이었다. 나는 하루하루 생존하고, 숙소를 찾고, 무엇을 먹을지 결정해야 했다. 매 순간 선택해야 했고, 어떤 선택을 하느냐에 따라 얻는 것도, 잃는 것도 생겼다. 그리고 이 모든 결과에 대한 책임을 홀로 감당해야 했다. 그런 점에서 여행은 인생 축소판이나 다름없었다. 때로는 황홀하고 때로는 쓰라린 여행, 그리고 인생. 3개월 동안, 나는 그렇게 살아가는 법을 배운 것이 아니었을까.

88일간의 유럽 여행 2:

떠날 때보다
더 많은 물음을 품고

여행을 떠나기 전, 호기롭게 다짐했었다. 그저 여러 장소를 '찍고' 오기보다는, 한곳에 오래 머무르며 현지인들을 만나고, 삶의 방식을 체험하고, 그들이 모여 이룬 사회의 맥락을 들여다보겠다고. 그 속에서 더 나은 대한민국의 미래를 그려보겠노라고. 실제로 열심히 답을 찾아 헤맸다. 매일 마주치는 일상의 풍경을 유심히 살펴보았고, 만나는 사람들의 한마디 한마디에 귀를 기울였다. 끊임없이 질문을 던졌고, 또 끊임없이 내 생각을 이야기했다. 그렇게 하루하루 지내다 보면 자연스레 정답을 발견할 수 있으리라고 생각했다.

그러나 오판이었다. 정답은 어디에 숨었는지 도통 찾을 수 없었고, 본래의 물음들은 시간이 지날수록 아득해졌다. "너는 왜

그렇게 생각하니?" "너희는 왜 그렇게 살아?" "그건 잘못된 거
아니야?" 지금껏 살아온 배경도, 환경도 전혀 다른 이들이 던지
는 한마디 한마디가 날카로운 비수가 되어 가슴 깊숙이 박혔다.
동시에 평탄했던 나의 사고에도 조금씩 균열이 일어나기 시작
했다. '정말 왜 우리는 이 모양이지?' '이렇게밖에 살 수 없을까?'
'이건 비정상인데?' 나, 그리고 나를 이뤄온 사회를 끊임없이 의
심하고 회의했다. 여행하는 내내 이러한 과정이 반복되었다. 결
국 떠날 때보다 더 많은 물음을 안고 돌아올 수밖에 없었다.

수많은 만남이 있었지만, 그중 가장 기억에 남는 이들은 바로
독일의 십 대들이다. 7월의 어느 화창한 여름날, 나는 우연찮게
청소년들의 정치 행사에 참여한 적이 있었다. 이곳에 올 수 있었
던 것은 바로 나의 호스트이자 김나지움 선생님인 슈테판 덕분.
"이 행사는 청소년들의 의견을 실제 교육정책에 반영하기 위해
서 열리는 거야." 그의 말마따나 건물 안에는 학생들이 가득했
다. 대부분이 고등학생, 더러는 중학생도 있다고 했다.

우리는 학생들의 무리를 따라 어느 회의실로 들어갔다. 건물
곳곳에서 여러 주제를 다루는 워크숍이 열리고 있는데, 그중 하
나에 슈테판과 내가 합류한 것이었다. 방 중앙에는 정치인 몇 명
이 앉아 있고, 학생들이 그 주변을 빙 둘러싸고 있었다. 학생들
은 너도나도 손을 들어 자신의 의견을 말하고, 또 궁금한 점을
정치인들에게 질문했다. 질문과 답변은 종종 불꽃 튀기는 논쟁

으로 이어지기도 했다. 가장 인상 깊었던 점은 학생들이 전혀 주눅 들지 않고, 당당하게 자신의 생각을 표현한다는 것이었다. 정치인들도 학생들의 의견을 경청하며 필요할 경우 그 내용을 수첩에 메모했다.

나중에 들은 바에 따르면, 당시 학생과 정치인들은 '학교는 난민들을 어떻게 환영할 것인가' '학교를 졸업한 후에는 어떤 인생을 살아야 하는가' 또 '초등학교 4년 이후 학생들을 직업학교와 김나지움으로 나누는 것은 과연 올바른 일인가' 같은 주제를 두고 심도 있는 이야기를 나누었다고 한다.

몇 시간에 걸친 토론이 마무리되자, 다 함께 커다란 강당에 모여 각 조별로 발표하는 시간이 이어졌다. 이곳에서 나는 입이 딱 벌어지는 광경을 목격했다. 한 학생이 열심히 발표를 하고 있는데, 앞에 앉은 정치인이 웃음을 터뜨린 것이다. 그러자 학생은 곧바로 호통을 쳤다. "지금 웃음이 나와요? 웃음이 나오냐고요!" 60대 중반으로 보이는 정치인은 예상치 못한 사태에 당황했는지 한마디도 대꾸하지 못했다. 강당을 가득 메운 학생들은 일어나 환호성을 지르며 박수를 쳤다.

그날 나는 적잖은 충격을 받았다. 단연 이 한 장면 때문만은 아니었다. 학생들이 자신의 공간을 직접 설계하고 가꿔나간다는 것. 어엿한 민주사회의 일원으로 정치에 적극 참여한다는 것. 그리고 그들의 목소리가 실제 정책에 반영된다는 사실! 모두 한국에서는 쉽게 상상할 수 없는 일이었다. 과연 한국 학생들보다 독일 학생들이 더 적극적이고 진취적이기 때문에 그런 것일까? 아니다. 이것은 시스템에서 비롯되는 것이었다. 독일 학생들은 14세부터 정당에 소속되어 정치 활동을 시작할 수 있고, 16세에는 교육감과 지방의회 선거, 18세에는 연방의회 선거에 참여할 수 있다. 2002년 연방의회 의원에 당선된 안나 뤼어만은 이러한 시스템이 낳은 대표적 정치인이다. 그녀는 환경에 관심이 많아 10대 시절부터 녹색당에서 활동했고, 고등학교를 졸업하자마자 19세의 나이로 의원 자리에 오른 것이다.

지금 이 시간에도 책상에 앉아 꾸역꾸역 무언가를 머리에 쑤셔 넣고 있을 지구 반대편의 불쌍한 영혼들이 떠올랐다. 독일 청소년들과는 너무나 다른, 한국 학생들이었다. 그 다름은 과연 어디에서 비롯되는 것일까. 단순한 의문이 머릿속을 맴돌았다. '과연 청소년도 국민인가?'

'국민'의 사전적 정의에 따르면 그렇다고 할 수 있을 것 같았다. '한 국가를 구성하는 사람', 또는 '그 나라의 국적을 가진 사람'의 범주에 청소년이 포함되지 않을 리는 없다. 그러나 청소년을 국민이라고 가정하면 대한민국이 민주주의 국가라는 명제는 성립될 수 없지 않을까? 민주주의는 '민'이 '주'가 되는 사회인데, 한국 사회는 전혀 그런 것 같지 않으니 말이다.

대한민국 청소년들은 아무런 의문도 제기하지 못한 채 공부만 해야 한다. 공부가 무엇인지, 무엇을 공부하는지, 왜 공부하는지는 알 필요가 없다. 무작정 해야 한다. 질문은 허용되지 않는다. 주관도 별 쓸모가 없다. 그저 교과서에 나오는 객관적 사실을 외우고 또 외울 뿐이다. 목적이 있다면 좋은 대학에 가서 성공하는 것. 그 목적을 위해 우리는 남을 짓밟기도 한다. 여기서 밀려나면 실패자가 되어 앞으로 비참한 인생을 살게 될 수도 있다.

우리는 불행하고, 또 불안하다. 그렇기에 경쟁하고 또 경쟁한다. 이러한 경쟁과 불안 심리를 강요하고, 또 부추기는 곳이 바로 한국 사회다. 이러한 사회를 어떻게 청소년(=국민)이 주인 된, 민주주의 사회라 할 수 있을까? 청소년들이 주권자인 국민으로 취급받지 못한다는 그 이유 하나만으로도 대한민국은 진정한 민주주의 국가라 칭할 수 없지 않을까. 우리는 언제 온전한 민주주의를 이룩할 수 있을지 의문스러웠다.

또 하나 잊을 수 없는 기억이 있다. 바로 여섯 명의 의과대 학생들과 함께 박물관을 둘러보았던 일이다. 당시 튀빙겐대학 박물관에는 특별 전시가 진행되고 있었다. 나치 시절의 의사인 한스 플라이샤커에 대한 것이었다. 한스 플라이샤커는 1940년, 나치당에 가입해 유대인이 유전학적으로, 그리고 인류학적으로 열등하다는 증거를 찾는 데 몰두했다. 그 일환으로 플라이샤커는 연구에 '사용'될 유대인들을 '수집'하기 위해 아우슈비츠 강제 수용소를 방문했다. 그가 고른 유대인들은 며칠 뒤 죽임을 당했고, 그들의 골격은 나치의 연구소로 보내졌다. 이것은 과학이 아닌 광기와 야만이었다. 박물관 한편에는 연구에 사용된 유대인 309명의 손자국이 있었다. 모두가 숙연해진 순간이었다. 나는 박물관에서 내려오는 길에 물었다.

"그런데 오늘 박물관에는 왜 오기로 한 거야? 의대생이면 공부하느라 바쁠 텐데."

"음, 한마디로 과거를 잊지 않기 위해서라고 할 수 있지. 오늘 같은 전시를 둘러보는 것은 사실 우리에게도 그리 쉬운 일은 아니야. 이 모든 끔찍한 만행들이 기껏해야 우리 할아버지, 또는 증조할아버지 세대에서 벌어진 일이거든. 오늘 보았던 한스 플라이샤커 같은 경우도 우리가 다니는 튀빙겐대학에서 연구했던 사람이잖아. 어떻게 보면 우리 선배라고 할 수 있지. 불과 몇십 년 전에 의학과 과학의 이름으로 수많은 끔찍한 일들이 벌어졌어. 끊임없이 기억하고 반성하지 않으면 언젠가 다시 벌어질지도 모르는 일이야. 그런 의미에서 우리는 오늘 전시를 찾은 거야. 비록 그를 잊고 싶고, 기억하는 것이 고통스러울지라도 반드시 해야만 하는 일이거든."

그들의 역사의식이란 과연 있는 그대로 역사를 받아들이는 것이었다. 그것이 고통스럽고, 수치스럽고, 외면하고 싶을지라도 말이다. 그것이 오늘날의 독일이 가능했던 커다란 원동력이었다고 말했다. 학생들과 이야기를 나누며 무척 부끄러웠다. 국정교과서라는 이름으로 역사를 고쳐 쓰기 위한 노력이 벌어지는 것이 우리나라 현실이었기 때문이다. 우리는 과연 언제 있는 그대로 역사를 받아들일 수 있을까? '대한민국'이라는 이름하에 벌어진 온갖 끔찍한 일들을 인정하고 사과할 수 있을까?

여행이 마무리되어갈 무렵 나는 깨달았다. 정해진 답은 그 어디에도 존재하지 않았다는 것을. 존재하지 않기에 아무리 애써도 찾을 수 없었다는 사실을 말이다. 답이 없음을 받아들이는 것은 쉽지 않았다. 결국 나의 여정은 헛수고에 지나지 않았단 말인가. 보이지도 않는 실체를 잡으려 발버둥 쳤단 말인가. 좌절감이 눈 앞을 가렸다.

절망에 빠지려던 순간, 그동안 만난 사람들을 하나하나 떠올려보았다. 난민을 보듬기 위한 방법을 고민하는 고등학생들, 역사를 잊지 않으려는 대학생들, 그리고 연이은 테러에 증오보다는 연대로 맞선 프랑스와 독일의 시민들. 각자 위치에서 사회를 위해 묵묵히 땀 흘리는 이들이 있기에 세상은 이만큼이라도 살만해진 것이 아닐까.

다시 신발 끈을 동여맸다. 결국 우리의 답은 우리 곁에 있고, 그 답을 찾는 것은 앞으로 한국 사회를 살아갈 우리 자신의 몫이라는 사실을 깨달았다. 설령 정답에 이르지 못하더라도 주저 앉지 않기로 했다. 답을 찾으려 몸부림치는 과정 속에서 역사는 한 발짝이라도 전진할 것이니. 해결되지 않는 물음이 있어도 조 급해하지 않기로 했다. 어차피 평생의 물음이고, 지난한 여정이 될 테니 말이다.

내가 할 수 있는 가장 작은 일들부터 찾기로 했다. 준비할 수 있는 것을 준비하고, 도울 수 있는 사람을 돕기로 결심했다. 그렇게 한 걸음 한 걸음 나아가다 보면 언젠간 답을 찾을 수 있지 않을까. 여행이 나에게 선사한 것은 수많은 물음과 그 물음을 감 내할 수 있는 강단이었다.

홍세화 선생님과 르몽드 읽기:
오직 진실, 진실만을 말하라

'무슈 옹그의 맨땅에 르몽드 읽기'. 처음 이 강의 제목을 보았을 때 나는 잔뜩 겁을 집어먹었더랬다. '세상에, 르몽드라니! 그 어렵기로 소문난…… 휴, 나는 언제쯤 르몽드를 읽을 수 있으려나.' 머나먼 미래에나 가능한 일이라고 생각하며 눈길을 돌리려던 참이었다. 그 순간 한 단어가 힐끗 눈에 띄었다. 바로 르몽드 앞에 붙은 '맨땅'. 나는 생각했다. '그래, 맨땅이라는데 뭐 어때. 한 번 부딪쳐보는 거지. 게다가 홍세화 선생님이 하시는 수업이잖아!' 무식하면 용감하다고 했던가. 그렇게 덜컥 르몽드 수업을 신청하고 말았다.

드디어 수업 첫날. 열댓 명의 사람들이 모인 가운데 자기소개가 시작되었다. 한 명, 두 명, 세 명, 그리고 네 명쯤 지났을까. 나는 어디 쥐구멍에라도 숨어버리고 싶어졌다. 참가자 대부분이 불어, 불문학, 또는 프랑스 철학을 젊은 시절에 공부했거나, 현재 공부하고 계신 분들이었던 것이다. 이제 막 불어를 시작해 기본 문법을 배우고 있던 나와는 차원이 달랐다. '아이고, 앞으로 민폐만 잔뜩 끼치게 생겼구나.' '맨땅'만을 철석같이 믿었던 나 자신이 너무도 부끄러웠다.

그러나 시간을 되돌릴 수는 없는 법. 수업은 어김없이 시작되었다. 우리는 짧은 기사 몇 편에 이어 『레 미제라블』의 한 대목을 같이 읽었다. 장발장이 은그릇을 훔쳐 달아나던 장면이었다. 여기서 가장 인상적인 부분은 미리엘 주교가 헌병들에게 끌려온 장발장을 용서하며 건네던 한마디. "장발장, 나의 형제여. 당신은 이제 악이 아니라 선에 속하는 사람이오. 내가 사려는 것은 당신의 영혼이오. 당신의 영혼을 어두운 생각과 파멸의 정신에서 끄집어내어 신께 바치는 거요.Jean Valjean, mon frère, vous n'appartenez plus au mal, mais au bien. C'est votre âme que je vous achète; je la retire aux pensées noires et à l'esprit de perdition, et je la donne à Dieu." 이 문장을 읽는 순간 얼마나 가슴이 벅차오르던지, 불과 몇 시간 전 들었던 자괴감은 온데간데없이 사라졌다.

수업을 마칠 무렵, 홍 선생님은 다음 주에 읽을 기사를 미리 보내줄 테니 꼭 예습을 해 오기 바란다고 신신당부하셨다. 예습이라는 한마디에 다시 가슴이 천근만근 무거워지고 말았다.

그리고 며칠 뒤, 이메일이 한 통 도착했다. 첨부 파일을 열어보니 꽤 긴 분량의 기사들이 여럿 있었다. 그중 하나를 출력해 읽어보려 했지만 이내 포기하고 말았다. 모르는 단어가 차고 넘칠 뿐 아니라, 설령 단어의 뜻을 안다 해도 문장구조를 파악하기가 너무 어려웠던 것이다. 한숨이 절로 나왔다. 이 많은 양의 기사를 하나하나 읽어간다는 것은 그야말로 불가능에 가까운 일이었다.

그래서 마음을 정했다. 숙제를 적당히 하기로. 어차피 르몽드 수업은 기사를 네 개 정도 훑어보면 마무리되니, 그중 세 개만 미리 읽어가기로 한 것. 그러나 이는 크나큰 오산이었다. 홍세화 선생님은 보통 일주일에 여섯 개 또는 일곱 개, 많으면 열 개도 넘는 기사들을 보내주시곤 했는데, 하필 그날은 내가 예습한 기사들만 쏙 빼놓고 수업을 진행하신 것이다. 결국 두 시간 반 동안 꿀 먹은 벙어리처럼 앉아 있을 수밖에 없었다. 터덜터덜 집으로 돌아오며 결심했다. '그래, 이왕 하는 거면 열심히 해보자!' 그때부터 매주 수요일에서 금요일까지, 꼬박 사흘을 르몽드 숙제에 매달렸다. 특히 금요일은 말 그대로 불타는 금요일. 하루 종일 사전을 붙들고 있어도, 출발 15분 전에야 겨우 숙제를 마치고 헐레벌떡 집을 나서기 일쑤였다.

그렇게 몇 달이 지나자, 그제야 한 단어, 한 문장에서 벗어나 문단과 행간, 그리고 글 전체를 마주 대할 수 있는 여유가 생겼다. 아직 토론문과 기고문은 무리였지만, 기사와 사설 정도는 쭉 읽으며 전체적인 내용을 파악할 수 있게 된 것이다. 그때부터 서서히 불어의 묘미를 맛보기 시작했다. 우리는 기사를 읽기에 앞서 종종 까뮈의 『이방인』, 보들레르의 『파리의 우울』, 엘뤼아르의 『자유』와 같은 글들을 읽었는데, 그때마다 아름다운 문장에 하나씩 밑줄을 그으며 '아, 내가 이 맛에 불어를 배우는구나!' 기쁨에 겨워하곤 했다.

특히 에밀 졸라의 「나는 고발한다」를 읽을 때의 소회는 말로다 표현할 수 없었다. 유대인이라는 이유로 누명을 쓰고 악마 섬에 끌려가야 했던 드레퓌스 대위를 위한 최후의 변론, 국가주의의 망상에 사로잡힌 프랑스 사회를 향한 통렬한 외침이자, 꺼져가는 진실을 살려내려 했던 한 지식인의 처절한 몸부림. 대통령에게 보내는 이 편지에서 졸라는 드레퓌스가 아닌 에스테라지가 진범이라고 밝히며 진실에 눈감은 사람들을 하나하나 고발한다. 정치적 목적으로 범죄를 저지른 참모본부의 장군들, 허위보고서를 작성해 사실을 날조한 필적 감정사들, 그리고 의도적으로 양심에 어긋나는 판결을 내린 군사법원을 말이다. 그리고 끝으로 이렇게 덧붙인다.

내가 고발한 인물들로 말하자면, 나는 그들을 알지도 못하고, 만난 적도 없을 뿐 아니라, 그들에게 어떤 원한이나 증오심도 갖고 있지 않습니다. 그들은 내게 그저 사회적 악행을 보여주는 실체들일 뿐입니다. 그리고 지금 내가 한 행위는 진실과 정의의 폭발을 앞당기기 위한 혁명적 수단일 뿐입니다.

내가 바라는 것은 오직 한 가지, 오랫동안 고통받아왔으며 행복을 추구할 권리가 있는 인류의 이름으로 진실을 밝히는 것뿐입니다. 나의 불타는 항의는 곧 내 영혼이 외치는 소리입니다. 부디 나를 중죄재판소로 소환하여 공명정대하게 수사가 이루어질 수 있게 해주시기를 부탁드립니다!

이 글에 담긴 무게만큼이나 이후 졸라가 겪어야 했던 수난은 엄청났다. 분노한 군중들이 집으로 찾아와 돌을 던졌고, 끊임없는 살해 협박이 이어졌다. 40년의 세월 동안 쌓아온 명성은 무너져 내리기 직전이었고, 설상가상으로 국방부 장관에게 고소를 당해 징역 1년을 선고받기에 이르렀다. 졸라는 결국 영국으로 망명을 떠나야만 했다.

그러나 그의 편지는 상황에 극적인 반전을 일으켰다. 군국주의자, 인종차별주의자, 반유대주의자들의 반발이 여전히 거셌지만, 상식을 지닌 사람이라면 하나둘씩 드레퓌스가 진정 범인이 맞는지 의심해보기 시작했던 것이다. 드레퓌스의 재심을 요구하는 목소리가 점점 커져갔고, 전 세계의 프랑스 대사관은 항의하는 사람들로 발 디딜 틈이 없었다. 이에 양심의 가책을 느낀 범인들이 목숨을 끊거나 도주하면서 사건의 본질은 더욱 분명히 드러났다. 결국 드레퓌스는 1906년, 무죄를 선고받았다. 졸라가 세상을 떠난 지 4년째 되던 해였다.

「나는 고발한다」를 읽는 내내, 나의 심장도 덩달아 빠르게 뛰었다. 문단의 끝과 시작 사이를 메우고 있는 긴박감, 그리고 수많은 마침표에서 묻어나는 비장함이 가슴속에 그대로 전해졌다. 모두가 침묵하는 가운데 진실을 말하기란 얼마나 어려운 일이었을까. 이 편지를 쓰기까지 얼마나 많은 고뇌의 밤을 지새웠을까! 입을 굳게 다물었다면 피해갈 수 있는 폭풍우를 그는 기꺼이 감내하기로 결정했다. 자신이 믿는 정의와 진실을 바로 세우기 위해 싸우기로 결심했다. 그리고 마침내 그는 '지식인'이라는 단어의 정의를 송두리째 바꾸어놓았다. 단지 머리로 아는 것뿐만 아니라 앎을 행동으로 옮기는 사람, 공적 영역에 적극적으로 참여하고 목소리를 내는 사람을 우리는 지식인이라고 일컫게 된 것이다.

물론 그 길을 걸어가기란 쉽지 않은 일이다. 언제나 그렇듯 이상은 현실의 벽에 부딪히기 마련이고, 수많은 사람들이 거기에 좌절하거나 순응하여 사상적 전향을 감행한다. 그러나 한 가지 분명한 사실이 있다. 지식인이 자신의 책무를 저버리는 순간 역사의 수레바퀴는 더디게 굴러간다는 것. 내가 살고 있는 지금의 대한민국은 훗날 어떤 모습으로 기억될까? 이 역사의 소용돌이

속에서 나는 무슨 역할을 감당할 수 있을까? 앎과 삶이 일치하는 지식인이 되고 싶다고, 에밀 졸라처럼 늙어가고 싶다고 「나는 고발한다」를 읽으며 생각했다.

한편 국제 정세는 긴박하게 흘러갔다. 일본은 집단자위권 행사를 통해 전쟁이 가능한 나라로 발돋움했고, 중국의 시진핑 주석과 대만의 마잉주 총통은 분단 66년 만에 역사적 만남을 가졌다. 캐나다에서는 45세의 젊은 정치인 쥐스탱 트뤼도가 총리로 선출되었고, 미국에서는 도널드 트럼프가 당선되었다.

지구 반대편 유럽 국가들이 직면한 가장 심각한 문제는 단연 '난민'이었다. 2011년 발발한 시리아 내전이 갈수록 심화되면서 수백만에 이르는 사람들이 삶의 터전을 잃었고, 그중 상당수가 터키, 레바논, 요르단을 거쳐 유럽으로 건너왔다. 유럽연합은 이들을 어떻게 받아들일 것인가를 두고 분열했다. 회원국들에 난민을 배분하려는 집행위원회의 시도가 거센 반발에 부딪혀 무산되었으며, 난민들은 접경 도시에 갇혀 이러지도 저러지도 못한 채 발만 동동 굴러야만 했다. 각 나라의 극우세력들은 매몰차게 난민을 거부할 것을 촉구했다. 반면 진보를 표방하는 이들은 난민을 더욱 많이 받아들여야 한다고 주장했다.

이런 긴박한 상황 가운데 르몽드에는 두 명의 걸출한 철학자, 위르겐 하버마스와 슬라보예 지젝의 기고문이 실렸다. 「프랑스와 독일이 앞장서야 한다La France et l'Allemagne doivent prendre l'initiative」, 그리고 「유로피언 유토피아를 부활시키는 난민들Les réfugiés réveillent l'utopie européenne」이라는 제목이었다.

먼저 하버마스의 글에서 눈여겨봐야 할 점은, '난민이란 누구인가'라는 근본적 문제 제기였다. 그동안 유럽의 많은 나라들은 인구 감소에 대비해 젊고, 경제활동이 가능한 사람들만 선별적으로 수용하겠다는 입장을 고수해왔다. 한마디로 난민을 경제적 자원으로 간주한다는 것이다. 이에 하버마스는 말한다. "난민들의 값어치에 대한 입씨름은 나를 분노케 한다." 그러면서 그는 경제적 값어치가 아닌, 권리가 우선되어야 한다고 강조한다. 모든 사람이 가진 인간답게 살아갈 권리, 즉 기본적인 인권을 보장하기 위해 난민을 받아야 한다는 것이다.

한편 지젝은 '난민을 어떻게 수용할 것인가'라는 보다 현실적 부분에 초점을 맞췄다. 우선 그는 난민 문제를 둘러싼 이해 당사자들이 모두 잘못된 생각을 가졌다고 지적한다. 국경을 활짝 열자는 얼토당토않은 주장을 하는 좌파 자유주의자, 중동문제의 상당 부분을 서구 사회가 초래했음을 뻔히 알면서도 전혀 책임지지 않겠다는 포퓰리스트, 복지국가와 유토피아의 꿈에 부풀어 있는 난민이 바로 그들이다. 그렇다면 해결책은 무엇일까? 지젝은 네 가지 방안을 제시한다. "첫째, 유럽은 난민이 존엄성을 유지하며 살 수 있도록 최선을 다해 도와야 한다. 둘째, 유럽연합은 회원국이 난민을 거부할 수 없도록 명확하고 분명한 규정을 만들어야 한다. 대신 난민은 유럽연합에 자신들의 행선지 문제를 일임해야 한다. 셋째, 새로운 유형의 '개입'이 이루어져야 한다. 이라크, 시리아, 리비아의 경우에서 볼 수 있듯이 '잘못된 개입'과 '불개입'은 모두 참혹한 결과를 낳는다. 넷째, 경제구조를 근본적으로 뒤바꿔야 한다. 그렇게 하지 못한다면, 난민들의 대열에 그리스를 비롯한 다른 유럽인들도 합류하게 될 것이다."

두 사람의 이야기, 그중에서도 특히 하버마스의 일갈은 우리의 현실과도 고스란히 맞아떨어진다. 물론 유럽에 비할 바는 아니지만, 지금 이 순간에도 갈 길을 잃은 수많은 난민이 대한민국의 문을 두드리고 있기 때문이다. 법무부에 따르면, 1994년부터 2016년까지 정부에 난민 자격을 신청한 사람은 총 2만여 명에 달한다. 그중 심사를 거쳐 난민으로 인정받은 사람은 고작 500여 명. 여기에 인도적 체류 허가를 받은 이들을 더해도 1,500명 정도에 불과하다. 인도적 체류 허가를 받은 사람들에게는 수많은 제약이 존재한다. 교육을 받을 수 없고, 취업도 제한적이며, 몸이 아파도 병원에 가지 못한다. 그러나 이마저도 다른 이들에 비하면 양호한 편이다. 지난 2014년 인천공항에 도착한 시리아인 수십 명은 난민 심사를 거부당한 채, 빛도 들지 않는 방에 갇혀 삼시 세끼 치킨버거만 먹으며 반년도 넘는 세월을 견뎌야 했다. 사실상 구금된 것이나 마찬가지였다.

일상의 공간으로 시선을 좁혀도 상황은 비슷하다. 우리는 백인들에게는 곧잘 선망의 눈초리를 보내곤 하지만, 피부가 거뭇거뭇한 이주노동자들은 대체로 멸시하고 비하한다. 한번은 지하철에서 손자에게 이렇게 겁주는 할머니를 목격한 적이 있다. "이 사람들 죄다 못사는 나라에서 돈 벌러 온 것이여. 너도 공부 열심히 안 하면 나중에 저런 사람들처럼 되는 겨." 조선족이나 탈북인들도 마찬가지다. 그들은 우리와 비슷한 겉모습을 가지고 있음에도, 그저 조금 다르다는 이유로 차별의 대상이 된다. 경제적 혹은 정치적 이유로 삶의 터전을 떠나야 했던 사람들이 이곳 머나먼 타지에서도 존중받지 못하며 버거운 생을 이어가야 하는 것이다.

여러 의문이 머릿속을 맴돌았다. 우리는 언제쯤 이방인들을 사람 대 사람으로 대할 수 있을까? 그리고 그들의 값어치가 아닌 권리를 존중할 수 있을까? 모든 사람에겐 인간답게 살아갈 권리가 있다는 하버마스의 말을 다시금 되뇌어보았다. 결국 인간의 존엄성을 보장하는 사회, 더불어 살아가는 사회를 만드는 것은 우리 젊은이들에게 맡겨진 숙제가 아닐까. 우리도 한때 난민이었고, 언젠가 다시 난민이 될 수 있다는 사실을 잊지 않아야 하는 것 아닐까.

그 무렵 우연히 조선일보를 펼쳐 보다 인상적인 글을 한 편 발견했다. 제목은 '간장 두 종지'. 네 명의 일행이 중국집에 갔는데, 간장을 두 종지밖에 주지 않았다는 내용이다. 기자는 이에 대한 강렬한 문제의식을 바탕으로 분노를 쏟아낸다.

여기가 무슨 배급사회인가. 내가 아우슈비츠에 끌려가다가 "마지막 소원이 있으니 그것은 바로 짬뽕 한 그릇과 탕수육 몇 점 먹는 것이오"라고 애걸하고, 검은 제복을 입은 간수가 "네 마지막 소원을 들어주마. 그러나 간장은 2인당 하나"라고 말하는, 뭐 그런 것인가.

그러면서 끝으로 이렇게 덧붙인다.

나는 그 중국집에 다시는 안 갈 생각이다. 간장 두 종지를 주지 않았다는 그 옹졸한 이유 때문이다. 그 식당이 어딘지는 밝힐 수 없다. '중화' '동영관' '루이'는 아니다.

밝힐 수 없다지만 그 근방의 중국집은 단 네 곳뿐이라고 한다. 기자는 이 '치졸한' 중국집에 사람들이 영영 발길을 끊었으면 하는 염원을 가득 담아 마지막 문장을 꾹꾹 눌러 적었을 것이다. 자칭 민족정론지에 실린 이 충격적인 글을 목도하며, 언론의 역할에 대해 다시금 생각해보았다. 과연 우리의 언론은 무엇이고, 또 무엇이어야 하는가.

한국ABC협회에 따르면, 지난 2015년 전국 종합일간지 11개사의 유료 발행부수는 총 3,786,536부. 그중 조선, 중앙, 동아의 유료 부수를 합치면 2,748,865부로, 전체의 72%를 차지한다. 여기에 이들 3개사에서 운영하는 종편, TV조선, JTBC, 채널A를 더하면 그 영향력은 실로 막강하기 그지없다. 가히 대한민국 여론을 독점했다고 말할 수 있을 정도다.

조중동은 과연 그러한 지위에 걸맞은 책임을 다하고 있는 것일까? 결코 그렇지 않다. 이들은 수시로 사실을 날조하고 왜곡하는 것은 물론, 때로 없던 일을 꾸며내기까지 한다. 대표적 사례로 철도노조 파업에 대한 중앙일보의 보도를 꼽을 수 있다. 이야기는 2009년 12월 4일로 거슬러 올라간다. 그날 아침 중앙일보 1면에는 매우 가슴 아픈 기사가 하나 실렸다. 제목은 '파업으로 열차 멈춘 그날 어느 고교생 꿈도 멈췄다'. 한 고등학생이 철도노조의 파업 때문에 서울대학교 면접을 보지 못했고, 대학 진학의 꿈이 산산조각 났다는 내용이었다. 중앙일보는 다음 날부터 대대적 여론몰이를 시작했다. '철도파업으로 대학 꿈 멈춘 이희준 군 구제 방법 없나요?', '파업으로 멈춘 희준이 꿈 철도가 책임져야' 등 후속 보도가 이어졌고, 철도청은 곧바로 해당 학생을 살리는 데 발 벗고 나섰다. 결국 여론의 지지를 잃은 철도파업은 8일 만에 종료되었다.

그러나 중앙일보 기사는 곧 거짓으로 드러난다. 기사가 주장하는 시간에 철도는 정상 운행 중이었고, 이에 학생의 면접과 철도파업은 아무런 관련이 없다는 사실이 밝혀진 것이다. 노동조합은 언론중재위원회에 제소했지만, 중앙일보는 차일피일 시간을 끌었다. 결국 그로부터 2년이 지난 뒤에야, 중앙일보는 신문 30면에 '알려드립니다'라는 제목의 조그만 정정보도문을 실었다. 철도노조가 200명 해고, 12,000명 징계, 그리고 100억의 손해배상을 떠안은 후였다. 마땅히 권력의 감시자가 되어야 할 언론이 그렇게 또 하나의 권력이 되어 피해자들을 양산해내고 말았다. 비극적 사실은 이제껏 대한민국의 언론사史 가운데 이런 일들이 숱하게 벌어졌다는 것이다.

그러나 이런 무소불위의 언론도 맥을 못 추는 상대가 있다. 바로 기업이다. 얼마 전 다시 펼쳐 본 조선일보 첫 여덟 면은 모두 건설업계 광고가 차지하고 있었다. 심지어 끝까지 읽어보니 광고가 차지하는 지면이 기사의 지면보다 더 많다는 사실을 발견할 수 있었다. 씁쓸했다. 건설업계 광고로 먹고사는 신문이 과연 부동산 거품을 비판할 수 있을까? 일주일에 몇 번꼴로 삼성의 전면광고가 실리는 신문이 재벌 일가의 범죄를 고발하기란 불가능하지 않을까? 기사를 쓰기 위해 광고를 싣는 건지, 광고를 싣기 위해 기사를 쓰는 건지 헷갈릴 따름이었다.

황당한 사실은 여기서 끝나지 않는다. 대한민국에는 전 세계에서 유례를 찾아보기 힘든 언론상賞이 존재한다. 바로 삼성언론재단이 '탁월한 보도기사 및 언론인을 선정'하여 수여하는 삼성언론상. 매년 2월 혹은 3월, 언론인들은 삼성이 주는 상금을 받고 기념 촬영을 하며 즐거워한다. 본래 서로 비판하고 견제해야 할 두 주체가 한데 어울려 벌이는 흥겨운 잔치. 많게는 매출의 85%가량을 광고에 의존하는 한국 언론의 처지에 비추어보면, 이러한 광경은 필연적인지도 모르겠다.

이토록 절망적인 현실을 우리는 어떻게 변화시킬 수 있을까? 결국 권력의 감시자인 언론을 견제하는 일은 우리 모두에게 맡겨진 과제일 것이다. 보수 언론이 짜놓은 프레임이 타당한지 끊임없이 의심하고 또 회의하는 것. 언론이 사회의 공기公器로, 마땅히 알아야 할 것을 알리지 못할 때 가차 없이 채찍을 드는 것. 아무런 고민도 성찰도 없이 필봉을 놀리는 이들에게 따끔한 일침을 가하는 것. 그리하여 하찮은 간장 두 종지가 아닌, 사회 곳곳에서 자행되는 불의에 더욱 분노할 수 있도록 돕는 것이 우리 모두가 해야 할 역할이다.

프랑스의 시인이자 언론인 샤를 페기는 말했다. "진실을, 모든 진실을, 오직 진실만을 말하라. 바보 같은 진실은 바보같이 말하고, 마음에 들지 않는 진실은 마음에 들지 않게 말하고, 슬픈 진실은 슬프게 말하라.Dire la vérité? toute la vérité? rien que la vérité? dire bêtement la vérité bête, ennuyeusement la vérité ennuyeuse, tristement la vérité triste." 르몽드의 창업자 위베르 뵈브메리가 평생 신조로 삼았던 문장이다.

1년이 넘는 기간 동안 르몽드를 읽으며, 나는 그 이상이 부분적으로나마 현실화될 수 있음을 보았다. 차갑지만 따뜻한 시선, 격정적이지만 냉정함을 잃지 않는 문체, 격의 없는 토론과 시의 적절한 기고문. 옳고 그름, 선과 악, 진보와 보수의 프레임을 넘어 배려와 나눔, 연대와 공존, 그리고 진실을 최우선으로 삼는 신문. 이러한 논조가 지속될 수 있는 까닭은 결국 매출 중 구독료가 차지하는 비율이 광고 수입을 훌쩍 뛰어넘기 때문일 것이다. 결국 르몽드는 언론인과 프랑스 시민사회의 구성원이 함께 만들어온 신문인 셈이다.

그래서 앞으로도 힘닿는 데까지 르몽드를 읽어나가려 한다. 시대를 읽는 또 하나의 눈을 기르는 것. 한국 또는 미국의 시각으로 섣불리 세상을 재단하는 우를 범하지 않는 것. 내부자가 아닌 외부자의 시선으로 보다 객관적으로 한국 사회를 바라보는 것. 이것이 르몽드 읽기가 가지는 함의일 것이다.

동시에 한국 언론을 향한 끈도 놓지 않으려 한다. 지난 2016년, 우리는 똑똑히 목격했다. 언론의 감시 기능이 제대로 작동하지 않을 때 무슨 일이 벌어지는지. 이러한 비극이 되풀이되지 않으려면 언론의 근본적 생태계가 변화해야 하고, 이는 독자가 두 눈을 부릅뜨고 감시해야만 가능할 것이다. 언론은 언론의 역할을 다하고, 독자는 독자의 역할을 다하는, 그래서 보다 정의롭고 공정한 사회가 하루속히 이루어지길 기대해본다.

NGO 인턴십에서
내가 배운 것들

어릴 적 처음 '북한'이라는 단어를 접했을 땐 그저 신기하다는 생각밖에 들지 않았다. 우리와 아주 가까운 곳에 '또 하나의 한국'이 있는데 절대로 갈 수 없는 곳이라니. 이 무슨 희한한 이야기란 말인가. 왜 갈 수 없다는 거지? 어째서 두 나라가 똑같은 이름을 사용하고 있는 걸까? 궁금증이 꼬리에 꼬리를 물고 늘어졌다. 그럴 때마다 지도를 펼쳐 북한을 찾았다. 그리고 한참을 들여다보았다. 지도는 말이 없었고, 나의 호기심은 점점 깊어졌다.

시간이 지나면서 두 나라가 원래 하나였다는 사실을 알게 되었다. 일제강점기와 독립, 미군정, 그리고 전쟁을 배웠고, 이산가족들이 서로 부둥켜안고 통곡하는 장면을 목격했다. 그때서야 분단의 무게가 조금씩 피부에 와 닿기 시작했다. 이 비정상 속에서 얼마나 많은 사람들이 목숨을 잃었는지, 또 얼마나 많은 사람들이 고초를 겪어야 했는지. 모두 눈물 없이는 읽을 수 없는 이야기들이었다.

어떻게 해야 이 비정상을 정상으로 바로잡을 수 있는지 궁금했다. 서로 증오하며 총부리를 겨누는 것이 아닌, 평화롭게 공존할 수 있는 방법을 찾고 싶었다. 그래서 열심히 귀를 기울였다. 그리고 발견했다. 모두가 입을 맞춘 듯 똑같은 말을 반복하고 있다는 사실을. 정치인들은 여야 할 것 없이 통일을 외쳤고, 교회에 가도 민족의 하나 됨을 위해 기도하자고 했다. 방법론은 다 달랐지만 결론은 하나였다. '우리의 소원은 통일.' 나도 별다른 이견 없이 그 명제를 받아들였다.

그렇다면 이 소원을 어떻게 현실로 구현해낼 수 있을까. 실마리를 찾기 위해 독서를 시작했다. 가장 먼저 대북 정책을 설계한 정치인들의 기록을 읽었고, 그 구상을 실현하려 노력한 외교관들의 회고록을 탐독했다. 역사의 현장을 발로 뛰며 취재한 기자들의 책을 읽었고, 일련의 사건을 한 발짝 떨어져 관찰한 연구자들의 분석도 챙겨 보았다. 그리고 오랜 고민 끝에, 나는 대화가 지속되는 것만이 유일한 해결책이라는 결론을 얻었다. 김일성, 김정일, 김정은. 핵, 미사일, 경수로. 그리고 6자회담. 이 거대한 조각들을 규합해 통일이라는 지상과제를 완수하는 것. 나의 관심은 오로지 그곳에 쏠려 있었다.

북한에도 사람들이 살고 있음을 깨달은 것은 베를린에서였다. 동독에서 나고 자란 나의 호스트 아주머니는 그곳에서의 삶이 얼마나 처참했는지, 국가 폭력 아래 한 개인이 어느 정도까지 파괴될 수 있는지, 눈물을 글썽이며 들려주셨다. 곧이어 방문한 정치범수용소에서는 그 이야기를 두 눈으로 확인할 수 있었다. 비밀경찰이 국가에 저항하는 사람들을 잡아 때리고, 죽이고, 고문했던 장소. 최소한의 존엄성마저 무참히 짓밟힌 이 끔찍한 현장에서 나는 생각했다. 아직도 북한에서는 이러한 실상이 계속되고 있겠구나. 아니, 더 참혹한 일들이 벌어지고 있겠구나. 그동안 내가 실감하지 못했을 뿐이었다. 그곳에도 사람이 있다는 것을. 나와 내 가족, 그리고 친구 같은 이들이 하루하루의 삶을 영위해나가고 있다는 것을……. 어느덧 과거가 되어버린 동독의 역사는 오늘도 지구 반대편 어딘가에서 재현되고 있었다.

그 무렵 우연찮게 유엔 인권조사위원회Commission of Inquiry의 보고서를 접했다. 거기에는 다음과 같은 내용이 적혀 있었다.

국경 지대의 엄중한 단속에도 불구하고 북한 주민들은 위험을 무릅쓰고 탈북하고 있으며, 주로 중국으로 도주하고 있다. 만일 도망 중 붙잡히거나 강제 북송되면 북한의 당국자들은 이들에게 조직적으로 학대 및 고문을 가하며, 장기적이고 자의적인 구금을 시키고, 경우에 따라 신체 내부 수색 중에 이루어지는 성폭력까지 서슴지 않는다. 임신한 채로 강제 송환된 탈북 여성들은 보통 강제로 낙태되며, 강제 송환된 여성이 낳은 영아들도 살해된다. (중략) 한국 국적 인사나 기독교인과 접촉한 것이 발각된 북한 주민은 정치범수용소로 강제 '실종'되거나 일반 감옥에 구금되며, 경우에 따라 즉결 처형되기도 한다. (중략) 현재 8만 명에서 12만 명 사이의 정치범들이 아직까지 4개의 대규모 정치범수용소에 수감되어 있는 것으로 파악된다.

사람들이 울부짖는 소리가 귓가에 들려오는 듯했다. "왜 침묵하고 있었니?" "우리가 이렇게 고통받는 동안 너는 무엇을 하고 있었니?" 훗날 누군가 물어온다면 할 말이 없을 것 같았다. 그동안 북한을 하나의 거대한 실체로만 여겼지, 그 안의 사람들을 미처 생각지 못한 나 자신이 부끄러웠다. 그러나 한편으로는 어쩔 수 없다고 생각했다. 한국 사회에서 북한 인권은 너무도 정치화되어 버린 것이다. 역사적으로 인권의 가치를 중시했던 진보는 북한에 있어서만은 입을 굳게 다물었고, 보수는 북한 인권을 목 놓아 외치지만 그저 텅 빈 수레처럼 요란할 따름이었다. "북한 정권을 국제사법재판소에 회부하고, 미치광이 김정은을 처벌하며, 대북 전단과 확성기 방송을 계속해야 한다!" 그들은 쉬지 않고 떠들어댔다. 과연 이런 방식으로 실제적 변화를 만들어낼 수 있을까? 북한을 이용해 정치적 이익을 챙기려는 의도가 더 크지 않을까? 깊은 회의감이 들었다.

무엇이라도 해야겠다고 생각했다. 한낱 화려한 정치적 수사가 아닌, 사람들을 실제적으로 도울 수 있는 무언가를 하고 싶었다. 그래서 유럽에서 돌아오자마자 서울에 위치한 북한 관련 NGO 들을 찾아보기 시작했다. 내가 발견한 단체는 20여 곳. 그중 가장 역사가 깊고, 잘 알려진 곳에 전화를 걸었다.

"안녕하세요, 북한인권시민연합입니다."

"네, 안녕하세요, 뭐 좀 여쭤볼게요. 거기 혹시 인턴이 필요하신가해서요."

"아, 저희 교육훈련팀은 지금 인턴을 뽑고 있지 않은데요, 이따 캠페인 팀 간사님이 오시면 한번 여쭤보겠습니다."

그리고 얼마 뒤 캠페인 팀 간사님에게 전화가 걸려왔다.

"혹시 번역 같은 거 할 수 있어요? 우리가 가장 필요한 게 그건데."

"네, 한·영은 조금 미숙하지만 영·한은 그런대로 할 수 있어요."

"그럼 내가 샘플을 보내줄 테니까, 그걸 번역해서 가져와 봐요."

"네, 알겠습니다."

나는 재빨리 원고를 번역해 사무실로 찾아갔다. 그리고 간사님과 마주 앉아 몇 가지 이야기를 나누었다.

"북한에는 어떻게 관심을 가지게 되었어요?"

"올여름에 유럽 여행을 다녀왔는데, 그때 잠시 베를린에 있었거든요. 거기서……."

"좋아요. 그러면 북한 인권에 대해서는 어떻게 생각하죠?"

"그동안 관심을 갖지 못한 것에 대해 일종의 부채 의식 같은 것이 있어요."

"음, 알았어요. 집이 파주라고 했나? 그럼 일단 여기까지 왔으니 저 컴퓨터 앞에 앉아서 기사 좀 찾다 가요."

나에게 맡겨진 첫 업무는 네이버 뉴스 라이브러리에 들어가 납북 관련 기사를 검색하는 일이었다. 60년대에서 80년대까지 발행된 신문을 훑어보며, 민간인들의 납북 장소와 일시, 그리고 경위를 조사했다. 이것이 유엔에 제출할 진정서에 들어갈 내용이라는 것은 며칠 뒤 알게 되었다.

진정서는 크게 세 부분으로 구성되어 있었다. 실종자 정보, 실종 경위에 대한 정보, 그리고 실종 후 취한 조치에 대한 정보. 인턴들이 가장 먼저 하는 일은 통일부에서 발간한 『전후 납북피해자 보상 및 지원 백서』를 참조해 납북자의 정확한 신원을 알아내는 것이었다. 납북자의 생년월일과 실종 장소를 파악했다면, 그 정보를 토대로 당시 신문 기사를 샅샅이 뒤진다. 기사에 납북 경위가 적힌 것도 있지만, 그렇지 않은 경우도 많기에 직접 가족들을 찾아가 이야기를 듣는다. 어떻게 실종되었는지, 혹시 목격자는 있었는지, 실종된 다음에는 어떤 조치를 취했는지 자세히 묻는다. 이 모든 과정 끝에 한 편의 진정서가 완성된다.

내가 접한 납북자 가족들의 사연은 하나같이 기구했다. 당시 북한은 주로 서해에서 조업 중인 고기잡이배를 납치했기 때문에, 납북자들도 대부분 어부인 경우가 많았다. 몇 주면 돌아온다며 집을 나섰지만 몇 달이 지나도 돌아오지 않는 남편. 아내는 남편을 찾아 나섰지만, 그를 봤다는 사람은 아무도 없었다. 그로부터 한참이 지나 신문에 실린 납북 선원 명단. 거기서 남편 이름을 발견한 아내는 망연자실 털썩 주저앉는다. 딸린 식구는 여럿인데 앞으로 살길이 막막하기만 하다. 그러나 고생은 이제 막 시작되었을 뿐이다. 납북자 가족에게는 대부분 연좌제가 적용되어 변변한 직장도 구할 수 없고, 평생 간첩으로 의심받으며 안기부의 집중 감시를 당한다. 이러한 소문이 동네에 퍼지기라도 하면 누구와도 상종할 수 없다. 가장을 잃은 것도 억울한데 평생 사회로부터 배척당하며 살아야 했던 것이다. 가슴이 먹먹한 이야기들이었다.

우리는 각각 영문과 한글로 진정서를 만들어 유엔 강제적/비자발적 실종에 관한 실무위원회UN WGEID와 통일부에 제출했다. 우리가 보낸 서류가 유엔에 도착하면 그때부터 몇 개월간 검토가 이루어진다. 논의 끝에 진정서가 타당하다는 결론이 날 경우 실무위원회는 북한에 질의서를 보낸다. 그러면 북한에서 답신이 도착한다. 자세히 읽어볼 필요도 없이, 모두 강한 부정이다. "우리는 그런 일을 벌인 적이 없고, 이 모든 것은 남한 정부의 악랄한 모함"이라는 이야기. 이런 과정이 끝없이 반복되었다.

하루는 국장님에게 여쭤봤다. 이 일을 왜 계속해야 하느냐고. 납북자 문제는 비록 가슴 아프긴 하지만 이미 끝난 일 아니냐고. 지금 이 순간을 살아가는 사람들에게 집중하는 것이 더 맞지 않느냐고. 그러자 국장님은 말씀하셨다. "이게 다 기록으로 남는 거야. 유엔에 이런 기록들이 차곡차곡 쌓여야 나중에 잘못한 사람들이 심판을 받을 수 있는 거지." 그때 가서 사람들을 처벌하는 것이 과연 가능할지 의문스러웠지만, 국장님의 말씀도 이해가 갔다. 남과 북, 우리는 모두 너무나 깊은 상처를 안고 살고 있다. 겉으로는 아문 것처럼 보일지 몰라도, 속으로는 점점 곪아가는 상처. 거기서는 아직도 진물이 흘러나오고 있었다.

날이 지남에 따라 처음의 설렘도 조금씩 사라졌다. 업무 대부분이 번역과 자료 찾기 혹은 문서 작성이었고, 그러다 보니 종일 사무실에 앉아 키보드를 두드리는 일상이 반복되었다. 물론 충분히 가치 있는 일이었지만, 기대했던 바는 아니었다. 나는 사람들을 실질적으로 도울 수 있는 무언가를 하고 싶었다.

마침 르몽드 수업을 함께 듣고 있던 예지 누나에게 고민을 털어놓았다. 지금 하는 일에서 어떻게 의미를 찾아야 할지 모르겠다고, 다른 건 괜찮은데 무엇보다 가슴이 뛰지 않는다고.

그러자 예지 누나는 말했다.

"내가 자원봉사를 하는 단체가 있는데, 거기 한번 알아봐 줄까? 미국 단체인데 이름은 LiNK(Liberty in North Korea)고, 모토는 'People Over Politics(정치를 넘어선 사람들)'야. 북한이나 통일에 대해 아무런 정치적 입장도 취하지 않는다는 것이 정말 신선하더라고!"

"네, 그럼 거기 인턴이 필요한지 여쭤봐 주세요. 꼭 부탁드려요!"

그리고 얼마 뒤 반가운 소식이 전해졌다. LiNK에서 곧 이듬해 봄부터 일할 인턴을 뽑는다는 것이었다. 난생처음 영어로 이력서를 작성하고, 면접을 보았다. 나는 어눌한 발음으로 떠듬떠듬 포부를 밝혔다. "먼저, 이번 인턴십을 통해 북한과 남한 사회에 의미 있는 기여를 하고 싶습니다. 무엇보다 북한 사람들을 직접 만날 수 있다는 점이 정말 기대되고요. 어, 그리고 이러한 경험을 통해 개인적으로도 사고의 지평을 넓힐 수 있으면 좋겠습니다." 긴장하는 바람에 준비한 만큼 면접을 잘 보지 못했지만, 다행히 몇 주 뒤 합격했다는 소식이 들려왔다. 나는 2016년 3월부터 새로운 사무실로 출근을 하기 시작했다.

당시 LiNK에서 하는 일은 크게 세 가지로 구분되었다. 우선 첫 번째는 북한 난민들을 구출하는 것. 중국에 숨어 있는 탈북인들을 안전하게 동남아시아, 그리고 한국까지 데려오는 일이다. 만약 공안에 발각되기라도 할 경우 곧바로 강제 북송되기 때문에 모든 여정이 매우 조심스럽게 이루어진다. 그렇게 한국에 도착한 탈북인들이 국정원 신분 조사와 하나원(북한이탈주민 정착지원사무소) 교육과정을 마치면 그때부터 정착지원팀의 일이 시작된다. 평생 북한에서만 살아온 사람들이 남한의 빠르고 복잡한 사회에 발을 디디는 순간 커다란 충격과 혼란을 겪는 것은 당연지사. 탈북인이 사기나 속임수를 당하는 불상사를 방지하고, 사회에 순조롭게 적응할 수 있도록 돕는 것이 정착지원팀의 역할이다. 그다음 바통을 이어받는 부서가 바로 잠재력 개발팀이다. 잠재력 개발팀은, 한국에 성공적으로 정착해 몸과 마음이 안정된 사람들이 본인의 잠재력을 마음껏 펼칠 수 있도록 돕는다.

나는 이 중 잠재력 개발팀에 소속되어 일하게 되었다. 출근 첫날에는 LiNK가 어떻게 만들어졌는지, 어떤 목적과 가치에 주안점을 두는지 배우는 시간을 가졌고, 이어지는 일주일 동안은 여러 유의사항들을 익혔다. 탈북인을 만났을 때의 행동지침, 지켜야 하는 보안, 사용해야 하는 언어, 그리고 무슨 일이 발생했을 경우 대응 수칙까지. 빡빡한 매뉴얼을 읽으며 해야 할 것과 하지 말아야 할 것을 숙지했다. 이후 본격적인 업무가 시작되었다. 매주 슈퍼바이저와 회의를 하며 무슨 일을 했는지, 또 해야 하는지 점검했고, 동시에 체계적으로 일정을 잡고, 체크리스트를 만들고, 문서를 관리하고, 사람들과 소통하는 법을 차근차근 익혀 나갔다. 프로페셔널이란 무엇인지 조금이나마 배울 수 있는 시간들이었다.

전반적으로 재미있었지만, 어려운 점도 적지 않았다. 남들은 가볍게 훑어보는 문서를 나는 한 시간에 걸쳐 정독해야 했고, 꼭 하고 싶은 이야기가 있는데 영어 단어가 생각나지 않아 입을 떼지 못한 적도 많았다. 미국 본부와 화상회의를 할 때면 다들 어찌 그리 말을 빨리하는지, 알아들을 수 없는 문장도 상당했다. 외국에서 유학한 다른 인턴들과 비교하면 자괴감이 들기도 했지만, 시간이 지나면서 영어로 일하는 것에도 조금씩 익숙해졌다. 인턴십이 끝날 때쯤에는 영문 기사나 자료를 비교적 빠른 시간내에 읽을 수 있게 되었으니, 처음에 비하면 장족의 발전을 이룬 것이 분명했다.

잠재력 개발팀에서 일하며 가장 즐거웠던 것은 역시 젊은 탈북 학생들을 만나는 일이었다. 우리는 함께 고민거리를 나누고, 캠프를 떠나고, 리더십 프로그램에 참여하며 서로에 대해 알아갔다. 함께하는 시간이 늘어날수록 '북한 사람들은 이렇겠지'라는 고정관념도 점점 사라졌다. 그 가운데에는 평범한 일상을 살아온 이들도 있고, 힘겨운 삶을 견뎌낸 이들도 있었다. 화려한 패션 감각과 언변이 돋보이는 사람도 있었고, 나와 같이 소심하고 내성적인 사람도 있었다. 천신만고 끝에 기적적으로 북한을 탈출한 사람도 있었고, 비교적 순조롭게 한국에 도착한 사람도 있었다. 저마다 다른 삶의 배경과 이야기를 가진 각양각색의 사람들이었다.

그들과 이야기를 나누며 나는 북한에 대해 너무나 무지했다는 사실을 깨달았다. 그동안 뉴스나 책을 통해 접하는 정보, 예컨대 김정은의 동향, 핵실험 일정, 정치범수용소 같은 이야기가 북한의 전부라고 생각했는데, 그것은 단지 겉으로 드러나는 현상일 뿐이었다. 그 안에 사는 2,500만 명의 사람들은 지금 이 순간도 보이지 않는 곳에서 괄목할 만한 변화를 만들어내고 있었다. 90년대 말, 국가의 배급 시스템이 무너진 이래 북한 전역에 장마당(시장)이 등장했고, 사람들은 장사를 통해 본인의 생계를 꾸려나가기 시작했다. 남한 영화와 드라마를 보는 것은 물론, 개봉한 지 얼마 되지도 않은 할리우드 영화를 챙겨 보는 사람들도 있었다. 접경지대에서는 중국산 휴대전화를 사용하면 언제든 국제전화를 걸 수 있고, 탈북인들이 가족에게 돈을 보내면 하루 만에 인편으로 전달된다고 했다. 그곳의 사람들이 이처럼 주체적으로 살아가고 있다는 사실은, 굉장히 놀랍고도 희망적이었다.

그러나 안타까운 이야기도 종종 들려왔다. 전에 한 탈북 대학생에게 이런 이야기를 들은 적이 있었다. "남한에 도착해보니, 마치 수십 년 전에서 미래로 타임머신을 타고 온 것 같더라. 하나원에서 나와 달랑 400만 원을 쥐고 덩그러니 남겨졌는데, 정말 앞길이 막막했어." 실제로 그렇다. 조금이라도 젊었을 때 오면 다시 고등교육을 받을 기회라도 있지만, 그렇지 않다면 선택의 폭은 그리 넓지 않다. 북한에서 습득한 기술은 이곳 남한에서는 이미 구식이거나 효과적으로 사용될 수 없는 것이다. 탈북인들은 자유와 기회를 찾아 목숨을 걸고 남쪽으로 왔지만, 이곳에서도 가혹한 현실을 맞닥뜨려야 한다. 통일부에 따르면 탈북인들의 자살률이 한국에서 나고 자란 사람들보다 월등히 높다고 한다. 참으로 가슴 아픈 일이다.

북한인권시민연합과 LiNK에서 일하며 많은 것을 보고 배웠다. 북한을 바라보는 시선에도 큰 변화가 생겼고, 무엇보다 그동안 열심히 매달려왔던 통일을 내려놓기로 결심했다. 단기적으로 본다면, 대박이 아닌 재앙이 될 가능성이 다분하다고 생각했다. 10년이면 강산이 변한다는데, 무려 70년의 세월 동안 전혀 다른 공간에서, 전혀 다른 역사적 사건을 경험한 사람들이 어떻게 일시에 합쳐질 수 있을까. 통일만 되면 우리의 정치, 경제, 인구 문제가 모두 해결되리라 떠드는 건 무책임한 포퓰리즘적 주장이라는 생각이 들었다. 차라리 남과 북이 다름을 인정하고 받아들이는 것이 더 중요하지 않을까. 우리는 우리의 속도대로, 그들은 그들의 속도대로 가는 것이 맞지 않을까.

지금은 남과 북 모두 열심히 통일을 외치며 서로의 체제가 정당함을 주장하고 있다. 그러나 아이러니한 것은, 양쪽에서 서로의 정당성을 주장하며 통일을 외치면 외칠수록 대결 국면이 더욱 심화된다는 것이다. 이제 정부에서는 통일이 아닌 평화 공존을 목표로 삼아야 하지 않을까. 북한 사람들을 우리가 흡수해야 하는 대상이 아닌, 함께 미래를 열어나갈 파트너로 봐야 한다. 섣부르게 통일을 이야기하기보다는 먼저 서로를 알아가려는 노력이 선행되어야 할 것이다. 그렇게 교류의 폭을 늘려갈 때야만 북한 인권을 개선할 실제적 방안도 찾을 수 있을 것이다. 남쪽에서는 쌀이 남아도는데 북쪽에서는 식량이 없어 죽어가는 안타까운 사태도 방지할 수 있을 것이다. 그때서야 본격적인 통일 논의를 시작할 수 있지 않을까.

그러나 한반도 문제의 완전한 해결은 국제사회 차원의 합의 없이는 불가능할 것이다. 한반도는 국제적 힘의 역학 관계에 따라 분단되었고, 지금도 거기에 따라 움직인다. 북한 정권은 미국으로부터 체제 안정을 보장받기 위해 오늘도 고군분투하고 있다. 남한에서 아무리 달래고 협박한다고 해도 북한 정권은 핵개발을 계속할 심산이 크다. 남한 정부에는 북한의 체제를 보장해줄 수 있는 능력이 없기 때문이다. 이 고차방정식을 어떻게 풀어나갈 것인지는 앞으로 여러 나라가 더 머리를 맞대고 고민해야 할 것이다. 그러나 잊어서는 안 되는 사실은, 북한 정권은 북한이 아니라는 것. 그 안의 사람들이 오늘도 변화를 만들어가고 있다는 것. 그리고 그 변화의 바람은 언젠가는 돌이킬 수 없을 만큼 강해질 것이다.

우리 할아버지 세대는 서로의 피를 손에 묻혔고, 아버지 세대는 서로를 적대시하며 증오했다. 그리고 지난 70여 년간 이어진 비극적 역사의 끝에 지금 우리가 서 있다. 한반도의 새로운 미래를 여는 것은 남한과 북한 청년들에게 맡겨진 시대 과제인 것이다. 꼬여도 한참 꼬여버린 이 실타래를 과연 어떻게 풀어나갈 수 있을까. 아직 갈 길이 멀지만, 인턴으로 일하며 조금 실마리를 찾은 것 같다. 정부의 역할이 있고, NGO의 역할이 있을 것이다. 또 일반 국민의 역할이 있을 것이다. 가까운 미래에 이 모든 노력이 어우러져 남과 북이 서로 평화롭게 공존하는 결실을 맺기를 간절히 소망한다. 나도 거기에 최대한 힘을 보탤 작정이다.

진짜 공부란
무엇인가?

명절을 맞아 시골에 내려갈 때면 할머니는 항상 물어보시곤 한다. "하영이, 요즘 공부 열심히 하나?"

나는 어쭙잖은 미소를 지으며 답한다. "네, 그런대로요."

그러면 꼭 이어지는 질문이 있다. "그래서, 1등 했냐?"

나는 또 한 번 머리를 긁적인다. "1등은 아니고요, 제가 하는 공부는, 그게……."

할머니는 손자의 난처한 표정을 보시고는 더 이상 자세히 캐묻지 않으신다. 아마 이렇게 생각하실 것이다. '이놈이 공부를 하긴 하는데 1등은 못하는구먼.'

그렇다. 늘 반복되는 질문이다. 친구들을 만나도 묻고, 가족들이 모인 자리에서도 묻는다. "공부는 잘해?" "몇 등이야?" "대학은 어떻게 할 거니?" "인 서울? 아니면 지방대?" 이어지는 질문에 어떤 답을 하느냐에 따라 인정받기도 하고 또 무시당하기도 한다. 역시 한국 사회에서 학생의 최고 미덕은 공부를 잘하는 것이다.

그러나 우리는 한 번도 의문을 가져본 적이 없다. 여기서 '공부'란 과연 무엇을 뜻하는지 말이다. 아마 너무 당연해서인지도 모른다. "공부 잘해?"라는 질문에서 '공부'는 바로 '성적'을 의미한다는 것 말이다. 성적은 시험을 통해 얻는 것이고, 시험은 답을 맞히는 것이다. 그리고 답을 맞히려면 끊임없이 암기와 문제 풀이를 반복해야 한다. 결국 수많은 정보를 머리에 힘껏 쑤셔 넣었다가, 시험이 끝나면 곧바로 배설해버리는 행위를 얼마나 능숙하게 하느냐, 이것이 공부를 얼마나 잘하는지를 가늠하는 척도인 것이다.

다시 할머니의 질문으로 돌아와서, 누군가 나에게 공부를 잘 하느냐고 묻는다면 결코 그렇다고 답할 자신이 없다. 나는 시험을 잘 보는 편이 아니고, 성적을 받아본 경험도 거의 없다. 기억력이 좋지 않기에 암기를 잘 못하고, 정해진 답을 맞히는 것엔 정말 형편없다. 그렇기에 나는 공부를 못한다. 우리 모두가 알고 있는 기준에 빗대어 본다면 말이다.

그러나 크게 낙심하지도 부끄러워하지도 않는다. 나에게 있어 공부란 전혀 다른 것을 의미하기 때문이다. 내가 생각하는 공부는 수치화할 수도, 점수를 매길 수도 없다. 내 공부법이 낫니, 네 공부법이 낫니 비교할 수도 없다. 그저 나에게는 내가 가야 할 길이 있고, 다른 사람에게는 그들이 가야 할 길이 있을 뿐. 각자의 길을 걸으며 각자의 고민을 발견하고, 또 그에 대한 답을 찾아가는 것. 그리고 그 과정에서 배움을 얻는 것. 그것이 바로 진정한 공부가 아닐까. 그렇기에 "공부 잘해?"라는 질문은 매우 비정상적일 뿐 아니라 무의미하다. 오로지 나만의 배움을 어떻게 추구해나갈 것인지, 그리하여 어떻게 더 나은 인간으로 성장해나갈 것인지가 가장 중요하다.

돌이켜보면 나의 배움은 대부분 삶의 현장과 밀접하게 맞닿아 있었다. 사람들을 만나 교감하거나 책을 통해 누군가의 인생을 간접 경험하며, 비로소 머리로만 알던 지식을 가슴으로 깨닫게 된 것이다. 그 대표적인 예가 바로 촛불집회이다. 그동안 민주주의에 대해 귀에 못이 박히도록 들었지만, 그것이 실제로 어떻게 작동하는지는 잘 알지 못했다. 처음 사회에 관심을 갖기 시작한 이래 내가 보고 들은 것은 온통 비민주적 의사 진행 절차와 과정뿐이었다. 용산 참사, 4대강 사업, 미디어법 날치기, 세월호 참사, 역사교과서 국정화 그리고 비선 실세의 국정농단까지. 어떻게 이런 일들이 버젓이 자행될 수 있을까. 내가 배운 민주공화국은 과연 존재하기나 하는 것일까. 의심과 회의가 마음속을 가득 채웠다.

그러나 절망의 수렁에 빠져들려던 순간, 놀라운 일이 벌어졌다. 촛불을 든 사람들이 하나둘씩 모여 목소리를 내기 시작한 것이다. 우리는 매주 변화를 부르짖었고, 그와 동시에 사회는 실제로 바뀌어갔다. 몇 달 전이면 상상도 못했을 탄핵안이 가결되었고, 절대 권력의 화신으로 보이던 대통령은 직무가 정지되었다. 민주시민으로서 난생처음 갖게 된 조그만 승리의 기억. 그렇게 11월의 광장에서 나는 민주주의가 무엇인지 몸소 체험했다.

배움의 순간은 때로 지극히 평범한 일상 가운데 찾아오기도 했다. 예컨대 사람들로 발 디딜 틈이 없는 전철에서 말이다. 2016년의 어느 날이었다. 나는 열차에 오른 지 얼마 되지 않아 한 아저씨를 보았다. 온몸을 바닥에 끄시며 연신 "고맙습니다"를 외치는…… . 다리가 없는 그 아저씨는 한 손에 바구니를 들고, 다른 한 손으로는 땅을 짚으며 천천히 기어갔다. 열차의 한쪽 끝에서 다른 쪽 끝까지. 사람들은 그에게 눈길을 주었다가도 마주치기라도 할세라 재빨리 거두었다.

이 장면을 지켜보며 의문이 들었다. 인간의 존엄성이란 과연 무엇일까. 그것은 최소한의 품위와 자존심을 지키며 살아가는 것이 아닐까. 그러나 매 순간 그 존엄성을 헌신짝처럼 내버려야 하는 사람이 얼마나 많을까. 최소한 사람들이 한 인간으로서의 존엄성을 지킬 수 있는 사회를 만들고 싶었다.

스피커에서 안내방송이 흘러나왔다. "선진 일류국가, 튼튼한 안보가 뒷받침합니다. 국가정보원은 간첩, 좌익사범, 국제범죄, 테러, 산업스파이, 사이버안보 위협 신고 상담을 위한……" 제기랄, 무엇이 도대체 선진 일류국가란 말인가. 이를 굳게 악물었다. 그 아저씨가 더 이상 "고맙습니다"를 외치지 않아도 되는 세상을 만들겠다고 다짐하고 또 다짐했다.

그런가 하면 배움은 남녀노소와 관계없이, 누구에게나 얻을 수 있는 것이었다. 열아홉 살 때, 1년간 다문화교회 주일학교 선생님으로 봉사하며, 조그맣고 보잘것없어 보이는 꼬마들에게 이루 말할 수 없이 커다란 가르침을 얻었다. 주일학교 전체에서 가장 악명 높은 6세 반을 맡았는데, 처음에는 정말 쉽지 않았다. 네 명의 여섯 살배기 남자아이들은 예배 시간에 가만히 앉아 있지 않는 것은 물론, 정해진 모든 규칙들을 온몸으로 거부했다. 하나를 잡으면 또 하나가 도망쳤고, 또 하나를 잡으면 다른 하나가 도망쳤다. 매 주일마다 이리 뛰고 저리 뛰며 자괴감이 들었다. '내가 꿈꿨던 선생님은 이게 아니었는데. 가만히 책상에 앉아 도란도란 이야기를 나누는 것이었는데.' 사임할까도 몇 번 심각하게 고민했다.

그러나 시간이 지나면서 우리는 서로의 모습에 익숙해졌고, 점점 내밀한 이야기를 주고받기 시작했다. 우리 반의 네 아이 중 한 명은 탈북인, 그리고 나머지 세 명은 다문화가정 아이들이었다. 탈북 아이는 시설에 살고 있었고, 엄마는 공장에서 돈을 벌기에 1년에 한두 번 보기도 힘들다고 했다. 다른 아이들은 아빠가 몽골, 베트남 그리고 우즈베키스탄 아내와 결혼해 낳은 아이들인데, 부모님이 이혼한 경우도 있었다. 설령 같이 산다 해도 그리 사이가 좋지 않아, 아이는 말이 통하지 않는 어머니와 가부장적인 아버지 밑에서 숨죽이며 지내야 했다. 유치원에 가면 또 어떠한가. 조금 다른 말투와 외모로 인해 차별당하는 경우가 많았다. 나는 아이들과 이야기를 나누며 깨달았다. '우리 사회에는 아직도 많은 차별과 편견이 존재하는구나. 이쪽에도 저쪽에도 발을 붙이지 못한 채 경계에서 맴돌고 있는 아이들이 벌써 10만 명이나 되는구나.' 아이들을 꼭 안아주며 고민해보았다. '같이 산다는 것은 무엇일까.'

나의 모든 배움은 사유의 기틀이 되었다. 공부를 거듭해갈수록 삶 깊숙이 뿌리내렸고, 쉽게 시들거나 사그라지지도 않았다. 공부는 대체로 즐거웠지만, 때로 고통스럽기도 했다. 새로운 깨달음을 얻는 기쁨과 더불어 나의 자아가 산산조각 나는 아픔도 역시 존재했다. 이러한 시간들을 겪으며 나는 평면이 아닌 입체적 시선으로 세상을 바라보게 되었고, 더 다양한 삶의 모양을 공감하게 되었다. 그렇게 조금씩 성장해갔다.

만일 내가 학교에 있었다면 스스로 공부의 주인이 되는 것이 가능했을까? 아니다. 그곳에는 주체적 배움을 위한 공간이 존재하지 않는다. 그저 수동적으로 암기하고 받아 적을 뿐. 단 한 가지 목적이 있다면 성적을 잘 받는 것이다. 이러한 공부에는 깊이 있는 배움이 부족할뿐더러 삶에서 유리되기 쉽다. 그렇게 삶과 분리된다면, 그 공부는 이미 의미를 상실한 것이다.

지난 2016년 국정농단 사태를 통해 우리는 진정한 공부가 실종된 사회에서 어떤 일이 일어나는지 똑똑히 보았다. 죽은 지식을 앵무새처럼 암기했을 뿐, 삶에 대해 진지한 고민을 해보지 않은 이들의 말로는 비참했다. 공부, 즉 암기와 문제 풀이를 너무도 잘했던 이들은 아무런 거리낌도 없이 막대한 재산, 무소불위의 권력으로 남을 속이고 짓밟으며 호가호위했고, 결국 범죄자가 되고 말았다. 어쩌다 이들은 그런 사람이 되어버린 것일까. 그렇게 공부를 열심히 했는데, 그 모양으로밖에 살 수 없었던 것일까. 그들이 한 공부는 그들의 인생에 무슨 소용이었단 말인가. 성적을 위한 공부, 출세를 위한 공부, 성공을 위한 공부에 지나지 않았던 셈이다. 이런 안타까운 역사가 지금도 반복되고 있지는 않은지 우리 사회를 되돌아봐야 할 때이다.

이제는 공부의 정의를 바꿔야 한다. 1등이 되는 법이 아닌 부끄러움을 아는 법을 가르쳐야 한다. 인간으로서 무엇을 하고, 무엇을 하지 말아야 하는지, 그 정도正道를 익혀야 한다. 철학과 인문학을 통해 비판적으로 사유하고 성찰하는 법을 배우고, 주입식 교육이 아닌 자신이 원하는 것을 공부할 권리도 마땅히 누려야 한다. 그리하여 죽은 공부가 아닌 살아 있는 공부, 복종하는 공부가 아닌 스스로 길을 찾아나가는 공부가 이루어져야 한다.

지금과 같이 다양성이 인정되지 않고 획일화된 기준에 따른 줄 세우기가 계속된다면, 학벌 또는 물질의 축적이 여전히 성공의 기준으로 여겨진다면, 학생들을 암기하는 기계로 만드는 천편일률적인 교육제도와 입시제도를 이대로 내버려 둔다면, "공부 잘해?"라는 질문이 계속 당연시된다면, 탐욕스러운 저질의 엘리트들이 탄생하는 비극은 언제든 되풀이될 것이다.

결국 사람들의 인식이 변해야 제도도 바뀔 것이다. 그러나 어디 사람들이 쉽게 생각을 바꾸겠는가. 시험으로 배움을 측량하고, 성적으로 공부를 평가하려는 행위는 앞으로도 계속될 것이다. 그럼에도 꿋꿋이 자신만의 길을 찾아 나서야 한다. 내가 하고 싶은 공부는 무엇인지, 내 삶에 필요한 공부는 무엇인지, 치열하게 고민해보아야 한다.

그리하여 평생 나만의 공부를 지속해나갈 수 있다면, 공부를 통해 배움을 얻을 수 있다면, 배움을 통해 나 자신을 돌아보고 성찰할 수 있다면, 마침내 기존의 질서에 순응하는 것이 아니라 새로운 변화를 만들어낼 수 있다면, 그것이야말로 '성공한 인생'이라고 생각한다.

학교는 하루도 다니지 않았지만

지은이   임하영

2017년 3월 24일 초판 1쇄 발행
2021년 9월 6일 개정판 1쇄 발행
2021년 11월 22일 개정판 2쇄 발행

책임편집   김창한
기획편집   선완규 김창한 윤혜인
디자인   형태와내용사이

펴낸곳   천년의상상
등록   2012년 2월 14일 제2020-000078호
전화   031-8004-0272
이메일   imagine1000@naver.com
블로그   blog.naver.com/imagine1000

ISBN   979-11-90413-30-5 03370